품격 저널리즘과 언론윤리

Quality Journalism and Media Ethics

품격 저널리즘과 언론윤리

이재진 지음

한양대학교 출판부

머리말

이 책은 지난 27년간 저자가 언론법과 윤리를 연구하고 강의하면서 쌓아온 종합적이고 총괄적인 지식의 한 축이라고 할 수 있으며, 언론윤리와 관련해서는 처음 나오는 본격적인 학술서이자 실질적인 지침서라고 할 수 있다. 물론 2013년에 『미디어 윤리』라는 소책자들을 집필한 바 있으나 그것이 언론윤리와 관련된 다양한 개념을 일목요연하게 정리해 둔 것이라면 이 책은 그야말로 건강한 저널리즘 생태계를 회복하기 위해 꼭 필요하다고 판단한 학문적 고민의 결과라고 할 수 있다.

저자는 꽤 오래전부터 이런 책을 써야겠다는 생각을 해왔다. 그만큼 비교적 오랫동안 언론윤리법제 영역에서만 연구를 계속해 왔으며, 학부와 대학원 그리고 언론진흥재단 등에서 예비 언론인들 또는 수습기자들을 대상으로 언론윤리교육에도 참여하면서, 가능한 한 빨리 현재의 우리나라 저널리즘 생태계가 건강하게 회복하도록 하는 데 현실적인 도움이 될 수 있는 학술서를 쓰고자 하였다.

짐작하시겠지만 저자가 이 책을 쓰게 된 직접적인 동기는 오래 지속되어 온 우리나라 언론의 위기를 목도하면서부터이다. 실제로 우리나라 언론은 위기를 맞고 있다. 언론이 스스로 위기를 초래한 면도 없지 않으며 이러한 위기는 디지털 시대에 들어 더욱 고조되고 있다. 무엇보다 언론의 '신뢰도 약화'와 '가짜뉴스의 범람'이 그 핵심이라고 할 수 있다. 우리나라에는 언론이라는 딱지가 붙은 미디어가 너무 많아서 우리나라 저널리즘 생태계가 황폐화되고 있다는 말도 들린다. 또한 '위기'라는 말은 아주 오래전부터 쓰여 온 말이라서 오히려 위기감이 반감되는 느낌도 있다.

이 책에서 말하고자 하는 진짜 '위기'는 바로 현재의 위기 상황을 어쩔 수 없는 상황으로 받아들이고 위기를 적극적으로 타개해 나가려는 노력이나 태도를 보이지 않는다는 것을 말한다. 즉 위기를 공감하면서도 위기를 벗어나려는 노력보다는 현재의 자리를 지키려는 정도에 머물려고 하고 있는 태도가 정말 위기라는 것이다. 그러다 보니 언론의 위기 상황을 극복하고자 하는 다양한 사회적 논의들이 있었음에도 불구하고 오히려 상황은 나아지지 못하고 더욱 악화되고 있는 느낌이다.

이처럼 상황이 호전되지 못하는 이유는 무엇인가? 위기를 벗어나기 위해서는 무엇을 해야 할 것인가? 이 책에서는 이에 대한 부분적인 그러나 핵심적인 해답을 제공하고자 하였다. 다시 말하자면 저자는 현재의 위기를 초래한 원인과 이유를 살피고 이에 대한 대응책으로 품격 저널리즘(Quality Journalism)의 실천을 제안하고자 하였다. 즉 품격 있는 저널리즘의 실천을 통하여 추락한 언론의 신뢰도를 회복하고 아직도 꼬리표처럼 따라다니는 '기레기' 멸칭을 떼어낼 수 있을 것으로 판단하였다.

그러면 품격 저널리즘이란 무엇이고 어떻게 이를 실천할 수 있는가? 이 책에서는 제1장에서 이에 대해서 자세히 설명하고 있다. 제1장에서는 먼저, 우리 언론의 신뢰도 추락의 원인에 대해서 역사적, 구조적, 상황적 측면에서 탐색한다. 신뢰도 추락은 세계적 현상이고 비단 우리 언론만의 문제는 아닌 것으로 보이지만 왜 우리 언론이 다른 국가의 언론보다 더욱 심하게 신뢰를 잃게 되었는지를 살피고자 하였다. 이와 함께 제1장에서는 이러한 신뢰 회복을 위한 다양한 논의가 있었음에도 언론계 전체 차원에서 아직까지 실질적인 효과가 없는 이유를 밝히고 궁극적으로 품격 저널리즘의 실천이 해법이라는 점을 강조한다. 특히 신뢰도 회복은 단기적으로 현시화하기 어려운 만큼 이에 대해서는 중·장기적인 접근이 필요함을 지적하였다. 중·장기적 접근은 궁극적으로 '품격 저널리즘의 실천'으로 귀결되어야 한다는 점을 의미한다. 이를 위해 품격 저널리즘에 대해서 정의하고 이에 대한 과거의 노력들이 역사적으로 어떻게 이루어져 왔는가를 살핀다. 이와 함께 품격 저널리즘의 실천적 방안에 대해서도 논의한다.

그런데 품격 저널리즘을 실천하기 위해서는 기본적으로 기존 저널리즘의 원칙적 측면에 대한 실천이 강조되어야 할 것으로 판단된다. 그러나 제1장에서 말하는 것처럼 품격 저널리즘은 기존 저널리즘의 원칙을 제대로 실천하려는 노력만을 말하는 것이 아니라 언론 수용자를 포함한 많은 요소들과의 상호작용적인 노력을 의미한다. 따라서 이 책의 전체적인 내용의 핵심이기도 하지만, 제대로 품격 저널리즘을 실천하기 위해서는 무엇보다 언론윤리가 잘 지켜져야 한다.

역설적이지만 언론윤리를 화제로 꺼내게 되면 왠지 제대로 실천이 안 될 얘기를 단순히 반복하는 데 불과하다는 허탈감을 느끼는 경우가 많다. 우리나라에서의 언론윤리에 대한 논의는 언론이 등장하면서부터 시작되어 왔으나 본격적으로는 1964년 소위 언론윤리위원회법 파동과 함께 이루어졌다고 할 수 있다. 올해까지 적어도 60년 이상 언론윤리에 대한 논의가 있어 왔고 실제로 언론윤리적 측면에서 발전이나 개선이 있었다고 판단된다. 그럼에도 불구하고 아직도 언론은 윤리적 측면에서 여전히 많은 비판에 처해 있는 것 또한 사실이다.

이 책은 이러한 점에 주목하였다. 왜 언론윤리의 문제가 잘 해결되고 있지 못한가에 대해서 고민하게 되었다. 이 책에서 저자는 지금까지 언론윤리에 대한 논의들은 언론윤리라는 영역 전체에 대한 재검검 차원에서 의례적으로 이루어진 경우가 많았다고 보았다. 그런데 언론윤리의 영역은 무척 광범위하고 인식과 행동의 영역을 모두 포괄한다. 그러다 보니 사회적으로 또는 전국적으로 떠들썩한 사건이 발생하여 언론윤리가 도마에 오를 때에만 윤리강령을 포함한 언론윤리라는 영역 전체를 싸잡아 재점검을 시도하거나 형식적인 반성과 성찰이 이루어지는 경우가 대부분이었다. 저자는 앞으로의 언론윤리문제 해결은 윤리영역 전체가 아니라 핵심적인 영역을 정하여 우선순위가 높은 부분에 대한 해결부터 하나씩 이루어져야 할 것으로 보았다.

저자는 품격 저널리즘을 위한 언론윤리에 있어 우리나라 언론이 가장 우선적으로 해결할 문제를 세 가지로 선정했다. 첫 번째가 바로 취재원에 대한 문제이다. 이는 제2장에서 다룬다. 잘 알려진 바와 같이 언론은 취재원이 없다면 존재할 수 없다. 취재보도의 시작과 끝은 취재원이라 해도 과언이 아니다. 물론 최근에 취재원이 사람이 아니거나 별도로 없는 기사들이 많이 등장하고 있다. 그러나 이는 저널리즘의 원칙적인 측면에서 볼 때 진정한 의미의 취재기사는 아니라고 판단된다. 언론에 있어서의 취재는 여전히 가장 언론다운 핵심적인 활동이고 꼭 거쳐야 하는 과정과 절차이다. 그러나 이러한 취재원과 관련하여 우리 언론은 많은 문제들을 지니고 있는 것으로 보고되고 있다. 이러한 문제에 대한 해결을 위해 제2장에서 저자는 우리 언론계의 대표적인 언론기관이나 개별 언론사들의 언론윤리 강령이나 취재보도준칙 등을 수집하여 취재원과 관련하여 어떠한 문제점들을 지니고 있으며 이를 어떻게 해결해야 좋은지를 살피고자 하였다.

제3장은 언론윤리 문제 중 또 다른 핵심 쟁점을 다루는데 바로 사회적 약자에 대한 보도 윤리 문제이다. 언론의 사회적 의무이자 공익적 목표 중 하나가 바로 쉽사리 목소리를 낼 수 없는 사회적 약자를 위하여 목소리를 제공해 주는 것이다. 여기서는 우리나라 언론이 이러한 사회적 의무를 얼마나 제대로 실천하고 있는가를 살펴보고자 하였다. 이를 위하여 우리나라의 주요 언론기관들의 윤리강령과 함께 미국과 영국의 관련 윤리강령에 대해 비교분석을 통한 논의를 실시하고자 하였다. 외적으로는 우리나라의 언론도 사회적 약자에 대한 보도에 있어 크게 윤리적인 문제가 부각되고 있지는 않는 것으로 보인다. 다만 문제가 안 되었다는 이유로 관행적으로 해 오던 보도들

을 자세히 들여다보면 여전히 만족하기에는 부족한 면이 많이 발견된다. 특히 사회적 약자 중 장애인과 관련된 보도에 있어 우리나라 언론윤리강령은 외국의 경우처럼 촘촘히 보도의 가이드라인을 제공하고 있지 않아서 언론사별로, 미디어별로 괴리가 나타나고 있는 것으로 보인다.

제4장은 우리나라에서 언론윤리에 대한 언론인과 언론수용자, 그리고 법원의 인식의 차이 문제를 다루었다. 즉 언론윤리에 대해서 언론인들이 스스로 정의하고 생각하는 것과 언론을 소비하고 뉴스제작에 간접적으로 참여하는 언론수용자들의 인식, 그리고 언론에 법적인 갈등이 발생했을 때 이에 대해서 판결을 내리는 법원 판사들의 언론윤리에 대한 인식이 다르다는 이유로 생기는 문제를 논의하고자 하였다. 그리고 이러한 차이로 인해서 언론인들의 윤리에 대한 인식은 '그 정도면 되었지'하는 정도로 끝나서는 언론수용자들과 법원의 신뢰를 받기가 어려울 것으로 나타났다. 언론인들은 윤리를 주로 현실적이고 실천적인 측면에서의 규범으로 보는 경향이 있는 반면 언론수용자들과 법원은 언론윤리를 좀 더 원칙적이고 높은 수준의 규범으로 이해하고 있는 것으로 드러났다. 이러한 상황에서 언론인들이 언론수용자들의 신뢰를 얻기 위해서는 지금 가지고 있는 윤리에 대한 의식보다는 좀 더 높은 수준의 윤리의식을 갖추도록 해야 할 것으로 판단된다. 이를 위해 저자는 언론인들과 간부언론인들에게는 물론이고 언론수용자들에게도 언론윤리에 대한 교육이 필요할 것이라 생각한다.

이렇게 취재원에 대한 윤리의식의 강화와 독립된 취재원 윤리강령 마련, 사회적 약자에 대한 의무와 책임 의식의 제고, 그리고 언론수용자들과 법원의 언론윤리 인식에 대한 언론인들의 이해가 현재로서 언론인들의 신뢰도 회복을 위해서 우선적으로 추구해야 할 가치라고 판단된다. 언론윤리에 대한 인식이 하루아침에 크게 자라는 것이 아닌 만큼 우선순위에 대한 실천을 통하여 중, 장기적인 신뢰 회복을 이루어 나가야 할 것이다. 이를 통하여 언론의 생명줄이라고 할 만큼 중요한 신뢰도를 조금씩 얻어 나간다면 저널리즘의 본질적 모습을 복원할 수 있으리라 조심스럽게 예측해 본다.

최근 '모든 언론이 유튜브화(化) 되어 간다'는 우려의 목소리가 높다. 실제로 언론수용자들이나 구독자의 클릭수를 높이려는 선정적이고 근거 없는 주장을 일삼는 유튜버들이 우후죽순격으로 늘어나고 있다. 동시에 이를 시청하려는 이용자들이 늘어나고 있다고 한다. 신문이나 방송은 잘 보지 않으면서 유튜브에서 자신들이 원하고 재미있는 내용을 찾아 이용하면서 곁가지로 중요한 뉴스라고 판단되는 경우에 열어보는 방식으로 뉴스 소비가 이루어지고 있다고 보인다. 이러다 보니 유튜브에 뉴스를 올리는 신문과 방송사들이 늘고 있고 그 안에서 다른 유튜브 TV와 클릭 싸움을 벌이는 형국을 보이고 있다. 이러한 상황에서 좀 더 논리적이고 이성적이고 사실 중심이어야 할 뉴스 보도가 유튜버 이용자들에게 어필할 수 있는 선정적이고 선동적인 형식에 영향을 받아서 언론수용자들에게 상당한 혼란을 초래할 수 있는 상황이 전개되고 있다.

저자는 얼마 전 인기를 끌었던 SBS 드라마 〈형사x재벌〉에서 기자 역으로 나온 어느 배우의 인상적인 대사가 떠오른다. 드라마에서 한 기자는 사생활과 관련된 선정적인 질문을 하는 어느 타언론사 기자에게 '그게 기자가 할 질문이야? 기레기는 되도 쓰레기는 되지 말아야지'라고 외친다. 물론 기레기가 되도 좋다는 뜻은 아니지만, 이는 기레기라는 말에는 언론의 어쩔 수 없는 상황적 논리가 숨어 있기도 하지만 쓰레기라는 말은 완전히 저널리즘의 원칙을 벗어나는 것으로 '언론'이라는 간판을 달고 있는 이상 절대 해서는 안 된다는 것을 강하게 전달하는 것이라고 판단된다. 즉 언론인들도 비록 자신이 원하는 바를 얻지 못해 취재가 어렵더라도 지켜야 할 최소한의 윤리는 지켜야 한다는 것을 의미하는 것으로 해석할 수 있다.

드라마에서와 유사하게 우리나라 언론은 공인이라는 이유로 그들의 사생활에 대해서 함부로 보도하면서 잘못된 보도에 대한 비판에 대해 언론의 자유와 국민의 알권리를 내세운다. 언론의 자유와 국민의 알권리 충족 의무는 당연히 존중하고 지켜주어야 마땅하지만 단순히 구호로서만 외치는 경우와 품격 저널리즘 차원에서 추구하고자 하는 언론의 자유와 국민의 알권리는 기레기와 쓰레기의 차이보다 훨씬 더 크다고 할 수 있다. 무조건 보도거리가 되기 때문에 보도해야 된다고 판단하기 이전에 과연 보도가 얼마나 '공익적 목적'에 부합하는 것인가, '정말로 국민들이 꼭 알아야 하는 것인가'를 판단할 능력을 키워야 할 필요가 있다.

우리나라 언론의 저널리즘 영역이 점점 더 황폐화되어 가고 있다는 말이 들린다. 그러나 어느 누구 하나 지금의 심각한 상황에 대해 책임의식을 갖는 경우를 발견하기 힘들다. 현재의 상황에 대해 '누구의 잘못도 아니고 어쩌다보니 이렇게 흘러왔고 지금 이 상황을 타개할 수 있는 뾰족한 수가 없는 만큼 적당한 선에서 법적 문제 안 일으키면서 먹고살 수 있으면 되는 거지' 하는 의식이 팽배해지고 있다. 실제로 공영방송을 뺀 거의 모든 언론이 광고를 수익모델로 하고 있은 상황임에도 불구하고 신기하게도 그 많은 언론들이 생존을 이어가고 있다. 그야말로 '공유지의 비극' 딜레마가 계속되고 있다는 지적도 제기된다. 그 결과가 어떻게 될지는 저자도 알 수 없지만 만일 경제가 안 좋아져서 광고가 사라지게 되면 언론은 어떻게 생존을 이어갈 것인가에 대해서도 고민해 보게 된다.

이렇게 언론이 유튜브화 되고 수많은 언론들이 여전히 제대로 된 보도를 하지 못해 저널리즘 영역이 혼탁해지는 상황에서 앞으로 어떤 언론이 계속 살아남을 수 있는지는 자명해 보인다. 앞으로 언론은 품격 있는 언론과 그렇지 않은 언론으로 구분될 것이고 그렇지 못한 언론은 언론수용자들의 선택을 받지 못할 것이라 판단된다. 언론에 대한 신뢰는 향후에 더욱 저하될 수도 있다. 그래서 플랫폼의 형태가 어떤 것이라고 해도 언론수용자의 선택을 받지 못하면 살아남기가 어려울 것이다. 품격 없이도 잘 살아남는 것처럼 보이는 언론은 궁극적으로 선정적인 내용으로 승부할 수밖에 없다. 한 두 번은 보겠지만 언론의 타이틀을 달고서 여타 유튜브나 숏폼 동영상과 경쟁할 수는 없을 것이다. 기업에 대한 부정적인 기사를 작성하는 것도 한 두 번이지 그걸 무기 삼아 계속해서 광고를 요청하는 언론은 강력한 저항에 봉착할 수 있다. 결국 언론은 유사 언론 또는 유튜브나 숏폼 동영상과는 차별적이고 유익한 것으로, 그리고 믿을 만한 기사로 승부를 해야 할 것이다. 이것이 저자가 이 책에서 내내 주장하는 바이다.

저자는 이 책을 쓸까 말까 고민이 많았다. 왜냐하면 또 뻔한 얘기하는 것 아니냐는 빈정거림이나 조소를 받지 않을까 하는 두려움이 있었기 때문이다. 사실상 상당수의 언론윤리 관련 저술들이 나왔지만 딱히 언론윤리를 강화하는 데 크게 도움이 되었다는 말을 들어 보지 못했다. 이 책을 쓰게 된 또 다른 동기는 코바치와 로젠스틸이 저술한 『저널리즘의 기본원칙』을 접하면서부터이다. 이 책을 여러 번 읽으면서 비록 환경적 측면에서 미국의 언론과는 큰 차이가 있지만 저널리즘의 '원칙'에 있어서는 한국의 언론과 크게 다를 바가 없다고 판단했다. 또한 전체적인 측면에서 언론윤리문제만을 다룬다면 기존의 언론윤리 저술들과 차이를 찾을 수 없다고 판단했다. 그래서 언론윤리에 관한 논문과 에세이, 그리고 비평 등을 쓰면서 가지고 있던 우선순위에 대한 생각들을 담아서 이 책에서 설명하고자 하였다. 이 책이 나올 수 있도록 흔쾌히 지원을 해 주신 방일영문화재단 측에 심심한 감사의 말씀을 드리고 싶다. 아울러 같은 길을 열심히 걸어가는 동료학자이자 연구자로서 늘 학문적 자극을 주는 이영희 교수의 도움에도 감사드린다. 마지막으로 지금까지 저자의 여러 권의 저서들이 세상에 나올 수 있도록 큰 도움을 주셨고 남은 재직 기간 동안도 계속 신세를 지게 될 한양대학교 출판부에 다시 한 번 더 감사를 드린다.

2024년 8월

햇빛 가득한 연구실에서

이 책은 방일영문화재단의 지원을 받아
저술·출판되었습니다.

차례

제4장 언론윤리 담론과 언론윤리에 대한 세 시각

제5장 논의: 품격 저널리즘의 일상적 실천을 위하여

제1장

품격 저널리즘의 필요성과 실천 과제

1

품격 저널리즘의 개념과 의미

언론과 관계된 일을 하거나 연구를 하는 사람이라면 '품격 저널리즘'이라는 말을 들어보았을 것이다. 영어로는 Quality Journalism이라고 하며 저널리즘 영역에서 어느 정도 이상의 수준을 갖춘 기사를 만드는 작업을 총칭하는 개념이라고 할 수 있다. 비록 품격 저널리즘에 대한 적확한 정의가 내려진 바가 없으나 적어도 현재의 저널리즘의 수준을 1~2단계 더 높이는 작업을 의미하는 것이라고 생각할 수 있다(이재경 · 송상근, 2018).

품격 저널리즘은 실제로는 '품격 있는 저널리즘'이라고 풀이할 수 있다. 즉 기사의 취재보도에 있어 품격을 더한다는 의미를 내포하는 것이다. 이때 품격은, 기존 저널리즘의 속성을 고려컨대, 사실성, 독립성, 공정성, 다양성, 투명성은 물론이고 공익을 위한 책임성 등과 같은 핵심 가치를 포함하는 것이라고 추정할 수 있다. 조금 더 구체적으로 보자면 품격 저널리즘은 단순히 정의로운 보도나 객관적인 사실 전달을 넘어, 책임감, 도덕성, 윤리적 가치를 바탕으로 사회에 긍정적인 영향을 미치는 저널리즘을 의미한다고 할 수 있다.

오늘날 다수의 언론 전문가들은 우리나라의 언론은 품격 저널리즘을 지향해야 한다고 주장한다. 물론 현재 그대로도 뉴스 기사를 생산하고 이를 소비하는 데 큰 지장은 없다. 뉴스제작 관행에 따라 만들어진 기사들을 소비하고 수용하는 데는 큰 문제가 없는 것처럼 보인다. 그래서 굳이 품격 있는 저널리즘을 추구하지 않는다고 하더라도 언론사를 운용해 나가는 데는 크게 지장이 없어 보인다. 그런데도 전문가들은 왜 자꾸 품격 있는 저널리즘의 필요성을 강조하는 것일까?

이는 무엇보다도 언론의 역할이 변하고 있다는 점에서 이유를 찾을 수 있다. 알려진 바와 같이 오늘날의 뉴미디어 환경에서는 정보통제자(gatekeeper)로서의 언론의 개념은 빛을 바랬다(임영호, 2024, 46쪽). 새로운 환경에서 언론의 중요한 역할은 '의미를 만들어 내는 것'(sense maker)이다. 너무나 많은 정보의 바다에서, 혼란스럽게 돌아가는 세상에서 안정된 관점과 해석을 제시해 주어야 한다는 것이다. 이를 위해서는 사물을 다양한 시점에서 바라보는 능력과 사물의 핵심에 도달하는 능력이 요구된다. 다시 말하자면 언론은 더 이상 언론수용자가 무엇을 알아야 하는가를 결정하기보다는 언론수용자들이 수많은 뉴스들 중에서 중요성의 순서를 정할 수 있게 도와주어야 한다는 것이다. 나아가 단순히 의혹을 제기하는 데 그치기보다는 문제를 해결할 수 있도록 도와야 한다. 이를 위해서는 신뢰할 만한 정보 여부를 검증하고, 이를 효과적으로 판단할 수 있도록 도와주는 포럼리더(forum leader)가 되어야 한다(Kovachi & Rosenstiel, 2021).

그러나 이에 대해 하컵(Harcup, 2015)은 비록 인터넷 시대에 저널리즘은 이처럼 일방적인 설교보다는 대화의 방향으로 가고 있기는 하지만 뉴스의 취사선택이나 검증과 같은 언론인들의 전문적 기술은 여전히 중요하다고 지적한다. 따라서 이러한 분야에 있어서 더 나은 역할을 위하여 윤리적 책임 의식과 언론인만의 호기심과 독립적인 관찰력이 더욱 요구된다고 주장한다. 이처럼 시각적 차이는 존재하지만, 흥미롭게도 이들 두 시각이 공통적으로 인식하고 있는 점은 미래에는 제대로 된 '품격 저널리즘'이 필요하다는 것이다.

그런데 품격 저널리즘이 무엇인지 불분명할 뿐만 아니라 이를 달성하는 것이 정말로 가능한 목표인가에 대한 회의론도 존재한다. 예를 들어 강준만(2021)은 우리나라에서 품격 저널리즘의 달성이 어려운 이유를 세 가지로 꼽는다. 무엇보다 한국 신문은 고급지와 대중지가 엄격하게 분리되지 않은 채 둘의 성격을 동시에 가진 '복합형 모델'이라는 점을 지적한다. 소위 '품격이 밥 먹여주나?' 하는 의구심이 늘 깔려 있다 보니 굳이 품격을 강조하는 운영이 불필요하다는 인식이다. 이는 곧 우리 언론에 품격이 자리할 곳이 없다는 것을 뜻하기도 한다.

둘째, 디지털 혁명으로 인하여 언론이 강요받고 있는 클릭과 트래픽 위주의 굴레는 현실적으로 품격에 적대적이라는 지적이다. 이러한 상황에서 품격을 고집하는 언론을 한국에서는 찾기 어렵다는 것이다. 이러한 점은 광고를 통한 수익창출에 매몰되어 있는 우리나라 언론의 현실을 반증하는 것이기도 하다.

셋째, 디지털 혁명은 '필터 버블 현상'과 '정파성 경향'을 통해서 품격의 가치를 떨어뜨리는 속성이 있다는 지적이다. 이러한 이유들로 인해 품격 저널리즘 달성이 어렵다는 점을 잘 설명하고 있다. 그럼에도 그는 '품격'을 완전히 포기하자는 것은 아니며 품격 저널리즘을 위해서는 현재의 언론의 추구 모델을 '권력형 모델'로부터 '봉사형 모델'로 전환하고 겸손, 신뢰, 실력을 전제로 할 때만 가능할 수 있다고 주장한다.

이처럼 한국 언론이 품격 저널리즘을 최우선 가치로 내세우고 있지 않은 상황에서 그 중요성을 강조하는 것이 다소 모순적으로 보일 수 있으나 그럼에도 품격 저널리즘이 목표가 되어야 하는 이유는 바로 품격 저널리즘을 통해서만 언론의 신뢰를 회복하고 장기적인 측면에서의 존재의 정당성을 찾을 수 있기 때문이다.

한국에 있어 품격 저널리즘에 대한 논의의 역사는 꽤 오래되었으나(엄기형, 1982; 고홍욱, 1974; 홍종인, 1965 등)[1] 이의 필요성을 저널리즘 영역에서 본격적으로 논의하기 시작한 것은 약 13~14여 년 전부터라고 할 수 있다. 예를 들어 2013년 11월 5일 관훈클럽 주최로 서울 중구 프레스센터 20층 내셔널프레스클럽에서 '한국 저널리즘의 품격'을 주제로 학술세미나가 개최되었는데 여기서 언론의 '바람직한 품격은 무엇인가'에 대한 광범위하면서도 심도 깊은 논의가 벌어졌다. 세미나에서는 '편집과 경영의 바람직한 관계 정립', '한국 기자제도의 성찰', '기자의 품격', '한국 언론의 미디어 보도와 상호 비평', 그리고 '언론자유의 본질과 언론 법제'라는 소주제별 발표와 토론이 이어졌다(연합뉴스, 2013.10.29.).

1 당시 언론의 품격을 지켜야 한다는 주장은 주로 언론의 상업주의적 병폐로부터 언론의 취재보도 원칙을 잘 지켜야 한다는 것이었다.

'편집과 경영의 바람직한 관계 정립'에서는 '언론사가 품격을 높이려면 경영주는 언론이 사회의 공기라는 투철한 인식을 가지고 유능한 편집책임자를 임명하고 그에게 맡기도록 해야 한다'는 취지의 발표와 토론이 벌어졌다. 이 주제의 선정은 당시 박근혜 정부 시절 정언유착, 사주나 사장의 편집권 간섭, 편집과 경영의 유착 문제 등이 꾸준히 제기되고 있었기 때문으로 보인다.

두 번째 주제인 '한국 기자제도의 성찰'에서 참가자들은 '한국 대학의 신문방송학과(현 미디어커뮤니케이션학과)들은 하나 같이 '기자양성보다는 커뮤니케이션 이론 교육에 치우쳐 아까운 자원을 낭비했다'고 지적하면서 '언론인의 교육제도와 인재 관리제도가 더 역량 있는 기자를 배출하고 수준 높은 저널리즘을 실천할 수 있는 선순환 구조'가 되어야 한다고 말했다. 이를 위해 현재의 한국 기자제도를 개혁해야 한다고 보았는데 이는 공개채용 시험제도 탈피와 실용성 있는 교육을 전제로 한 채용제도의 도입, 철저히 준비된 기자를 배출할 저널리즘스쿨 도입, 개인 역량을 발휘할 인력 운용, 그리고 역량 있는 기자의 경우 정년 제약을 넘어 계약을 통한 고용을 유지하는 것을 요청했다.

세 번째 주제인 '기자의 품격' 논의에서 참가가들은 '기사는 품질이 중요한 관건이 되는 제품이므로 평준화된 수준에 머물러서는 안 된다'고 주장했다. 따라서 기존에 관행적으로 해 왔던 논지를 정당화하기 위해 전문가들의 권위에 과도하게 의존하거나 역피라미드 구조가 요구하는 사실 이외에는 취재를 하지 않고 짜 맞추기식으로 글을 쓰는 취재 관행에 대한 반성이 필요하다고 보았다.

기타 한국 언론은 최근까지 미디어 보도와 상호 비평이 절대적으로 부족한데 이는 한국 언론의 퇴행적 양상을 드러낸다는 논의와 언론인 양성 과정에서 언론법제에 관한 교육이 충분히 이루어지고 언론인과 언론학계 등에서 언론법제에 대한 체계적이고 진지한 논의와 성찰이 이루어져야 한다는 목소리가 나왔다(박재영 외, 2013).

세미나 내용을 요약하자면, 품격 저널리즘 또는 품격 있는 저널리즘이란 현재의 언론관행을 탈피하고 제대로 된 기자를 양성할 수 있는 환경과 제도를 구축하고 이를 통해 사회적으로 신뢰받고 민주주의 발전에 기여할 수 있는 저널리즘을 구현하는 것이라고 할 수 있다. 이를 위해서는 대학의 저널리즘 교육에서부터 언론법과 언론윤리를 잘 준수하는 것에 이르기까지 기존의 관행을 크게 바꾸거나 개선해야 할 필요성이 있다는 점을 잘 알 수 있다. 특히 오늘날과 같이 정보가 넘쳐나는 상황에서 품격 저널리즘은 국민들을 위해 정보의 맥락을 잘 짚어주어야 한다는 점에서 기존 관행으로부터의 탈피는 중요하다(이재진, 2022).

정리하자면 품격 저널리즘을 추구해야 하는 이유는 국민들로부터 신뢰받고 사회적 발전에 영향력 있는 언론을 만들고자 하는 것이다. 이는 최근 우리나라 언론의 신뢰도가 매우 낮고 가짜뉴스(허위조작정보)가 심각한 문제로 등장하는 미디어 환경에서 더욱 품격 있는 저널리즘이 요구된다는 것을 잘 대변해 주고 있다. 또한 우리나라뿐만 아니라 전 세계적으로 가짜뉴스 논의가 확산되면서 품격 저널리즘의 필요성에 대한 인식이 확산되고 있다고 판단된다.[2]

2 가짜뉴스는 실제로 허위조작정보라고 해야 맞지만 최근 벌어지고 있는 상황을 제대로 설명하기 위해 그대로 사용하는 경우가 많으므로 여기서도 그대로 사용한다.

전문가들은 품격 저널리즘을 선정주의적 보도와 가짜뉴스 시비를 불식시키고 땅에 떨어진 저널리즘의 신뢰도를 끌어올리기 위한 처절한 몸부림이라고 바라본다. 실제로 우리나라 언론의 신뢰도 하락 문제는 대단히 중대한 문제임에도 언론계에서는 마치 강 너머 불 보듯 하는 자세를 견지해 왔다. 신뢰도 하락 문제는 이미 오래전부터 지적되어 왔는데, 특히 2014년 세월호 참사 이후 '기레기'(기자 + 쓰레기)라는 멸칭이 붙여지면서 동시에 언론 신뢰도는 급속히 추락하게 되었다.

언론진흥재단도 참여하고 있는 영국의 옥스퍼드대학교 로이터 저널리즘 연구소의 조사보고서 〈디지털 뉴스 리포트〉에 따르면 우리나라는 몇 년 째 조사대상국 중에서 하위권에 머무르고 있다. 공교롭게도 2016년부터 2020년까지는 조사대상국 중 5년 연속으로 꼴찌를 차지했다. 2021년 46개국 중 36위, 2022년 46개국 중에서 40위, 2023년 조사에서는 이보다 2단계 떨어진 46개국 중 42위, 그리고 2023년에는 47개국 중 38위를 차지하여 이전보다 아주 조금 향상한 것으로 나타났다(디지털 뉴스 리포트, 2024). 신뢰도 조사연구의 객관성에 문제가 있다는 점을 감안한다 하더라도 이러한 결과는 우리 국민들의 기대에 크게 못 미치는 수준이라고 할 수 있다. 그 만큼 한국 언론에 국민들의 믿음이 안 간다는 사실을 잘 보여준다. 이처럼 한국 언론은 신뢰도 하락으로 허덕이는데 어떻게 해야 신뢰도를 제고할 수 있을까?

물론 우리 언론계도 스스로 신뢰도 회복을 위하여 손을 놓고 있었던 것은 아니었다. 그러나 일부 언론사들의 노력에 그치는 경우가 대부분이었고 언론계 전체가 공감대를 형성하고 윤리 제고의 노력에 나서지는 못했던 것이 사실이다. 이는 신뢰도 회복이라는 명제가 언론계 전체의 호응을 받지 못했던 탓이라고 할 수 있다. 언론계 전체의 호응을 얻지 못하는 다양한 이유가 있을 수 있겠지만 무엇보다 어떻게 해야 실질적으로 신뢰도 회복을 할 수 있을 것인가에 대해서는 '지침'이 제대로 마련되지 못한 이유가 존재한다(이봉현, 2020). 더 큰 문제는 우리나라 저널리즘의 특성상 '관행의 힘'이 너무 크다는 것이다. 그러다 보니 변화하려는 노력이 있다고 하더라도 얼마 못 가 기존 관행의 늪에 묻혀버린다는 비판이 많았다(김경모, 2019; 이재경, 2013 등). 즉 언론수용자에 대한 언론의 품격은 '윤리성'으로 말해야 하는데 저널리즘 관행이 이를 방해하게 된다는 것이다.

이러한 이유로 언론윤리를 준수하여 품격 있는 저널리즘 실천을 통해 신뢰 회복을 해야 한다는 점에는 언론인들도 수긍하지만 제대로 된 실천에까지는 이르지 못하는 상황이 반복되어왔다. 이러한 이해를 바탕으로 이번 장에서는 품격 저널리즘의 실천을 위해서는 언론윤리차원에서 어떠한 방식의 노력을 우선적으로 기울여야 하는가에 대해서 밝히고자 한다. 즉 품격 저널리즘을 통해서만 비로소 실추된 언론의 신뢰도 회복이 가능하다면 언론윤리 측면에서는 기존과는 어떤 다른 변화된 노력이 있어야 하는지를 밝히고자 하였다. 왜냐하면 품격 저널리즘의 실천만이 곧 언론에 대한 언론수용자들의 인식의 변화를 이끌어 내고 이와 함께 '기레기'라는 불신의 꼬리표도 뗄 수 있다고 판단하기 때문이다.

이번 장에서 말하고자 하는 품격 저널리즘이란 일견 '품질 높은 뉴스'를 생산하는 것이라고 판단하기 쉬우나 단순히 여기에 그치지 않고 '결과물로서의 뉴스 자체뿐만 아니라 서비스와 독자 관계, 비즈

니스까지 아우르는 고도의 활동'을 포함하는 것이라고 할 수 있다(최진순, 2023). 실제로 해외의 경우 이러한 기준을 충족시키는 언론들이 나타나고 있다(문용필, 2023). 이와 관련하여 언론진흥재단의 한 연구위원은 품격 저널리즘을 위해서는 '품질 높은 기사를 제공하는 것은 물론, 토론 공간을 만들거나 향후의 저널리즘 방향이나 다양한 전략을 꾸준히 소개하는 등 독자와의 소통에 크게 신경을 써야 한다'고 지적했다(더피알, 2018.8.1.). 실제로 이러한 언론들은 언론수용자들과 관련된 뉴스를 많이 다루며 일반 언론사 뉴스로는 세상을 제대로 이해할 수 없다면서 '뉴스 해독제'를 자처하기도 한다. 또한 이러한 서비스 품질 향상을 통해 유료화에 성공한 사례도 나오고 있다. 이는 결국 미래의 저널리즘은 품격 저널리즘을 목표로 가야 한다는 점을 잘 보여주고 있다고 하겠다.

품격 저널리즘을 실천하기 위해서는 다양한 방식의 노력이 있을 수 있다. 예를 들어 진실을 보도하거나, 전체를 보도하려는 노력도 품격 저널리즘 실천의 기본이 된다. 팩트 체크를 더욱 철저히 하기 위한 노력도 품격 저널리즘을 위해서 계속되어야 할 것이다. 또한 품격 저널리즘을 위하여 언론인은 실수를 방지하기 위해 할 수 있는 모든 조치를 다해야 한다. 그러나 일단 발생하고 나면 이 오류를 우리의 윤리와 원칙을 주장하고 진실성과 정확성에 대한 헌신과 자신의 직업에 책임을 지겠다는 의지를 보여주는 기회로 삼아야 한다. 이를 위해 가장 핵심적인 조치는 정정보도를 더 적극적으로 해 주는 것이다. 즉 오류가 발생하였을 때 정정보도 등 이에 대한 적절한 대처가 중요하다는 것이다. 그런데 한국뿐 아니라 외국의 경우에도 언론인들은 정정보도에 매우 인색한 관행을 만들어 온 것으로 보인다

(Kovach & Rosenstiel, 2021).

그러나 다양한 조사를 통해 드러난 연구 결과는 신뢰를 위해서라면 '실패를 인정하는 행위가 반드시 필요하다'는 점을 명확히 보여준다. 특히 '정정보도'를 해 주는 행위야말로 그냥 선의의 실천이자 영업에 도움이 되는 그 이상의 것이라고 할 수 있다. 무엇보다 정정보도는 언론인이 언론수용자와 더불어 신뢰와 연계관계를 쌓을 강력한 도구이다. 또한 '정정보도'는 저널리즘을 더 인간적이고 그래서 더 신뢰할 만한 것으로 만드는데 도움이 된다고 보았다. 오류를 예방하는 것이 제일 중요하지만 실수는 항상 일어날 것이고 언론수용자들도 이에 대해서 점차 이해의 폭이 커지고 있다. 따라서 언론은 정정보도 행위를 수치거리나 감추어야 할 무엇인가로 간주하기보다는 기회로 여겨야 할 것이다. 그러나 불행하게도 수많은 뉴스기관의 첫 반응이 실수를 최소화하려고 하거나 정정보도를 묵살하는 경우가 많다.[3]

이 책에서는 신뢰 회복을 위한 품격 저널리즘의 실천을 위해서는 언론윤리의 실천적 준수가 핵심이라고 판단하였다. 특히 취재원과 사회적 약자에 대한 언론의 개선된 보도와 언론인의 윤리에 대한 인식 전환이 중요하다고 보았다. 언론윤리와 관련하여 흥미로운 사실은 언론윤리의 준수가 중요하다는 대원칙에는 언론수용자, 법조계, 언론계, 언론학계, 그리고 유관 단체들이 모두 동의하고 있으나 어떻

3 미국의 경우에도 과거 정정보도에 인색한 것으로 나타났다. 2007년 조사에 따르면 미국 신문의 역사를 되짚어 보면 지난 70년간 약 40-60%의 오류가 있었는데 이에 대한 정정보도는 2%에 불과했다. 그것도 매우 무성의하게.

게 하는 것이 언론윤리를 잘 준수하는 것인가의 인식론적 측면에서는 여전히 괴리가 크다는 점이다. 예를 들어 언론윤리 문제가 사회적인 문제로 불거지게 되면 기자협회와 인터넷신문협회 등의 단체가 중심이 되어 성명서를 발표하기도 하고, 기존 윤리강령 내용을 개정하거나 행동 지침을 만들고 학계와 공동으로 관련 토론회를 개최하면서 자율적인 윤리준수를 위한 자성적인 실천의지를 피력한다. 그런데 이러한 움직임이 거의 비슷한 모습을 반복하는데 그치고 전체적, 실천적인 결과에 까지는 미치지 못하는 점에서 아쉬움이 컸다(이영희·이재진, 2023; 이재진, 2023b).

이 책에서는 어떻게 하는 것이 실천적인 결과에까지 이르게 될 수 있는가에 대해서 논의한다. 이를 위해 제2장에서는 여러 언론단체들이 제정한 '재난보도준칙'에 주의를 기울인다. 잘 알려진 바와 같이 10년 전인 2014년 세월호 참사 이후 언론의 재난·재해 보도의 문제점을 인식하면서 기자협회 등 5개 언론단체가 참여하여 '재난보도준칙'을 제정하게 된다. 그런데 재난보도준칙 제정이후 2-3년 동안은 재난보도준칙을 제정했음에도 크게 재난보도가 향상되었다는 평가가 드물었던 반면 10년이 지난 지금은 재난보도준칙이 우리나라 언론의 재난보도의 품격을 향상하는데 크게 기여했다는 평가가 나오고 있다. 물론 별도의 재난보도준칙이 만들어지기 이전에도 각종 언론윤리강령이나 보도준칙 속에 재난보도의 원칙이 포함되어 있었다. 그럼에도 실제 재난보도에 있어서는 재난보도 관련 규정이 제대로 지켜지지 않았다는 비판을 받았다. 다시 말하자면 독립된 재난보도준칙이 만들어진 이후 재난보도규정이 기존 윤리강령의 일부 규정으로 포함되어 있던 경우보다 실천 가능성이 더 크다는 사실이 드러났다는 것이다.

그런데 언론윤리 영역이 너무 넓어서 모든 영역을 재난보도와 같이 다 독립된 윤리강령으로 만드는 것은 불가능할 뿐 아니라 바람직하지도 않다. 예를 들어 젠슨(Jensen, 1997)은 언론윤리의 문제는 커뮤니케이터, 메시지, 미디엄, 언론수용자 그리고 커뮤니케이션이 일어나는 상황적 측면 등 다양한 측면에서 조사를 통해 살펴보아야 한다고 주장한다. 그만큼 언론윤리의 영역이 광범위하다는 것이다. 무엇보다 언론윤리 영역 중 '취재원 윤리'와 같이 가장 중요하다고 판단되는 영역의 경우에는, 이를 독자적인 윤리강령을 통해서 그 중요성을 강조하도록 하고 그 실천을 유도하도록 하는 것이 필요할 것이다. 이를 위해서 최근의 언론환경의 상황적 변화를 살펴보고 어떠한 영역이 독립된 윤리강령이 필요한지를 살필 필요가 있다. 특히 품격 저널리즘의 실천을 위해서 꼭 필요한 반면, 현재 저널리즘 관행에 매몰되어 잘 지켜지지 못하는 영역을 우선순위로 선택하여 독자적인 윤리강령을 만들고 실천을 유도해 나가는 것이 바람직할 것이라 판단된다.

윤리적 우선순위를 정할 때 고려해야 할 또 다른 사항은 '언론의 사회적 역할'이다. 이러한 공적 영역에서 현재 부족하거나 잘 이루어지지 못하고 있는 영역, 예를 들어 '사회적 약자 보호'와 같은 측면에서 보도에 있어 보강되거나 보충되도록 하는 작업이 필요할 것이라 판단된다. 이때 중요한 것은 실제 취재보도의 주체가 되는 언론과 언론인들의 자발적인 참여가 우선되어야 한다는 점이다. 아무리 훌륭한 윤리강령이 존재한다고 하더라도 언론이나 언론인이 이를 잘 지키고자 하지 않거나 윤리강령이 현실에 맞지 않다고 단순히 무시하는 경우에는 현재의 윤리강령은 사문화될 수밖에 없을 것이다.

비록 우리 언론의 신뢰도가 조사대상국 중에서 하위에 머무르고 있기는 하지만 사회적 위기시에는 SNS보다는 기존 언론에 의존도가 크다는 연구들이 있다(박아란, 2021 등). 비록 신뢰도가 우리의 기대만큼은 미치지 않지만 언론이 우리 사회에서 여전히 중요한 역할과 기능을 하고 있다는 것이다. 이러한 점은 언론이 뉴스를 필요로 하는 언론수용자들에게 신뢰할 만한 정보를 제공하여 이를 통해 언론수용자들이 문제해결을 위한 기준으로 활용할 수 있도록 하는 것이 필요함을 의미한다.

문제는 언론수용자들은 이러한 보도에 있어 언론이 더욱 '윤리적'이기를 바란다는 것이다. 이때 '윤리적'이어야 한다는 의미는 단순히 사실을 보도하는데 급급하기보다는 현실적 문제를 해결하는데 도움이 될 수 있도록 언론수용자의 니즈(needs)를 반영하는 기사가 만들어져 보도되는 것을 의미한다. 지금까지는 이러한 측면에 있어 언론에 대해 비판의 목소리가 컸다.

그런데 이러한 비판에 직면해서 언론사와 언론인들은 답답함을 호소한다. 언론사와 언론인들은 자신들이 제대로 취재보도하려는 노력을 경주한다고 주장한다. 비록 가끔씩 언론윤리문제가 불거지기도 하지만 실제로는 진실보도, 객관적이고 공정한 보도를 위한 노력을 기울인다고 피력한다. 또한 이를 위해서 자신들은 언론윤리 준수에도 신경을 쓴다고 응답한다. 이러한 점은 언론인들을 대상으로 한 조사에서도 드러난다. 그런데 이러한 언론의 항변에도 불구하고 언론인들이 생각하는 윤리준수와 언론수용자나 법원의 판사들이 생각하는 언론윤리 준수와는 상당한 차이가 있을 것으로 예상된다.

그래서 언론인들은 향후 품격 저널리즘의 실천을 위해서는 자신의 방식대로의 윤리준수에 집착하기보다는 언론수용자들의 목소리에 귀를 기울이고 법원의 판결에 대해서도 주의를 기울여야 할 것이다.

즉 신뢰회복을 위하여 많은 언론 전문가들이 품격 저널리즘을 지향해야 하는 이유를 제시하고 있는데 새겨들을 필요가 있다. 무엇보다 품격 저널리즘, 즉 퀄리티 저널리즘(Quality Journalism)을 지향해야 하는 이유는 품격 저널리즘이 민주주의 사회에서 건강한 공적 논의와 시민들의 의사 결정에 필수적인 정보를 제공하며, 궁극적으로 사회적 가치와 안전을 유지하는 데 기여하기 때문이라고 지적한다. 다시 말하자면 품격 저널리즘은 민주사회에서 핵심적 역할을 하는데 국민들이 국가의 운영에 참여하고 정책에 영향을 행사할 수 있도록 언론으로부터 공정하고 신뢰성 있는 정보가 전달되어야만 가능하다는 것이다.

또한 품격 저널리즘은 보도에 있어 객관성을 유지하고 다양한 의견과 시각을 포용하는 것을 목표로 한다. 이는 독자들에게 다양한 정보와 시각을 제공하여 개인이 자유롭게 판단하고 의사 결정할 수 있는 기회를 제공하게 된다. 아울러 품격 저널리즘은 언론이 권력의 남용이나 사회적 부정부패 등에 대해 감시하고 폭로하는 역할을 하도록 하여 사회의 건강성을 유지하는데도 도움이 된다. 즉 언론이 사회적 감시자로서의 역할을 수행하면서 부패를 예방하고 공공의 이익을 지키는데 기여할 수 있다는 것이다.

뿐만 아니라 품격 저널리즘은 사실에 기반한 보도를 강조하고 정보의 정확성을 유지함으로써 언론수용자들이 뉴스에서 얻는 정보에 대한 신뢰를 증진시키며, 거짓 정보나 허위 소문의 확산을 방지하는데 기여할 수 있다. 더 나아가 품격 저널리즘은 다양성의 측면에 주의를 기울이는데 다양한 문화, 인종, 종교, 성별 등에 대한 존중을 강조한다. 즉 품격 저널리즘은 다양성을 존중하고 관련된 다양한 이슈들을 다루면서, 언론수용자들에게 더 넓은 시각과 깊은 이해를 제공할 수 있다. 마지막으로 품격 저널리즘은 공익을 위한 보도를 강조하고, 사회적 문제를 제기하고 해결책에 대해 논의함으로써, 언론수용자들에게 사회적 책임을 인식시키고 우리 사회의 건강성을 증진시키는 긍정적인 변화를 이끌어낼 수 있도록 도움을 줄 수 있다.

2

언론 신뢰도 하락의 원인

앞서 언론의 신뢰도 하락이 현재 우리나라 언론이 시급히 해결해야 할 문제라고 지적했으나 언론의 신뢰도 하락 경향은 비단 한국만의 문제가 아니다. 다시 말하자면 언론의 신뢰도 하락은 한국뿐 아니라 세계적으로 나타나는 현상이다. 그럼에도 한국은 다른 나라와 비교해 볼 때 더욱 심각한 저널리즘 불신을 겪고 있음을 알 수 있다. 더욱이 한국의 언론인은 아시아에서 언론자유지수는 대단히 높은 반면 신뢰도는 최하위권을 벗어나지 못하는 양극화된 모습을 보인다. 이처럼 언론의 신뢰도가 떨어져서 양극화 되는 데에는 여러 가지 요인들이 내재해 있다.

언론 전문가들도 언론 신뢰도 하락의 원인은 복합적이라고 지적한다(이재진, 2022; 백영민 · 안수찬 · 김위근, 2019; 박재영, 2014 등). 이들은 신뢰 추락의 원인들로 '거시적 사회요인', '미디어 환경 변화', '언론수용자의 지각 · 인지오류', '언론인의 윤리 문제' 등을 지적해 왔다. 이를 좀 더 구체적으로 살펴보면 다음과 같이 이해할 수 있다.

첫째, 우리 사회를 받쳐 온 다양한 제도(system)의 신뢰하락의 문제가 존재한다. 즉 기존에 사회를 지탱하는 주요 제도로 작용해 온 정치, 경제, 종교, 문화, 교육제도 등의 신뢰도가 하락하면서 이들 제도의 원활한 운영을 매개하거나 비판자적 감시 역할을 하던 제도로서의 언론 또한 신뢰도 하락을 피할 수 없게 되었다. 특히 신자유주의 시대를 겪으면서 기존의 다양한 사회적 제도에 대한 불신이 커지게 되고 신뢰를 복구할 수 있는 추동력이 매우 부족한 상황에 처하게 되었다. 제도로서의 언론의 경우에는 언론수용자들이 더 이상 언론을 중요 정보원(reference)으로 삼으려 하지 않는 경향이 커지면서 기존의 감시자나 비판자로서의 역할을 하던 언론의 사회적 기능은 위축되는 상황을 맞고 있는데 이러한 점이 언론의 신뢰도 하락의 중요 원인 중의 하나라고 할 수 있다.

로젠스틸과 맥브라이드(Rosenstiel & McBride, 2001)에 따르면 미국의 경우에도 언론에 대한 신뢰도가 떨어지고 국민들은 언론이 국민들에게 관심을 기울이고 있다고 생각하는 비율이 1985년 41% 이었는데, 1999년에는 21%로 낮아졌다고 한다. 아울러 언론이 민주주의를 수호했다고 생각하는 사람 또한 1985년 55%에서 1999년 45%로 절반에도 미치지 못하는 것으로 나타났다. 이러한 점은 언론에 대한 신뢰도 하락은 이미 오래전부터 시작되었다는 것을 잘 말해 준다.

최근의 언론 신뢰도 하락은 단순히 언론만의 문제가 아닐 수도 있다는 지적도 있다(강아영, 2018.10.18.). 관련 연구자들은 거시사회학적 측면에서 '언론제체(media regime)'를 사회 체제의 일부로 이해되어야 하며 언론에 대한 정당성 인식이나 신뢰붕괴를 미시적 관점의 효과이론으로 충분히 설명할 수 없다고 지적한다(Williams & Delli Carpini, 2011). 즉 현재 여러 국가에서 목격되고 있는 기성언론에 대한 불신과 수용자 이탈 현상은 전 세계적인 거시적 사회변동을 반영하고 있다는 것이다. 다만 이러한 접근은 왜 사회마다 신뢰 추락현상이 달리 나타나는가를 설명하기에는 너무 추상적이라는 비판이 있다. 특히 한국의 경우에는 그 정도가 대단히 심한데 이를 설명하는 것이 어렵다는 것이다.

둘째, 우리나라 언론의 신뢰도 추락에 있어 가장 비중 있는 요인으로 미디어 환경 변화로 인한 '경쟁 심화' 같은 상황적 요인을 들 수 있다. 먼저 디지털 기술 발전과 방송·통신의 융합 등으로 매체와 채널이 다변화되면서 우후죽순식으로 신규 미디어의 수가 급속히 늘어났다. 특히 봇물처럼 터져 나온 인터넷신문의 약진으로 인해 뉴스가 넘쳐나고 있다. 언론진흥재단에서 발행한 2023년 〈한국언론연감〉에 따르면 2022년 현재 전체 15,020개의 매체가 언론으로 등록되어 있는데 그 중 73.1%인 10,983개 매체가 인터넷신문으로 나타났다. 이처럼 언론의 수가 급격히 증가하면서 뉴스 경쟁이 더욱 심화되었고, 이처럼 미디어가 급증하여 경쟁이 심화되면 뉴스제작 환경이 악화되고 이는 결국 뉴스 콘텐츠의 질적 하락으로 이어지게 된다는 평가가 있다(Bennet, 2012; Prior, 2007; McChesney, 2004).

이러한 현상은 매체 미디어의 다양성 측면에서는 바람직하다고 할 수 있으나 언론매체의 뉴스 이용률이 점차 줄어들고 질적 하락이 일어나고 있다는 점은 신뢰도 하락을 넘어서 언론의 존재 이유마저 흔들 수 있다. 언론진흥재단의 2023 '언론수용자 조사'에 따르면 미디어별 이용 행태를 보면 인터넷 뉴스 이용률은 80.0%, 모바일 인터넷 뉴스 이용률은 79.6%로 나타났다. 이러한 점은 모바일 디지털 시대에 개인의 정보 생산과 유통이 용이해지고 언론 시장의 진입 장벽이 낮아짐에 따라 엄격한 검증과 확인을 거치지 않은 부정확한 정보, 의도적으로 왜곡된 정보들이 여과 없이 확산될 여지가 크다는 것을 의미한다. 특히 모바일 인스턴트 메신저, 소셜네트워크서비스(SNS), 유튜브 동영상 스트리밍 서비스 등 커뮤니케이션 수단의 대중적 확산으로 가짜뉴스, 루머, 음모론 등 신뢰할 수 없는 정보가 무차별 확산됨에 따라 언론 전반의 신뢰도와 품격까지 훼손되고 있다는 사실을 간과할 수 없다고 지적한다.

셋째, 미디어 신뢰도의 치명타는 가짜뉴스와 소셜미디어 이용의 확산이다. 가짜뉴스의 엄청난 팽창은 2016년 미국 대통령 선거부터라고 할 수 있는데 소위 탈진실(post truth) 시대가 시작되면서 본격화되었다고 할 수 있다.[4] 지난 10년을 '가짜뉴스의 시대'라고 평가하기도 한다(조준원, 2024). 실제로 가짜뉴스와 오보는 허위 정보로 인해 국민들의 의사결정에 악영향을 끼쳐 정치 불신을 유발하여 정치참여 저하와 공공문제에 대한 무관심으로 이어질 수 있다. 가짜뉴스가 사회 갈등을 일으키고 사회통합을 방해하기도 한다(이재진, 2017). 특히 가짜뉴스는 편가르기와 거짓 선동의 방편으로 견해가 서로 다른 사람끼리 증오심을 불러일으키며, 이념, 지역, 종교, 성별 그리고 세대 간의 갈등을 부추겨 언론의 신뢰도를 더욱 깊게 추락시킨다. 최근에는 정치 영역에서 가짜뉴스에 대한 제대로 된 정의 없이 자기 입맛에 맞게 함부로 가져다 쓰는 경향이 늘어나고 있다(한성일, 2021; 박

4 2016년 영국 옥스퍼드 사전은 탈진실(post truth)을 2016년의 단어로 정했다.

아란, 2019). 비판적인 언론을 가짜라고 매도하며 신뢰성을 공격하는 사례가 수없이 반복되고 있다. 특히 고위 공직자들이나 유명 정치인들의 언론에 대한 공격은 이들을 지지하는 사람들의 언론과 뉴스에 대한 부정적인 인식을 더욱 악화시키는 계기가 되었다.

여기에는 무엇보다 가짜뉴스와 언론의 오보를 구분하지 않고 이용한다는 문제가 있다. 가짜뉴스는 대개 소셜 미디어를 통해 전파되는데, 허위 정보가 진실한 정보보다 쉽고 빠르게 확산되는 경향이 있다. 이로 인해 사실 확인이 미흡한 정보가 언론에 반영되면서 신뢰도가 하락하는 모습을 보인다. 이를 해결하기 위한 해결책의 하나로 연구자들은 가짜뉴스라는 용어 사용을 자제하고 오정보(misinformation), 허위정보(disinformation), 또는 악의적 정보(malinformation) 등으로 써야 한다는 것을 강력히 주장한다. 왜냐하면 가짜뉴스(fake news)라는 표현이 다른 용어들보다 뉴스와 언론에 대한 부정적 인식에 더 큰 영향을 미칠 수 있기 때문이다(박아란, 2021).

또한 가짜뉴스를 매우 정치적인 규제중심의 발상으로 자칫 헌법적인 권리를 갖는 언론의 자유를 과잉규제 할 수 있는 위험이 있다는 문제점도 있다. 그래서 가짜뉴스에 대한 구체적인 정의를 내리지 않는다면 이는 자칫 헌법적인 권리에 대한 본질적인 침해에 이를 수 있다는 것이다. 이와 관련하여 직접적인 판결례가 나오고 있지 않은 상황에서 2023년 언론진흥재단과 방송통신심의위원회는 가짜뉴스 일소를 목표로 가짜뉴스센터를 개설하여 민원을 접수하는 등의 조치를 취하였으나 문제의 해결이 아직 미미한 상태에 머무르고 있다. 문제해결이 쉽지 않음을 잘 보여주는 사례라고 할 수 있다. 이 문제는 아직도 진행형이라고 할 수 있으며 언론수용자들의 언론에 대한 신뢰도는 당분간 낮은 수준에 머무를 수밖에 없을 것으로 보인다. 이재진(2017)은 가짜뉴스는 디지털 세상에서 지불해야 하는 일종의 사회적 비용으로 보아야 하며 이를 근절하거나 일소하는 것은 불가능하므로 사회적 비용을 최소화 하는 방향으로 규제의 가닥을 잡아야 한다고 보았다.

넷째, 언론의 신뢰도 하락은 언론의 도덕성 또는 윤리성 약화에도 원인이 있다. 예를 들어 언론이 특정 정치적 입장을 지지하거나 갈등을 부추기는 보도를 하면, 신뢰도가 훼손될 수 있다. 또한 독립성과 공정성이 부족한 경우, 언론은 자신의 입장을 추인하는 도구로 인식될 수 있다. 아울러 과열된 취재 과정에서 발생하는 오보나, 초상권이나 프라이버시 침해 등 인권침해 논란으로 언론 불신이 가중될 수 있다. 언론진흥재단의 연구에 따르면 우리나라는 세계적 기준에서 '저신뢰 사회' 중 하나로 분류된다(최충웅, 2023). 때문에 다른 국가에 비해 우리나라의 언론 신뢰가 낮은 것은 한국의 사회적 '저신뢰성'이 반영된 것으로 볼 수 있다. 이는 한국의 '정파성' 문제로 중립성과 객관성을 상실한 이념적 편향성과 진영논리의 확산에 따른 권언유착 및 정언유착의 폐단점이기도 하다(이효성, 1996). 결국 사회, 경제, 정치적 갈등의 심화와 양극화로 인한 언론의 진영논리와 자사이기주의가 한국 언론 신뢰도 위기의 주요 원인으로 자리 잡게 된 것으로 보인다. 즉 자신의 의견에 부합하는 정치적 성향, 선호도, 가치관 등에 맞는 뉴스를 골라서 소비함에 따라 자신의 견해와 다른 뉴스에 대한 상대적 불신 문제로 직결된다는 점이다.

특히 최근 언론 사이에 확산되고 있는 '법만 위반 안하면 되지'라는 생각은 언론의 신뢰도를 더욱 위협하고 있다. 법만 위반 안하면 되지 윤리까지 어떻게 모두 시시콜콜히 신경 쓰나 하는 생각은 매우 위험하다(김민정, 2022). 왜냐하면 이는 법의 경계선과 윤리의 경계선을 같은 선상에서 보려고 하려는 것으로 이는 전문직으로서의 언론의 기능이나 역할에 대한 인식이 전혀 반영되지 않은 태도를 보이는 것이기 때문이다(이규연, 2021). 즉 법은 언론윤리 규범의 밑바닥을 의미하는데 이를 기준으로 잡고 있다는 것은 언론 스스로 신뢰를 떨어뜨리는 요인이 된다.

흥미롭게도 이러한 인식이 비단 한국 언론인들만의 특성은 아니다. 비록 상황은 한국과 다르지만, 미국의 경우에도 언론인이 사회적 부정부패를 고발하는 취재에 속임수를 이용할 때는 '법만 위반하지 않으면 된다'는 의식을 가지고 있다는 연구들도 있다(Braun, 1992; Hodges, 1988). 이와 관련 미연방대법원장을 지낸 사뮤엘 워렌(S. Warren) 대법관은 '법이란 윤리라는 바다에 떠 있는 섬'이라고 지적했다(유일상, 2001 재인용). 이는 윤리적으로 지켜야 할 규범의 외연이 크게 넓다는 것, 즉 언론관련법의 넓은 외연은 언론윤리로 이루어져 있다는 것을 의미한다. 그래서 대부분의 경우 저널리즘상의 문제는 윤리를 통해서 해결해야 된다는 것이다. 윤리적으로 해결이 안 되는 경우에만 법적인 규제를 하게 되는데 이때에는 규제의 강도와 강제성이 커질 수밖에 없다. 즉 언론윤리를 어기는 경우 궁극적으로는 불법이나 위법이 되는 경우가 발생하여 이에 대한 책임을 질 수도 있다는 것이다. 이러한 지적은 윤리적 문제를 법적으로 규제하려고 하는 것이 항상 언론의 자유에 대한 침해가 아닐 수 있다는 점을 암시

한다.[5] 결국 워렌 대법관의 지적은 언론의 윤리준수는 법이냐 윤리냐에 대한 선택의 문제가 아니라 책임의 문제이자 의무의 문제라는 점을 의미한다고 해석할 수 있다.

다섯째, 뉴스 콘텐츠의 품격 문제가 있다. 우리나라 언론이 공통으로 처해 있는 형식과 내용의 다양성 부족에 속보경쟁, 미확인 보도, 선정보도 등 품격이 낮은 기사와 기자의 전문성 취약 부분이 문제로 작용한다(배정근, 2020; 배정근·유승현·오현경, 2019). 특히 한쪽으로 치우친 취재원에 따른 편파성과 속보 경쟁으로 발생하는 오보, 낚시성 기사 등 잘못된 기사가 결국 언론에 대한 신뢰를 떨어뜨리는 원인이 되고 있다. 특히 온라인으로 언론이 확장되고 클릭 수를 늘리려는 시도가 더해지면서 신뢰도 하락은 가속화 되고 있다. 일부 언론 매체는 클릭 수를 높이기 위해 과도한 감정적 요소나 충격적인 내용을 강조하는 클릭 베이트(Clickbait) 방식을 사용하는데 이는 언론수용자들의 신뢰를 잃게 만든다. 더욱이 언론에 '먹고 사는 문제'가 팽배해 있는 점도 콘텐츠 품격을 흐리게 하는 요인이 된다(박진우, 2020, 199쪽).

여섯째, 언론 신뢰 하락의 외적 요인으로는 언론사들의 난립으로

5 미국의 경우 윤리적 문제의 해결은 전문언론인협회(Society of Professional Journalists) 윤리강령(Code of Ethics)과 각 언론사의 취재·보도 가이드라인에 근거하고 있다. 취재원과의 관계와 관련하여 SPJ의 윤리강령은 "언론인은 선물, 혜택, 비용, 공짜 여행, 그리고 특별한 접대를 거절해야 하고, 언론의 신뢰성에 해를 입히거나 언론의 본질이나 불편부당에 타협하는 정치적, 외부적 활동을 삼가야 한다"(Journalists should refuse gifts, favors, fees, free travel and special treatment, and avoid political and other outside activities that may compromise integrity or impartiality, or may damage credibility)고 규정하고 있다.

광고자원의 한정에 따른 경영 경쟁의 가속화와 자본에의 종속 심화를 들 수 있다. 지나친 광고 의존도에 따른 광고주의 개입과 압력에 의한 언론 독립성 침해, 정권이나 정당 또는 정치세력의 개입 또는 압력에 의한 언론 독립성 침해 등을 들 수 있다. 광고 수익에 의존하는 언론은 광고주와의 유착성을 피하기 어려울 수 있다. 이로 인해 광고주의 이익을 우선시하는 보도나 편집이 이뤄질 경우, 독자들은 언론의 신뢰성을 의심하게 된다. 이와 함께 언론이 특정 이해관계나 소수의 의견에 지나치게 의존할 경우, 다양성이 부족하게 되어 독자들은 왜곡된 정보를 수용하게 된다. 최근 언론의 신뢰도 위기는 단순히 신뢰도 하락의 문제를 넘어서서, 언론에 대한 '혐오' 수준에 이른다는 점에서 위기의 성격이 다르다는 지적도 존재한다. 언론인의 의식과 자질, 전문성, 윤리성 등 잘못된 관행들로 오죽하면 언론인들이 '기레기'라는 모멸적 표현으로 투영되고 있을까에 대한 고민이 깊어지고 있다.

이러한 여섯 가지 요인들은 신뢰도 하락의 문제뿐 아니라 궁극적으로 한국에서는 왜 품격 있는 저널리즘이 성장하지 못했을까 하는 질문과 연결된다. 왜 한국에는 미국의 〈뉴욕 타임스〉(New York Times)와 같은 언론이 존재하지 않는 것인가? 이러한 질문들은 상당히 오래 들어온 질문이지만 이에 대한 원인 분석이나 해결책 제시가 시원하게 이루어진 적은 없다. 이에 대해 이규연(2021)은 한국에서도 품격 저널리즘을 달성하기 위해 축적된 시간이나 기회가 없었던 것은 아니지만, 한참 언론이 돈벌이가 잘 되고 광고가 넘쳐나는 좋은 시대에 품격 저널리즘을 위한 판을 깔았어야 하는데 불행하게도 그 기회를 놓쳐버렸다고 지적한다.

더 나아가 이규연(2021)은 새로운 기계를 들여오고 신문의 디자인도 훨씬 좋아졌지만 언론의 품격을 저널리즘이 달성해야 할 목표라는 인식을 하지 못한 채 시간을 보내 버렸다고 지적한다. 그는 어려운 시기에는 '민주'면 되었고, 반민주 요소만 가려내면 저널리즘의 가치를 다한 것으로 만족했던 경향이 있었다고 비판하면서 미국과 같이 비영리 언론들이 저널리즘 영역에서 중요한 역할을 하는 일도 없었던 것이 바로 제대로 된 품격 있는 뉴스 생산이 이루어지지 못한 이유가 되었다고 진단을 내린다. 만일, 이러한 진단이 올바르다면 우리의 질문은 자연스럽게 앞으로 우리 언론이 신뢰도 회복을 위한 품격 저널리즘을 달성하기 위해서는 구체적으로 어떻게 해야 할 것인가에 향하게 될 것이다.

3

신뢰도 회복을 위한 품격 저널리즘의 요건

실추한 뉴스 신뢰도 제고를 위한 품격 저널리즘 실천의 첫 번째, 그리고 가장 중요한 요건으로 진실한 보도(factual reporting)를 들 수 있다. 언론이 정확한 사실보도를 해야 한다는 것이다. 품질 높은 언론은 사실과 진실에 근거한 보도를 제공함으로써 해당 정보를 신뢰할 수 있고 정확하게 전달함으로써 독자들에게 신뢰를 구축할 수 있다.

진실성 있는 보도를 위해서는 무엇보다 취재보도 과정에서 사실에 대한 검증 과정을 충분히 거칠 필요가 있다. 다시 말하자면 자사의 보도에 대해서 팩트 체크(fact check)를 명확하게 하는 것이 중요하다. 또한 취재의 대상이 되는 취재원의 신뢰성, 전문성, 의도성 등에 대해서 엄격한 검증을 실시하는 것이 요구된다. 이러한 인식에 대해서 언론인들도 많이 공감하고 있음에도 시간을 다투어 일을 해야 하는 직업적 특성상 실제 취재·보도하는 경우에는 충분한 사실검증을 못하는 경우가 많다(이재진, 2022; 이재경, 2020).

진실보도 또는 정확한 사실보도는 본격적인 저널리즘이 시작된 19세기 초부터라고 강조되어 왔다. 이에 대해서는 우리나라는 2021년 기자협회와 인터넷신문협회 등 5개 언론단체가 공동으로 제정한 '언론윤리헌장'에서 명확히 하고 있다. 여기서 진실보도를 위해서는 무엇보다 언론이 보도에 있어 최대한 '객관성'과 '공정성'을 유지하려고 애쓰는 것이 중요하다고 밝히고 있다. 이와 함께 언론은 신뢰할 수 있는 출처(source)에서 정보를 얻어 와야 한다. 이때 정보의 출처를 신중하게 확인하고 여러 출처를 통해 확인된 정보만을 사용하는 것이 필요하다. 이를 위해서는 복수의 상호검증 가능한 취재원을 이용할 필요가 있다.

언론인은 제보나 소문을 근거로 보도하지 않도록 기사의 정확성에 유의해야 한다. 즉 진실한 정보를 위해서 언론인들은 사회적으로 민감한 정보나 누설된 정보를 다룰 때, 관련된 취재원이 이를 윤리적으로 취급하고 해당 정보가 공익에 부합하는지 신중히 판단해야 한다. 아울러 진실보도를 위해서는 취재 과정에서의 투명성이 매우 중요하다. 즉 언론수용자에게 '취재과정을 설명'하고 가능한 한 '공개적으로 정보를 제공'하는 것이 필요하다.

두 번째 실천 요건으로 '독립성(Independence)'을 꼽을 수 있다. 언론은 정부, 기업, 단체 등으로부터 어떠한 영향이나 압력도 받지 않고 독립적으로 보도할 수 있어야 한다. 이는 언론이 다양한 의견을 다루고, 권력에 대한 감시와 균형 있는 보도를 할 수 있게 한다. 비록 현실에서 100% 가능하기 어려울 수 있으나 언론이 독립성을 이루어야 권력과 자본의 압력을 받지 않고 자유로운 취재보도가 가능하다. 특히 언론이 권력에 대한 감시자 역할을 하는 만큼 언론의 독립성과 조화를 잘 이룰 수 있도록 하는 것이 필요하다. 언론의 자유가 그 어느 때보다 개선된 지금, 언론 자유와 사회적 책임의 균형점이 어디에 위치해야 하는가에 대한 성찰이 요구되며(이재진, 2006). 언론사 차원에서 '품격 있는 보도'에 대한 합리적 인식과 합의된 기준이 필요하다.

세 번째 실천 요건은 보도의 '공정성(fairness)'이다. 품격 저널리즘의 경우 다양한 의견을 존중해야 하며, 취재보도에 있어 언론의 주관성 개입이 최소화 되어 보도해야 한다(박재영 외, 2013). 보도에서 이해관계가 발생하는 경우에는 이해관계가 있는 당사자를 모두 공정하게 다루어야 하며, 이해관계가 발생하지 않는 경우에도 필요하다면 반론권을 충분히 존중해 주는 것이 요구된다. 이는 언론수용자들에게 균형감 있는 정보를 제공하는 데 도움이 되기 때문이다. 실제로 언론수용자들은 자신들의 문제해결을 위해서 언론으로부터 제공된 균형감 있는 정보를 필요로 한다.

네 번째 실천 요건은 '다양성(diversity)'이다. 이는 곧 보도에서 다양한 의견과 관점은 물론이고 인종, 성별, 민족, 성정체성, 장애 등을 차별 없이 포용할 수 있어야 한다는 것을 의미한다. 즉 언론이 다양한 의견, 관점 및 정보를 제공할 수 있어야 한다는 것이다. 이는 다양한 출처, 의견, 취재원, 문화적 배경이 반영되며 공정하고 폭넓은 정보를 제공함으로써 사회적 다양성을 실현하게 되는 근거가 된다. 다시 말하자면 품격 저널리즘은 보도에 있어 이러한 다양성을 존중하고 반영함으로써 균형감각 있게 사회를 보도하고, 언론수용자에게 더 넓은 시각에서의 이해와 풍부한 정보를 제공할 수 있다.

다섯 번째 실천 요건은 '투명성(transparency)'이다. 투명성은 보도의 출처, 자료 수집 방법, 편집 과정 등에 대한 명확한 정보를 제공하는 것을 의미한다. 즉 언론수용자가 어떻게 정보가 수집되고 제공되었는지 이해할 수 있도록 해야 된다는 것이다. 특히 취재 및 보도의 전 과정이 투명하게 이루어졌다는 점을 품격 저널리즘은 언론수용자들에게 알려야 한다. 진실한 보도 원칙과 유사하게 투명성의 원칙에 있어 가장 중요한 원칙 중 하나가 언론의 대상이 되는 취재원의 신뢰성과 전문성을 확보하는 것이다. 이때 취재원 관련 정보를 명확하게 확인하고 취재원의 불온한 의도에 휘둘리거나 이용되지 않도록 유의해야 한다(Shepard, 1994; Salisbury, 1991).

여섯 번째 실천 요건은 언론의 공적 설명 책임(public accountability)이다. 이는 언론의 존재 이유 중의 하나로서 이는 언론이 언론수용자들에게 사회적 문제에 대한 인식을 높이는 것은 물론이고 권력을 감시하며, 시민들에게 중요한 정보를 전달함으로써 공익을 증진시키도록 해야 하는 역할과 일맥상통한다. 즉 언론은 책임감을 갖고 공적인 역할을 다해야 한다. 이때 책임감은 언론이 잘하는 경우뿐만 아니라 언론이 제대로 된 역할을 하지 못하는 경우, 그 이유와 원인에 대해서 성찰하고 이를 언론수용자에게 공표하고 이해하기 쉽도록 설명할 뿐만 아니라 같은 실수를 반복하지 않도록 개선하는 것까지도 포함한다.

일곱 번째 실천 요건은 윤리적인 지침과 행동강령의 준수이다. 예를 들어 잘못된 정보에 대한 정정보도를 신속히 이행하는 등의 개선된 노력을 이행하는 모습을 보여주어야 한다. 이를 통해 언론은 신뢰를 쌓아나가고 언론수용자들에게 고백적인 이미지를 제공할 수 있기 때문이다. 이를 위해서는 기자 윤리와 재교육 문제 등 언론 스스로 저널리즘의 원칙에 충실함으로써 사회적 책임을 다하겠다는 의지를 실현하려는 노력이 필요하다. 반대로 언론수용자는 좋은 정보와 나쁜 정보를 선별할 수 있는 비판적 미디어 리터러시를 배양하고, 정보의 홍수 속에서 인공지능 알고리즘이 추천하는 필터 버블(filter bubble)에 빠지지 않고 다양한 정보를 찾아 해독할 수 있는 디지털 접근과 통제능력을 길러야 한다. 언론인은 전문직으로서 공동체에 대한 책임과 의무를 스스로 감당하며, 해당 분야의 전문성 함양에 노력하고, 높은 윤리의식으로 무장해야 한다. 이때 언론의 관행에의 탈출은 외부적 강제가 아닌 내부적 자율을 통해 이루어져야 한다. 언론의 품격이 추락한 구조적 원인이 무엇인지를 정확히 진단하고 뼈를 깎는 성찰로 대안을 모색해야 한다.

결국 이러한 다양한 요건들이 조합되어 작용함으로써 품격 저널리즘, 즉 Quality Journalism이라는 개념을 형성하며, 이는 언론계 생태계를 건강하게 만듦으로써 궁극적으로 더 나은 민주주의와 시민 사회를 지원하는 역할을 한다. 문제는 이를 어떻게 실천해 나갈 것인가 하는 점이다. 현직 기자들을 대상으로 품격 저널리즘에 대한 인식조사를 실시한 한 연구에 따르면 품격 저널리즘의 필요성은 매우 시급하다고 응답하였다(노병우, 2024). 다만 실제로 이를 실천하는 것은 매우 어렵다는 점 또한 토로한다. 무엇보다 언론이 현재 당면한 상황이 어렵기 때문에 이를 버티고 잘 넘겨야 하는 언론의 입장에서는 품격을 따질 겨를이 없다는 응답이 대부분이었다. 이러한 결과를 바탕으로 할 때 품격 저널리즘을 달성하기 위해서는 언론인과 언론사가 모두 기존보다 개선된 성찰적인 노력을 기울이는 것이 중요하다는 것을 알 수 있다. 이는 품격 저널리즘이란, 언론인과 언론사의 각고의 노력이 없이 단지 상황이 좋아지게 되면 저절로 달성되는 것이 아니라는 점을 잘 보여주고 있다.

4

품격 저널리즘의 역사적 배경과 관련 연구의 동향

1. 역사적 배경

품격 저널리즘은 '높은 수준의 기준과 원칙을 바탕으로 한 언론활동을 의미하는데, 이는 사실에 기반하고 독립성, 공정성, 다양성, 투명성, 공익을 위한 책임 등과 같은 주요 요건에 근거한다'고 정의한다면 이러한 품격 저널리즘에 대한 인식은 언제부터 시작되었고 현재의 저널리즘 상황에 어떠한 영향을 미쳤는가에 역사적으로 살펴볼 필요가 있다. 특히 품격 있는 보도가 '정당한 공적 관심사를 적정한 방식과 수준에서 다루는 보도'(심석태, 2023)라고 한다면 이러한 인식은 언제부터 시작된 것일까?

저널리즘이 오늘날의 실천적 시스템으로 자리 잡게 된 데에는 미국의 지적 전통의 진화(evolution of American intellectual tradition)와 밀접한 관련이 있다(Altschull, 1990). 역사적으로, 미국의 경우 저널리즘이 갖춰야 할 품격에 대한 논의는 19세기 말엽의 '보도상의 객관성과 완전성(integrity)'에까지 거슬러 올라간다. 당시 월터 리프만(Walter Lippmann)이나 아돌프 오크스(Adolph Ochs)는 편견이 없는 보도(unbiased reporting)와 함께 뉴스를 의견(editorial opinion)과 구분해야 하는 중요성을 강조하였다(Tifft & Jones, 1999). 이들에 따르면 정확성에 헌신하는 존경받는 신문의 간행이 오늘날 우리가 품격 저널리즘으로 인식하고 있는 현상의 시작이라고 할 수 있다. 특히 진실성(truth)과 공정성(fairness)에의 헌신은 오늘날 저널리즘의 기준(standard)이 되고 있다. 다시 말하자면 품격 저널리즘에 대한 본격적인 논의는 '언론의 진실을 보도하려는 인식'이 생겨나면서부터 시작되었다고 추정할 수 있다. 비록 이에 대한 정확한 출발점을 판단하기는 어렵지만, 적어도 다양한 역사적 사건과 학문적 개념의 발전이 품격 저널리즘의 개념형성에 영향을 미쳤다고 생각된다.

좀 더 구체적으로 살펴보면 미국의 경우 1830년대에서 1850년대 초까지를 '페니프레스 신문 시대'라고 하며, 1860년대 후반부터 1900년까지를 '뉴저널리즘 시대'라고 한다. 이때 뉴저널리즘이란 1) 신문 가격이 싸고, 2) 진보적, 개혁적이며, 3) 읽기가 쉬웠으며(외양과 내용이 통속적), 4) 뉴스 기능을 강조하는 등 기존의 전통적 저널리즘과 구별되는 특성을 보였다. 이러한 저널리즘의 변화와 함께 1880년대와 1890년대에는 '기자(reporter)'의 제도적 발달 또한 크게 이루어져 이때를 '기자의 시대'(Age of Reporter)라고 한다(강준만, 2017).

이러한 상황에서 19세기 중반에서 20세기 초반에 이르기까지, 미국과 유럽에서 언론의 개념과 기능에 대한 논의가 확대되었다. 이 시기에는 언론의 공적 책임과 독립성이 강조되었으며, 사회 문제에 대한 보도의 중요성이 부각되었다. 특히 당시 미국에서 가장 큰 논란이었던 소위 '옐로우 저널리즘(Yellow Journalism)'의 병폐가 극에 달하던 시대적 배경이 작용하였다. 옐로우 저널리즘의 두 축을 담당하던 〈뉴욕 월드〉의 조셉 퓰리처(Joseph Pulitzer)와 〈뉴욕 저널〉의 랜돌프 허스트(Randolph Hearst)는 독자의 시선을 끌기 위해 인간의 불건전한 감정을 자극하는 범죄, 괴기 사건, 성적 추문 등을 선정적으로 보도하였다.

퓰리처는 특권 계급에 대한 혐오를 강하게 드러내면서도 그들의 삶을 동경하는 독자들의 호기심도 충족시키는 이중전술을 구사했다. 재미없는 신문을 만드는 것은 죄악이라고 하는 인식이 강했다고 한다. 퓰리처는 뉴욕의 일간지 발행인 중 최초로 별도로 '체육부'를 만들었고 살인 사건 보도에 있어 살해 방법을 자세히 설명하거나 현장 스케치 그림을 싣는 등 새로운 보도 방법을 도입했다. 이는 '사진이 아마추어 탐정'이라는 공상에 빠진 독자들의 욕구를 충족시켜 주기 위한 것이었다. 이것이 유행이 되자 다른 신문들도 퓰리처의 방법을 그대로 베끼게 되었다. 그는 '선정적인 신문이 고유한 사회적 목표에 봉사할 수 있다'는 확고한 신념의 소유자였다. 그래서 〈뉴욕월드〉의 기자들에게 '어떤 인물도 신성불가침이 아니며 도가 지나친 질문이란 존재하지 않는다'는 식의 태도를 갖도록 압박하였다(강준만, 2017).

이후 선정적인 보도 방식이 사회적인 논란에 휩싸이고 비판을 받게 되면서 퓰리처는, 그 이유는 잘 알려져 있지 않으나, 옐로우 저널리즘을 포기하고 1903년 자신의 재산을 기부하고 컬럼비아대학교에 저널리즘스쿨(1912년 설립)을 만들어 언론인 양성 교육에 힘쓰게 된다. 이러한 이유로 퓰리처는 '현대 저널리즘의 창시자'로 불리게 된다. 흥미로운 점은 비록 옐로우 저널리즘이 기승을 부리기는 했으나 전술한대로 1860년대 후반에서 1890년대에 이르기까지 기자(reporter)의 발달이 눈부시게 이루어졌다는 것이다(강준만, 2017). 다시 말하자면 기자가 기사를 어떻게 써야 하는지, 사회적 어젠더에 대해서 어떻게 취재해야 하는지 등에 대한 사회적 논의가 있었고, 잘못된 오보가 사회적으로나 국가적으로 큰 논란을 일으킬 수 있으며 더 나아가 불필요한 전쟁(미국과 스페인간의 전쟁)으로까지도 이어질 수 있다는 점을 경험하게 된다.

1920년대와 1930년대에 들어서는 언론의 기능에 대한 인식이 점차 확장되면서 미국에서 '언론(저널리즘)의 4대 기능'에 대한 개념이 제시되었다. 이것은 언론이 단순 '정보 제공자'의 역할을 할 뿐만 아니라 '사회 감시', '공익 대변', '비판적 교육'의 기능도 강조하는 것이다. 즉 언론의 기능이 바로 정보의 제공은 물론이고 사회감시 등 사회적으로 대단히 중요한 공익적 기능도 담당한다는 인식이 자리를 잡기 시작하였다. 미국 사법부도 언론이 단순한 정보전달을 넘어 권력을 감시하는 기능까지 한다는 점에 점차 인식을 넓혀가게 된다(이재진, 2006). 이러한 권력 감시 기능은 더 나아가 사회적 부정부패에 대해서 고발 등을 통해 사회감시 기능까지도 하게 되면서 점차 하나의 사회 제도로서 자리매김하게 되는 시기라고 할 수 있다. 이는 미국 언론인들의 모임인 Sigma Delta Chi가 만든 1926년 미국 최초의 언론윤리강령인 New Code of Ethics로 이어지게 된다.[6]

6 현재는 SPJ Code of Ethics로 불리며 2014년 9월 최종 개정되었다. 흥미로운 점은

1940년대 들어 제2차 세계 대전 이후에는, 언론의 '독립성'과 함께 '책임성'에 대한 사회적 인식이 커지면서 동시에 '언론인의 윤리(Ethics of a Journalist)'에 대한 사회적 관심이 크게 증가하게 된다. 미국은 1930년대 중반부터 시카고대학 총장이었던 로버트 헛친스(Robert Hutchins)를 중심으로 특별언론위원회인 〈헛친스 위원회(Hutchins Commission)〉를 만들어 언론의 문제점을 광범위하게 조사하고 진단한 끝에 1947년 〈자유롭고 책임 있는 언론(Free and Responsible Press)〉이라는 보고서를 내놓게 된다. 이는 추후 시버트, 피터슨, 그리고 쉬람(Siebert, Peterson, & Schramm)이 1956년 저술한 〈언론의 4이론〉(Four theories of the Press) 중 하나인 "사회적 책임이론"(Free and Responsible)이 태어나는 근거가 되는데 이때부터 오늘날과 같은 언론인 윤리 또는 미디어 윤리의 중요성이 부각된다. 즉 '자유롭지만 사회적으로 책임이 있는 언론'에 대한 인식이 확장되기 시작하였다. 이러한 '책임 있는 언론'의 모습에 품격 저널리즘이 포함될 수 있을 것으로 판단된다.

1960년대 이후에는 언론의 자유와 함께 '저널리스트의 윤리'를 강조하는 사회적 분위기 속에서 미국 언론협회(American Society of Newspaper Editors, ASNE)의 윤리강령이 발표되었고 이는 나중에 다

한국의 윤리강령의 경우 제1조가 언론의 자유나 언론의 독립에 관한 규정인데 반해 미국의 윤리강령은 제1조가 언론의 책임(Responsibility) 관련 조항이다.

- 제1조 책임성(Responsibility)
  독자를 끌어들이고 유지할 수 있는 신문의 권리는 공공복리에 대한 고려이외의 다른 요인으로는 제약받지 않는다. 신문이 얻는 대중의 관심 몫을 이용하는 것은 모든 직원들과 공유하는 책임감을 결정하는 데 도움이 된다. 어떠한 이기적인 또는 가치 없는 목적으로 그 힘을 사용하는 언론인은 언론의 높은 신뢰도에 대해 충실하지 못한 사람이다.

양한 변모를 거치면서 미국의 언론인 윤리의 기반으로 작용하게 된다(이영희 · 이재진, 2023). 더 나아가 1980년대 이후, 테크놀로지와 미디어의 디지털화와 이에 대한 사회적 논의가 진행되면서 뉴스 산업의 성격이 변화하기 시작하는데 이때부터 품격 저널리즘에 대한 논의도 함께 발전하기 시작했다. 2000년대에 들어서면서는 그 논의의 범위가 더욱 넓어지는데 특히 소셜 미디어의 부상과 함께 언론의 신뢰도가 진실성의 문제와 함께 부각되었다. 즉 사회적으로 중요한 기능을 하는 언론의 경우 믿을 만한 기사를 취재·보도해야 하며 진실보도에 주력해야 한다는 것이다.

우리나라의 경우에도 품격 저널리즘에 대한 논의는 역사적으로 계속해서 변화하고 있으며, 기술의 진보와 사회적 변화에 따라 하나의 새로운 도전과 기회에 대한 대응으로 나타나고 있다. 무엇보다 언론학분야에서도 품격 저널리즘 영역에 대한 연구들이 이루어지고 있다. 품격 저널리즘에 대한 연구동향은 1990년대를 기점으로 다양한 주제와 관련된 다수의 연구들이 지금까지도 이어지고 있다. 아래는 몇 가지 관련 주제와 최근 연구 동향에 대한 파악이다.

2. 관련 연구 동향

가짜뉴스 및 언론의 속임수 그리고 미디어 신뢰도 연구

최근 들어 허위조작정보와 소문의 전파에 대한 연구가 많이 이루어지고 있다. 아울러 허위 정보의 신속한 식별과 통제 방법에 대한 방법론이 개발되고 있다. 대부분 가짜뉴스의 특징과 이를 어떻게 식별하고 대응할 수 있는지에 대한 연구의 성격을 띤다. 다만, 법원이 가짜뉴스에 대한 정확한 정의를 내리지 않고 있어, 정치적으로 가짜뉴스를 자신의 신념과 맞지 않는 정보로 판단해서 제대로 정의 내리지 않고 임의로 사용하는 경향이 나타나고 있다(박아란, 2019).

반면, 법원은 현재까지도 가짜뉴스에 대해서 정의하는 것을 피하고 있는 상황이다. 왜냐하면 가짜뉴스의 개념이 그 범위가 상당히 넓기 때문이다. 비록 가짜뉴스에 대해 명확한 정의를 내리고 있지는 않지만, 2020년 2월 19일 서울서부지방법원은 소위 〈한겨레〉의 탐사보도 '가짜뉴스의 뿌리를 찾아서' 관련 소송에서 "가짜뉴스는 아직 정립된 개념은 아니지만 그 핵심적인 요소는 '내용의 진실성 여부', 즉 '정보에 포함된 사실이 실재하는가'의 여부, 그리고 '정보전달 과정에서 어떠한 의도가 있는가'이다"라고 판시했다.[7] 즉 가짜뉴스란 상업적, 정치적 목적으로, 언론의 외형을 띠고 전달되는 누군가를 속이기 위한 허위 정보라는 것이다.

계속해서 법원은 "유튜브 동영상에서 원고가 허위조작 정보를 전달하고 있고, 같은 취지의 콘텐츠가 지속적으로 올라오며 허위조작 정보가 전파되게 한 것을 두고 원고가 가짜뉴스를 전파한 것이라고 표현한 것은 주요 내용이 진실에 부합한다"고 보았다. 법원은 "원고는 유튜브 동영상에서 동성애와 차별금지법 강의 중 '동성애를 비윤

7 한겨레는 2018년 9월 탐사기획 보도를 통해 가짜뉴스가 유통되는 유튜브 채널 100여 개, 카카오톡 채팅방 50여 개를 전수조사하고 연결망분석기법 등을 통해 에스더 기도운동을 '가짜뉴스공장'이라고 밝혔다.

리적이라고 표현하면 처벌 받음', '동성애를 정상적이라고 인식할 때까지 처벌하여 그 생각을 뜯어 고치겠다는 무서운 법'이라고 소개하나 당시 발의된 차별금지법안을 보면 단순히 동성애에 반대하는 발언을 하는 것은 형사처벌의 대상이 되지 않는다"고 밝혔다.

가짜뉴스의 범람은 궁극적으로 미디어 신뢰도와도 직결된다. 가짜뉴스와 미디어 신뢰도에 대한 연구들(한성일, 2021; 박아란, 2019 등)과 함께 독자들이 언론에 대해 어떤 요소를 고려하고 있는지, 어떻게 미디어 신뢰를 측정할 수 있는지에 대한 연구가 이루어지고 있다(홍숙영 · 정의철, 2017). 실제로 현대 언론이 마주한 가장 중요한 과제 중 하나가 언론수용자들의 미디어에 대한 신뢰를 회복하는 것이다. 이를 위한 다양한 전략과 방안, 그리고 규제에 관한 연구가 이루어지고 있다(정학구, 2020). 또한 신뢰 구축을 위한 뉴스 기사의 특징, 소셜미디어의 영향, 신뢰도 평가 도구, 팩트체크의 실효성 등에 대한 연구가 진행 중이다(정성욱 · 윤석민, 2021). 특히 팩트체크 뉴스가 추락하는 언론 신뢰도를 회복시키고 위기의 언론을 다시 제자리로 돌릴 수 있을지 파악하는 연구에서, 일반 뉴스와 구별되는 팩트체크 뉴스의 '판정 제시 방식', 그리고 '판정의 명확성 여부'를 통해서 해당 매체의 신뢰도 회복에 영향을 미칠 수 있다고 보았다. 단, 팩트체크 뉴스에 단지 노출되었다는 이유만으로 신뢰도가 증가하는 것은 아니며 정치인의 주장을 검증한 팩트체크 뉴스, 시각적 방식으로 전달되는 뉴스, 보수 단체의 주장을 검증한 팩트체크 뉴스에서는 매체 신뢰도가 상승했다는 결과를 얻었다. 또한 관련 연구들은 기사의 신뢰도는 기사의 작성을 어떻게 하는가에 따라서 고저 편차를 보일 수 있으며 무엇보다 품격 있는 저널리즘의 실천이 중요하다고 주장한다. 즉 저널리즘의 경우 기사의 품격이 결국은 믿을 만한 미디어로 인식되는 가장 중요한 근거가 된다(강준만, 2017).

AI 및 알고리즘 그리고 디지털 플랫폼의 영향 연구

지난 10여 년간 품격 저널리즘과 관련한 뜨거운 이슈는 AI 및 알고리즘과 밀접히 연결되어 있다. AI 또는 알고리즘을 통하여 보다 용이하게 품격 저널리즘을 실천할 수 있는가 하는 논의다.

이와 관련 AI의 역할과 기능 그리고 소셜 미디어 플랫폼과 검색 엔진 알고리즘의 영향에 관한 연구가 다수 이루어지고 있다(천현진, 2023; 이성엽, 2023; 이희옥, 2021; 오세욱, 2016 등). 무엇보다 알고리즘 연구는 어떠한 기본적인 틀에서 뉴스가 만들어지고 어떤 사람들이 관련 뉴스를 소비하는지를 알고자 하는 목적으로 이루어진다(김동환, 2015). 이들 연구 중에서도 알고리즘에 의한 정보의 필터링이 어떻게 뉴스 소비에 영향을 미치는지를 연구하는 사례가 늘어나고 있다. 최근에는 현대인들이 가장 많이 이용하는 디지털 플랫폼에서의 뉴스 전달과 알고리즘의 영향에 관한 연구가 최근 활발하게 진행되고 있다(이재원, 2021).

이들 연구들은 공통적으로 알고리즘과 저널리즘의 사회적 관점에서 거대 플랫폼에서 나타나는 뉴스의 변화와 주요 이슈를 살펴본다. 구체적으로 네이버의 인공지능 큐레이션, 유튜브의 추천시스템, 페이스북의 토픽 읽기 구조, 카카오톡의 뉴스봇 작동 방식 등 주로 뉴스의 유통 과정에서 알고리듬의 저널리즘에 대한 영향력을 살핀다. 이와 함께 알고리즘과 저널리즘이 얼마나 양립 가능한지에 대한 질문도 다룬다(오세욱 · 송해엽, 2023). 이들 연구들은 모두 레거시 미디어 시대의 뉴스 개념으로는 저널리즘을 논의하기 어려운 시대가 되었으며, 이와 함께 뉴스의 정의, 기자의 정의조차 새롭게 규정될 필요도 있다고 주장한다.

연구들은 뉴스를 채택하고 생산하는 과정이 미디어와 국가의 발달에 따라 달라진 것처럼 레거시 미디어 시스템에서 뉴스가 생산되고 유통되며 소비되는 방식이 변화하게 되며, 향후 알고리즘이 주도하는 플랫폼 환경을 분명히 고려하며 저널리즘을 논의할 필요가 있다고 지적한다(오세욱, 2021; 이재원, 2021 등). 흥미로운 점은 알고리즘의 영향으로 뉴스 이용 형태가 변화했지만 긍정적인 측면과 함께 편향성을 강화하는 방식으로 작용한다는 부정적인 평가가 아직까지는 많았다는 것이다. 향후에도 AI가 팩트 체크와 사실성 제고 등을 통해 뉴스 콘텐츠 작성에 많이 이용될 것으로 보임에 따라서 알고리즘 관련 연구는 향후에도 더욱 확대될 것으로 보인다(이준환, 2023; 박대민, 2023a). 이때 언론윤리나 저작권 관련 이슈들에 대한 연구도 같이 이루어질 필요가 있을 것으로 보인다.

즉 AI나 챗GPT 등 디지털 기술이 미디어에 미치는 영향과 이에 따른 윤리적 고려사항에 대해 함께하는 연구도 늘어나야 한다는 것이다. 무엇보다 인공지능, 자동화 기술, 증강 현실 등의 기술이 어떻게 미디어의 품질과 윤리에 영향을 미치는지에 대한 연구가 진행 중이다(박아란, 2021; 2022). 연구들은 AI를 저널리즘에 점차 도입될 이유가 충분히 있으며 이미 날씨나 재난보도, 스포츠 보도 등에 인공지능이 작성한 보도가 이루어지고 있다고 지적한다(박아란 · 오세욱, 2016). 이들 연구들은 저널리즘은 이제 AI의 영향력을 벗어날 수 없다고 선언한다(천현진, 2023). 더 나아가 AI가 있는 인간이 AI가 없는 인간을 대체할 것이라는 전망도 있다(Lakhani, 2023.8.4.). 그러나 저널리즘에 있어 AI의 이용이 늘어나고 있음에도 AI는 자료정리 등 거드는 역할을 할 뿐 여전히 기자의 경쟁력과 신뢰가 중요하다는 연구도 있다(이정환, 2023).

최근에는 언론유관기관이나 개별 언론사들이 AI와 관련된 윤리 강령이나 이용 지침을 만들고 있다. 예를 들어 인터넷신문윤리위원회는 고려대 박아란 교수와 공동연구로 2023년 말 국내 언론유관기관으로서는 처음으로 〈인터넷신문의 인공지능 활용을 위한 기본원칙〉에서 5대 원칙을 천명하였으며, 〈인터넷신문을 위한 인공지능 활용 가이드〉를 펴냈다. 인공지능과 관련된 5대 원칙은 1) 인간중심: 보완적인 수단으로 활용/언론인의 관리, 감독하에 사용, 2) 정확성: 사실 검증을 실시, 3) 투명성: 인공지능을 이용한 사실을 공개, 4) 공정성: 균형 잡힌 시각에서 기사 작성, 5) 권익보호: 인격권 및 저작권 침해 금지 등이다. 〈활용 가이드〉에서는 실제 인공지능 사용시 유의할 점을 3개 영역 10개 원칙으로 제시하고 있다. 예를 들어 제1조 제3항의 경우 기자는 사실 검증을 통해 독창적인 기사를 작성해야 한다. 생성형 인공지능이 만들어 낸 스토리, 제목, 이미지, 동영상, 인용문 등을 엄격한 편집과정을 거치지 않고 그대로 언론에 실어서는 아니 된다고 규정하고 있다. 기사 생산의 마지막은 반드시 인간의 손길(human touch)을 거쳐야 한다는 것이다. 또한 사용하는 경우에도 날씨, 스포츠, 재난, 금융 등의 기사에서 사실 전달 차원에서 이용하도록 하고 있다. 즉 〈활용 가이드〉는 AI를 사용하되 보조적으로 사용하고 검증해야 한다는 점을 상세히 설명하고 있다.

더욱 최근에는 AI를 적절히 활용하여 품격있는 저널리즘을 구현하고 미디어의 신뢰도를 높여야 한다는 연구들이 나오고 있다(손영준 외, 2024). 이때 신뢰도를 높이기 위해서는 신뢰할 만한 AI와 신뢰도가 높은 언론사를 결합하는 방법이 제시되기도 한다(박대민, 2023b). 이와 관련 최영재(2024)는 AI를 선용하여 현재 한국 저널리즘이 플랫폼과 관련하여 겪고 있는 다양한 문제들, 예를 들어 언론의 뉴스통제권 약화, 기자들의 뉴스가치 결정권 상실, 저널리즘 게토화, 그리고 분열적 확증편향 집단화 현상 등의 문제를 극복해야 한다고 제언한다.

언론윤리와 책임, 그리고 윤리 교육 연구

품격 저널리즘은 기본적으로 미디어의 윤리와 책임성에 기반을 두고 있다(이재진, 2023b). 최근 관련 연구에서는 언론의 역할, 책임, 윤리적 지침을 강화하고 어떻게 미디어가 공익을 위해 노력할 수 있는지에 대한 논의가 진행 중이다. 실제로 윤리적인 언론이 더 좋은 언론(Ethical Journalism is Better Journalism)이라는 명제가 사라지지 않고 계속 존재하는 한 언론과 언론인들은 언론윤리에의 준수를 목적으로 해야 한다. 그런데 관련 연구에 따르면 비판을 위해서는 칼날을 날카롭게 세우면서도 언론인들은 자신의 실수에 대해서는 좀처럼 인정을 하지 않으려는 경향이 있으며(Kurtz, 1993) 실제로 정정보도를 하는 데 대단히 인색한 것으로 나타났다(Kovach & Rosenstiel, 2021).

한편, 많은 연구들이 저널리즘이 시민들에게 헌신해야 하며 공론장을 제공해야 한다고 지적한다(이재진, 2023; Fallows, 1996 등). 다시 말하자면 언론이 존재해야 할 가장 큰 이유는 공익성의 실현이라는 것이다. 이를 위해서는 언론윤리를 준수하려는 노력을 기울어야 한다. 더욱이 언론윤리에의 준수는 가능한 한 철저히 하는 것이 필요하다. 왜냐하면 언론은 정보의 전달 기능뿐만 아니라 권력과 사회를 감시하고 경계하는 사회적 공익 기능도 하고 있기 때문이다. 즉 사회에 대한 감시자로서의 역할을 제대로 하기 위해서 언론이 더욱 윤리적이어야 할 것이다. 또한 언론이 권력화 됨에도 언론을 감시하고 비판할 존재가 없다는 이유 때문에라도 스스로 윤리성을 강화해야 할 것이다(셔드슨, 2014; Sigal, 1986; Tuchman, 1978 등).

이에 따라 윤리적 갈등, 사내 옴부즈만 제도, 기자 윤리 교육, 윤리 지침 및 규범 등에 관한 연구도 계속해서 이루어지고 있다. 기존 연구들에 따르면 언론인들은 이러한 이슈나 제도적 장치들에 대해서 부정적으로 반응한 것으로 나타났다(McKinzie, 1994; Pritchard, 1993). 실제로 언론윤리는 품격 저널리즘의 핵심이며, 독자와 언론사 간의 신뢰를 유지하고 윤리적 기준을 제시하는 데 매우 중요하다. 이러한 연구 동향들은 빠른 미디어 환경 변화 속에서 품격 저널리즘을 유지하고 향상시키기 위한 노력에 초점을 맞추고 있다. 또한 기자들이 자신들이 얼마나 윤리적인지, 그리고 현실에 처해서는 어떻게 윤리적 판단에 이르게 되는지에 대한 연구들도 나오고 있다(McMasters, 1996). 즉 기자들이 어떻게 윤리적인 판단을 내리고, 어떤 의사 결정을 하는지를 조사하는 연구도 다수 이루어졌다(이재진 · 이영희, 2024; 이재경, 2020; 박재영, 2014). 또한 언론인들에게 윤리 교육과 훈련이 품격 저널리즘에 미치는 영향에 대한 연구도 진행되고 있다(이재진 · 이영희, 2024). 실제로 품격 저널리즘과 미디어 윤리는 서로 보완적이며 상호 의존적인 요소들을 가지고 있다. 두 가지가 함께 작용할 때, 고품질의 언론 활동이 이루어지고 독자들에게 신뢰할 수 있는 정보를 제공할 수 있다(이규연, 2021 등).

언론윤리에 근거한 품격 저널리즘을 실행하기 위해서는 언론인들을 상대로 한 윤리교육을 강화하는 방안을 강구해야 할 것이다. 특히 기자 윤리 교육을 강화하는 것은 고품질의 언론과 미디어 환경을 유지하기 위해 매우 중요하다(이재진, 2023a; 김민정, 2022; 조소영, 2022). 관련 연구들은 기자 윤리 교육의 중요성을 인식하고 윤리교육을 강화하는 방안에 대해 제안하고 있다. 무엇보다 대학, 언론 기관, 미디어 교육 기관 등에서 제공되는 기자 윤리 교육 프로그램을 강화해야 한다는 주장이 있다(이재진, 2006; 2023b). 왜냐하면 이러한 기관의 프로그램은 기본적인 언론윤리에 대한 원칙부터, 윤리에 대한 철학 그리고 실제 상황에서의 윤리적 판단까지 다양한 측면을 다룰 수 있기 때문이다(Knowlton, 1997). 전문가들은 이러한 경우 실제 저널리즘 사례를 활용할 것을 권장하고 있다(Black, Steel, & Barney, 1999). 윤리적인 결정을 내릴 때 발생할 수 있는 실제 사례들을 다루면서, 예비 언론인들인 학생들이 이를 통해 어떻게 대응해야 하는지를 논의하여, 윤리적으로 저널리즘을 행하는 가치에 대해서 인식하게 하고 실제로 책임감을 가질 수 있도록 한다는 것이다(Merrill, 1997). 즉 대학에서 학생들에게 실제 뉴스룸이나 언론 기관에서의 경험을 제공하여 자신들의 전문직 가치(professional values)에 대해 시험하고 개선할 수 있도록 함과 아울러 이들의 윤리적인 판단능력을 향상시키도록 도와야 한다는 것이다(Bugeja, 1996). 이때의 실무 경험이 언론인이 된 후에 윤리적 판단을 하는 데 중요한 역할을 하게 된다고 피력한다.

그런데 언론윤리는 일방적으로 교육되기보다는 '토론'되어야 한다는 지적이 있다(박영흠, 2021). 즉 당사자가 참여하여 토론과 논의를 통해 윤리를 숙지해 가는 것이 필요하다는 것이다. 언론윤리에 대해서 예비 기자인 학생들과 토론과 논의를 진행하도록 하는 것이 중요하다는 것이다. 특히 학생들에게 다양한 윤리적 이슈에 대한 의견을 나누고, 다양한 관점을 이해하도록 유도해야 한다. 또한 경험이 풍부한 기자나 에디터와의 멘토링 프로그램을 도입하는 것이 필요하다. 경험 있는 전문가들이 윤리적인 판단에 도움을 주고 지도하는 것은 윤리 교육에서 매우 효과적일 수 있다(이재진, 2023b).

아울러 언론 기관이나 대학에서 윤리 가이드라인을 개발하고 이를 교육에 활용할 필요가 있다(Hill & Thrasher, 1994). 이 가이드라인은 기자들에게 어떻게 행동해야 하는지에 대한 구체적인 지침을 제공할 수 있다. 아울러, 빠르게 변화하는 미디어 환경에 맞추어 교육 프로그램과 가이드라인을 정기적으로 업데이트하고, 새로운 도덕적 고민이나 기술적 도전에 대응할 수 있도록 유연성을 유지해야 한다. 이러한 방안들은 미래의 기자인 학생들이 더욱 윤리적인 기자로 성장하는 데에 도움을 줄 수 있으며, 궁극적으로 전체 언론계의 윤리 수준을 향상시키는 데에 기여할 수 있을 것이다. 이처럼 품격 저널리즘과 미디어 윤리 또는 언론윤리 간에는 강력한 상호관계가 있다. 미디어 윤리는 언론 활동에서 윤리적인 원칙과 규범을 정의하고 적용하는데 중점을 두는데, 이는 품격 저널리즘의 핵심적인 부분이다.

소셜 미디어와 대응 전략 그리고 정치와의 관계 연구

소위 SNS라 불리는 소셜 미디어 플랫폼 간의 협력 모델에 대한 연구도 늘어나면서 어떻게 언론과 소셜 미디어가 함께 작동하여 품질 높은 정보를 제공할 수 있는지에 대한 방안이 탐구되고 있다. 무엇보다 소셜 미디어가 뉴스 소비의 중심으로 이동함에 따라, 언론이 어떻게 소셜 미디어 플랫폼에서의 정보전달과 상호작용에 대응하는지에 대한 관심이 커지고 있다. 특히 소셜 미디어에서의 가짜뉴스(허위조작정보)와의 싸움, 소셜 미디어 플랫폼과의 협력 전략 등과 관련된 연구들이 이루어지고 있다(Allcott & Genzkow, 2017). 아울러 소셜 미디어를 통한 뉴스 전파와 그 신뢰성에 대한 연구도 진행되고 있다(Tandoc, Lim, & Ling, 2018). 이러한 연구들은 품격 저널리즘을 유지하고 향상시키기 위한 노력과 방향을 제시하는 중요한 자료들로 활용되고 있다. 즉 품격 저널리즘 연구의 동향은 지속적으로 진화하고 있으며 다양한 주제에 관한 연구가 이루어지고 있다고 판단된다.

이와 함께 여러 다양한 미디어와 정치 간의 관계에 대한 연구도 계속 이루어지고 있다(한성일, 2021). 특히, 뉴스의 정치적 편향, 정치적 영향력, 정치적 이슈의 보도 방식 등에 대한 연구가 진행 중이다. 이러한 부분은 특히 선거철에 대단히 중요한 이슈가 된다. 특히 총선 기간을 중심으로 관련 연구들이 나왔는데 일부 언론이 지나치게 특정 정치적 입장을 강조하는 점이 윤리적인 측면에서 문제로 지적되었다. 즉 언론의 정파성에 대한 연구가 많이 이루어져 왔다는 것이다(조한나 · 이재진, 2023; 임영호, 2021; 이효성, 1996). 선거때 미국의 경우 신문사를 중심으로 언론사들이 자신들이 지지하는 후보에 대해서

승인하고 지지하는 반면(이재경, 2014; 박성희, 2004), 한국의 경우 특정 후보를 지지하는 것은 금기시 된다. 특히 특정후보의 당락에 영향을 미칠 의도로 편향적인 기사를 보도하는 것은 품격 저널리즘에서 금지하는 행위로 인식된다.

미디어 다양성과 포용성 연구

마지막으로, 미디어의 다양성과 포용성에 대한 연구도 역사가 오래 된 품격 저널리즘에서 중요한 주제 중 하나이다. 예를 들어 다양한 의견, 인종, 성별 등이 어떻게 미디어에서 반영되고 구현되고 있는지, 부정적 표현이 어떻게 예방될 수 있는지에 대한 연구가 진행되어 왔다(Brislin & Willimas, 1996; Entman, 1994; Jensen, 1994 등). 품격 저널리즘은 이러한 다양성과 포용성을 중요시한다. 그래서 언론이 어떻게 다양성을 존중하고 다양한 의견을 포용하는지에 대한 연구가 늘어나고 있다(이재진, 2023a 등). 이와 함께 언론이 다양한 의견과 시각을 포용하고, 상처를 치유하고, 사회적 약자들에게 목소리를 제공하고(이영희 · 이재진, 2023), 사회적 다양성을 존중하는데 어떻게 제대로 기여할 수 있는지, 그리고 여기에서 언론의 문제는 무엇인지에 대한 연구가 이루어졌다(Schroth, 1995; Pease, 1990). 사회적 약자에게 목소리를 제공해야 한다는 언론의 사회적 기능이 어떻게 이루어지고 있는지를 주로 다룬다.

제2장

품격 저널리즘과 취재원 윤리

1

취재원의 가치와 의미

"…… 만일 편집인이 가장 큰 책임을 지는 한 가지 영역이 있다면, 그것은 바로 취재원(source)의 신뢰성에 관한 판단이다……."

이는 언론비평가인 월터 리프만(W. Lippman)이 일찍이 그의 대표적 저작인 〈Public Opinion〉(1922)에서 간파한 내용이다. 이는 신문제작의 전 과정(gatekeeping)을 최종적으로 책임지는 편집인이 복잡한 과정 속에서 취재원의 신뢰성을 잘 판단해야 한다는 것이다. 즉 취재원이 믿을 만한 사람인가에 대한 판단은 어떤 다른 과정보다도 철저하게 언론사 차원에서 제대로 확인해야 한다는 것을 의미한다. 리프만의 이러한 지적은 저널리즘과 관련하여 가장 명징한 원칙을 제시하고 있는 바, 이는 언론의 신뢰도(공신력)는 취재원의 신뢰성에 따라 결정된다고 해석할 수 있다.

언론은 취재원에 대한 취재로부터 시작하여 기사를 작성하고 이를 원하는 소비자들에게 전달했을 때 비로소 저널리즘의 책무를 다하게 되는데 언론의 모든 게이트키핑 과정에서 가장 핵심적인 것이 신뢰성이 높은 취재원을 만나는 것이라고 할 수 있다. 특히 저널리즘 기본원칙의 하나인 보도의 투명성, 즉 투명하게 보도한다는 것은 언론인 자신이 알게 된 것을 고스란히 있는 그대로 드러내는 것인데, 이를 위한 유일한 길이 바로 취재원이나 취재 방법을 가능한 한 명확히 하는 것이다(신창호, 2013).[1] 보도의 투명성 원칙이 중요한 것은 언론이 제대로 보도하는 것은 물론이고 독자와 시청자에 대한 언론의 신뢰도와도 직결되기 때문이다(Kobachi & Rosenstiel, 2021).

실제로 많은 저널리즘 연구들이 언론이 왜 취재원에 의존하는지 또는 뉴스에서 왜 취재원이 중요한지에 대해 논의해 왔다. 이러한 논의들을 간략히 요약하자면 바로 '언론의 신뢰도'라고 할 수 있다. 즉 취재원의 존재 이유는 기자가 취재원과의 취재내용을 그대로 전달함으로써 객관적이고 공정하게 보도한다는 인식을 기본적 원칙으로 삼고자 해 왔기 때문이라는 것이다. 따라서 언론에게 있어 취재원은 안정된 뉴스거리를 제공해 줄 뿐만 아니라 언론의 신뢰도를 지키기 위한 필수 요소라고 할 수 있다(오현경, 2021).[2]

기존 연구들은 취재원이 이처럼 중요한 요인임에도 언론이 과거 취재원에 대해 필요한 주의를 제대로 기울이지 못했다고 지적한다.

1 익명보도의 영역이 필연적으로 존재한다는 기자들의 인식이 있다. 익명보도는 언론의 자의적 취재가 가장 문제되며, 내부고발이나 취재원의 익명 요청에는 익명으로 보도하는 것이 필요하다고 주장한다(신창호, 2013).

2 언론인을 대상으로 한 국내외의 조사들을 보면, 취재보도의 원칙을 중요하게 인식하고 있다고 해서 취재현장에서도 반드시 잘 수행하고 있는 것은 아니라는 근거들을 찾아볼 수 있다(오현경, 2021).

예를 들어 코바치와 로젠스틸(Kobachi & Rosenstiel, 2021)은 오늘날까지 저널리즘의 가장 큰 문제 중의 하나가 바로 취재원으로서의 독자에 대한 인식이 없었던 것이라고 설명한다. 다시 말하자면 지난 350년이 넘는 동안 언론이 신문을 만들어 뉴스를 전달하는 모든 과정에 독자들이 참여할 구석이 전혀 없이 언론사가 독점적으로 참여하는 관행을 만들어 왔다는 것이다. 그러다 보니 독자를 뉴스 소비를 위한 존재로 판단하게 되고 이들이 중요한 취재원이 된다는 인식을 하지 못했다고 지적한다. 코바치와 로젠스틸은 바로 이 부분이 '뉴스 조직'(언론사)이 일을 망치게 된 원인이라고 비판한다. 그런데 디지털 미디어의 발달로 인해 독자도 더 이상 단순히 수동적인 언론수용자로 취급해서는 안 되는 존재로 등장하게 되는데, 이와 함께 드러나는 현상이 바로 언론의 신뢰도 하락이라고 보았다.

제1장에서 여러 차례 언급하였듯이 우리나라의 경우 언론은 최근 몇 년간 극심한 신뢰도 하락세를 겪고 있다. 이번 장에서는 취재원 윤리에 초점을 두고 언론윤리를 다시 돌아봄으로써 궁극적으로 현재 추락한 우리 언론의 신뢰를 회복하기 위한 하나의 방법을 제시하고자 한다. 아이러니하게도 우리나라의 경우 언론의 자유 정도는 아시아에서 가장 높지만 언론의 신뢰도가 너무 낮다보니 언론 자유의 의미가 많이 희석되었다는 우려의 목소리가 높다(이재진, 2023a). 그런데 신뢰도 하락에 대한 우려는 많은 반면에 땅에 떨어진 언론의 신뢰도를 어떻게 회복할 수 있을까에 대해서는 아직까지 적절한 해답이 제시되지 못하고 있는 실정이다(이봉현, 2020).

이러한 이해를 바탕으로 이번 장에서는 우리나라 언론관련 윤리강령과 보도준칙 등에 나타난 취재원 관련 규정(내용)을 분석하여 현재 부족한 부분이 무엇인지를 살펴보고 신뢰도 제고를 위하여 독자적인 취재원 윤리강령 제정의 필요성을 밝히고자 하였다. 이를 위해 우선 우리나라의 대표적인 언론관련 윤리강령과 실천요강 또는 보도준칙과 실천지침 등을 수집하고 이를 분석하고자 하였다. 이를 위하여 국내 취재원 관련 기존연구를 참조하여 분석을 위한 기본적인 유목을 도출하고 이를 통해 우리나라의 언론 관련 기관의 윤리강령(이하 단체윤리강령으로 칭함) 및 개별 언론사의 윤리강령(이하 개별윤리강령이라 칭함)의 문제점과 개선점을 살펴보고자 하였다.

기존의 언론윤리강령 관련 연구들은 윤리강령 '전체 내용'에 대한 분석이 대부분이었다(배정근·유승현·오현경, 2019; 남재일, 2010; 이재진, 2003 등). 즉 언론의 윤리문제가 발생하여 사회적 문제로 불거지는 경우 현재 윤리강령이 큰 틀에서 어떻게 개선되어야 하는가를 논의하고자 하였다. 그런 상황에서 개선된 윤리강령이 크게 관심을 끌지 못하게 되고 새로운 사회적 윤리문제가 터질 때까지 사장되는 악순환이 되풀이 되어 왔다. 이러한 점에 근거하여 이번 장에서는 취재원 윤리가 언론 신뢰도와 직결된다는 점에서 독자적인 취재원 윤리강령이 필요함을 제안하고자 하였다.

2

품격 있는 기사에서 나타난 취재원 중요성

취재원(Source)은 언론이 뉴스제작 과정에서 필요로 하는 정보의 원천 또는 출처이다(Sigal, 1986; Tuchman, 1978). 언론과 취재원과의 접촉결과가 뉴스에 반영되므로 언론의 취재원 사용과 여기에 영향을 미치는 요인에 대한 논의들이 일찍부터 있어 왔다(Gans, 2004; Sigal, 1986; Fishman, 1980). 이러한 논의들은 무엇보다 기사를 통해 의미 있는 정보를 전달하고자 하는 기자의 취재 및 보도 작업이 취재원에 크게 의존한다는 데 근거한다(Lacy & Coulson, 2000). 기자는 모든 사실을 목격할 수 없고 개별 사안에 대해 전문적일 수 없는 경우가 대부분이기 때문에 취재하고자 하는 대상에 대한 메시지를 갖고 있거나 특정한 사실을 알고 있는 취재원들로부터 정보를 얻을 수밖에 없다는 것이다.

품격 저널리즘 실천에 있어 취재원은 가장 중요한 역할을 수행하는 주체 중 하나이다. 왜냐하면 취재원은 정보를 수집하고 기사를 작성하는 과정에서 기자와 함께 협력하며, 뉴스의 품질과 신뢰성에 영향을 미치게 되기 때문이다. 특히 취재원이 기자에게 중요한 정보를 제공하고, 이를 통해 뉴스가 다양하고 깊이 있는 내용을 담을 수 있도록 돕고, 기자와 취재원 간의 원활한 협력을 통해 품질 높은 보도를 가능하게 할 수 있다는 점에서 그렇다.

아울러 취재원이 제공하는 정보는 기자에 의해 신중하게 검증되어야 하는데, 품격 저널리즘의 경우 정확성과 신뢰성을 유지하기 위해 취재원으로부터 받은 정보를 깊이 있게 조사하고 확인하는 과정이 필요하다. 이와 함께, 취재원은 다양한 분야에서 다양한 시각과 의견을 제공할 수 있는 역할을 하기도 하는데, 품격 저널리즘이 다양성을 강조하므로, 기자는 취재원을 통해 다양한 시각이 기사에 반영되도록 할 수 있다. 더욱이 취재원과 기자는 정보를 수집하고 제공하는 과정에서 책임감 있고 윤리적인 행동이 필요한데 이는 품격 저널리즘이 취재원과의 협력을 통해 책임과 윤리를 유지하고 보도의 품질을 보장하려고 한다는 측면에서 중요하다고 판단된다.

이처럼 취재원은 품격 저널리즘의 실천을 위해서 매우 핵심적인 고려 요인이 된다. 그러나 일부 기사에서는 취재원의 익명성이 남용되는 경우가 많은데 이는 언론과 언론인의 신뢰도(공신력) 문제를 유발할 수 있다. 다시 말하자면 품격 저널리즘의 실천을 위해서는, 비록 익명화가 필요한 경우라도 정보의 출처를 신뢰할 수 있도록 신중하게 고려해야 한다는 것이다. 또한 기자들이 극악한 환경에서 취재하는 경우, 기자와 취재원은 보호와 안전 문제에 직면할 수 있는데, 품격 저널리즘은 이러한 상황에서도 취재원의 안전을 최우선으로 고려해야 한다.

이는 기사의 투명성을 위해서도 필요한데, 품격 저널리즘은 취재원과의 관계에서 투명성과 공개성을 강조하는 만큼 언론수용자들에게 취재원과의 관계를 명시하고, 보도과정을 투명하게 전달하도록 해야 한다. 즉 품격 저널리즘은 취재원과의 관계를 통해 다양한 정보를 수집하고 독자에게 신뢰성 있는 내용을 제공하는 것이 중요한데, 이는 양측의 책임과 협력에 기반하는 것이라고 할 수 있다.

이처럼 기자들은 뉴스의 가치가 취재원과 깊은 관련이 있다고 판단하고 있다(이건호, 2008). 그래서 기자들은 뉴스가 타당하고 수준 높은 정보에 기인한 것으로 여겨지길 원하기 때문에 가능하면 신뢰도가 높은 취재원을 사용하고자 한다(Bucy, 2003). 취재원과 관련하여 일반적으로 기자들은 다양한 취재원 중에서 '전문가 집단'을 더 믿을만하고 수준이 높은 취재원으로 생각하는 경향이 있으며 이들 전문가들이 자주 출현하는 기사일수록 언론보도로서 더 가치 있는 것으로 인식한다(Detjen, et al., 2000; Hansen, 1991 등). 특히 과학 정보나 위기 상황 또는 재난 정보의 경우 기자들은 해당 사안을 체계적으로 설명해 줄 수 있는 전문가를 찾게 되는데, 관련 상황을 직업적으로 연구하고 탐구한 전문가의 경험과 지식에서 우러나오는 설명을 전달할 수 있다고 판단한 이유 때문으로 보인다. 그래서 사안이 복잡할수록 전문가들의 출현 빈도는 높아지며 전문가 의견이나 정보는 다른 취재원보다 신뢰도가 높은 내용으로 인식된다(Hansen, 1991; Greenberg, 1966).

관련 연구들은 취재원이란 '기사의 심장부' 또는 '생명줄'과 같은 저널리즘 요소이기 때문에 유능한 기자는 취재원을 잘 개발해야 함을 강조한다(Keeble, 1994; 송효빈, 1993). 연구에 따르면 가장 신뢰도가 높은 취재원은 대학에 속해 있는 전문가들이며, 이들 다음으로는 정부, 시민단체, 산업 분야의 취재원 등의 순으로 신뢰도가 높은 것으로 나타났다(Detjen, et al., 2000). 또한 연구들은 기사의 품질을 신뢰도 높은 취재원이 얼마나 정기적으로 기사에 출현하는가 하는 점에서 봐야 하며(Yoon, 2005), 기사의 품질이 취재원의 전문성과 신뢰도에 직결된다고 판단하는 경향을 보인다고 한다(Bucy, 2003). 아울러 취재원의 신뢰도는 사안에 따라서 다를 수 있다는 연구들도 나왔다(Mencher, 1991). 즉 기사의 가치는 취재원이 주는 정보의 수준과 그 취재원 자체의 신뢰성과 직결된다는 것이다(Ader, 1995).

만일 취재원이 신뢰할 만한 뉴스를 지속적으로 제공하게 되면 기자와 해당 취재원과의 관계는 장기적이고 긴밀한 관계로 발전한다(임영호·이현주, 2001; Bennett, 1990). 이러한 상황에서 발생하는 문제 중 하나가 취재원이 정보를 단순히 제공하는 데 그치지 않고, '자신들에게 유리한 방향으로 활용'하려고 한다는 것이다. 예를 들어 기자는 정치인에게 뉴스를 기대하고, 정치인은 정보를 제공하거나 보류하는 힘을 통해 정치뉴스를 효과적으로 검열하는 경우가 많은데 뉴스를 특정 정치인에게 의존하면 기자는 취재원과 손발을 맞춰 일할 수밖에 없는 상황에 직면한다. 예를 들어 이는 유명 기업인 등에게도 해당될 수 있는데 양측이 인간적으로 친밀할수록 취재원을 비판하기 어렵고, 취재원과 밀착될수록 점점 더 취재원의 시각을 갖게 될 수 있다는 것이다(이효성, 1996, 385-386쪽).

이처럼 가까운 상황에서도 기자와 취재원은 지속적으로 접촉하며 기사 내용을 공동으로 만들어 가는 딜레마에 봉착한다(윤영철, 2001). 취재원은 언론과의 접촉을 통해 개인 또는 조직의 주장과 이념을 세상에 알리고자 한다. 즉 자신이 가진 정보나 자신의 사상을 세상에 전달하기 위해 언론을 중개자로 삼겠다는 의도를 갖게 된다. 이는 비록 자연스러운 현상이라고 판단되나 특정한 인물, 집단, 계층이 취재원으로 자주 등장하게 되면 품격 저널리즘에서 목표로 하는 뉴스의 '다양성'을 기대하기 힘들다는 문제가 발생한다. 특히 취재원이 다양하지 못하고 정부, 공직자, 정치인에 편중될수록 언론은 일반 국민, 전문가, 사회단체, 사회적 약자와 같은 다양한 인물, 집단, 계층의 목소리를 반영하지 못하게 될 가능성이 크다(김경모, 2016). 즉 취재원의 다양성이 반영되지 못하면 사회의 건강한 여론형성이 어려울 수 있다는 것이다.

그래서 기존 연구들은 취재원의 중요성이 인식되는 만큼 '취재원 다양성'을 강조한다. 이들은 특히 다원적이고 건전한 여론의 형성에 있어서 매우 중요하다고 지적한다. 다양하지 못한 취재원은 공론장의 기능을 위축시키게 된다. 기사에서 다양한 목소리를 전달해야지만 제대로 된 공론장 기능을 수행할 수 있다고 본다. 특히 사회적 약자와 소수자는 자신들의 목소리를 대변할 채널을 갖지 못하거나, 조직화 되어 있지 못하므로 언론은 권력을 감시할 뿐만 아니라 사회적으로 목소리가 없는 사람들에게 목소리를 제공해야 한다는 것이다(Kobachi & Rosenstiel, 2021).

관련 연구들은 취재원의 수(복수 취재원)와 취재원의 유형을 통해서 취재원 다양성을 판단하고자 하였다. 예를 들어 2015년 미국의 퓨리서치센터(Pew research center)는 '가장 우수한 기사'(top level story)의 4가지 기준을 설정하면서 '취재원 사용의 품질'을 뉴스에 나온 취재원의 수(number)에 근거해서 평가했다(김경모, 2016). 이 연구에 따르면 한 편의 기사에 4명 이상의 취재원이 나온 경우가 전체 분석대상의 48%였고, 취재원이 없거나 1명인 경우가 18%, 2~3명인 경우가 33%로 나타났다. 국내에서 가장 우수한 기준에 해당하는 신문기사는 11.1%에 불과하다는 점에서 미국 신문과 현격한 차이를 보였다(이재경, 2013; 이건호, 2008; 박재영, 2006).

또 다른 연구에서, 1985~1989년의 퓰리처상 수상작 또는 후보작 30건, 그리고 미국탐사기자협회(IRE)의 1988년 총회에 제출된 30건의 기사를 분석한 결과 취재원 10명 중 4명 정도만이 공직자였고 나머지는 정부와 관련이 없거나 노조, 그리고 다른 이해단체를 대표하는 개인으로 나타났다(Hansen, 1991). 이와 달리 우리나라의 경우, 미국의 양적 완화 정책에 대한 보도 관련 연구에서 국내 44개 매체의 기사 7,761건에서는 취재원이 증권가의 애널리스트와 정부 관료에 집중되면서 비주류 경제학, 정치경제학, 경제사회학, 문화연구 등 경제를 바라보는 다양한 관점이 배제된 것으로 드러났다(박대민, 2015).

이처럼 뉴스 신뢰도를 보장하기 위해서 취재원의 신뢰성(전문성), 다양성, 복수 이용 등이 중요하다는 인식이 일반적이며 이러한 인식은 거의 모든 언론윤리강령에 포함되어 있다. 언론윤리강령은 언론단체와 언론사의 강령 또는 준칙이 취재원을 어떻게 대하고, 어떻게 사용해야 하는지에 대한 구체적인 내용을 담는데 이는 취재원이 보도내용이 진실하고 신뢰할 만한 것이라는 점을 믿도록 보증하는 품질관리서와 같은 인식의 결과라고 판단된다(McNair, 1998). 아울러 뉴스에 대한 언론수용자의 신뢰를 위해 언론은 강령이나 준칙에서 취재원의 투명성을 명시하고 있음을 알 수 있다. 터크만(Tuchman, 1978)은 정보를 의도적으로 가공 또는 조작하지 않았음을 알리기 위해 취재원을 구체적으로 밝힌다는 상충되는 주장을 제시하고, 그러한 주장을 뒷받침하는 증거를 제시하며, 인용부호를 적절히 사용하고, 마지막으로 정보를 적절한 순서에 따라 구조화하는 단계로 구체화되어야 한다고 지적한다.

그런데 취재원을 투명하게 사용해야 한다는 기본원칙에도 불구하고 국내외 언론은 실명보다는 익명 취재원에 기대는 경우가 많은 것으로 나타났다. 특히 정부 기관이나 대기업 관계자들은 내부 문제를 폭로하기가 쉽지 않다는 현실적인 이유를 들어 익명 취재 보도의 필요성을 역설한다. 물론 미국의 경우에도 대단히 불가피한 경우 익명 보도의 필요성에 대해서는 인정하고 있다. 조사에 따르면 미국 신문 간부의 81%는 익명 취재원을 실명 취재원보다 덜 신뢰하지만, 87%는 기밀누설자의 익명보도가 바람직한 관행이라고 인식하는 것으로 나타났다(Culbertson, 1980). 이에 대해 미국 언론인 로젠펠드(Harry M. Rosenfeld)는 "어떤 신문도 비밀 취재원을 사용하지 않고서는 이름 값을 못한다. 비밀 취재원이 없으면 최고의 저널리즘에서도 상당 부분이 불가능할 것이다. … 우리는 비밀 취재원의 사용을 비난하고, 또 그것의 편재에 절망한다"고 자조적으로 토로했다(Mencher, 2011, p. 318). 역설적이지만 기자들에게 익명 취재원은 민주주의를 위한 안전밸브이고 양심의 도피처이면서 동시에 게으르고 나태한 기자들의 피난처가 되었다는 비판도 있다(Christians, Rotzoll, & Fackler, 1987).

그러나 익명보도에 대한 언론의 합리화 주장에도 불구하고 익명 취재원은 진실보도에 도움이 안 된다는 지적이 많다(Swain & Robertson, 1995). 즉 출처를 밝히지 않거나 익명으로 처리하면 언론수용자는 정보의 정확성을 판단할 근거조차 갖지 못하므로 기사의 신뢰도가 떨어지게 된다는 것이다(Martin-Kratzer & Thorson, 2007). 전술한 바와 같이 국내 언론의 익명 취재원 의존 비율은 미국 언론보다 높은 편이다(박성희, 2004). 더욱 심각한 것은 익명 취재원 사용이 많다는 데 있는 것이 아니라 이런 관행이 언론윤리에 어긋난다는 자각이 없는, 즉 그런 무감각이 오래 지속되다 보니 익명의 취재원을 빌려 자기 생각을 쓰는 문제가 발생한다는 것이다(김옥조, 2004, 160쪽).

이는 무엇을 보도할 것인가라는 보도내용의 가치적 측면에 주목했지, 어떻게 보도할 것인가라는 '실천규칙'과 '제도적 장치' 마련에는 관심이 적었던 결과이기도 하다(김세은, 2014a). 이준웅, 양승목, 김규찬, 그리고 송현주(2007)도 취재원 관련 인용문의 사용 방법에 주목했다. 이들 연구에서는 직접 인용 제목을 사용한 국내 4개 신문의 기사 448건에서 제목에 직접 인용된 글이 기사 본문에 없는 경우가 60% 정도이며 특히, 직접 인용 제목의 약 38%가 익명의 취재원을 직접 인용해서 제목에 제시했다는 점이 드러났다. 이런 원인에 대해 현직 언론인들은 단순한 실수나 편집관행의 문제, 선정주의, 책임회피의 결과라고 간주했다.

취재원의 중요성은 재난 보도에서 더욱 도드라진다. 재난이 발생할 때마다 언론보도와 관련하여 위험보다 피해에 집중하는 선정성, 그리고 정확성 및 심층성의 부족이 거론된다(이화행, 2014; 박성철·이덕환, 2013; Singer & Endreny, 1987). 재난보도가 좀처럼 개선되지 않는 이유로는 기자들의 사전 준비 부족이 하나의 이유로 꼽히며(홍은희, 2012; Berrington & Jemphrey, 2003) 대안으로는 '독자적인 재난보도 준칙'이 제시되었다(김재명, 2011; 김춘식, 2011). 실제로 한국신문협회, 한국방송협회, 한국신문방송편집인협회, 한국기자협회, 한국신문윤리위원회 등 5개 언론단체는 세월호 참사 5개월 만인 2014년 9월 16일 '재난보도 준칙'을 선포하고 이를 모든 언론이 지키기를 권고하고 있다.[3]

3 KBS는 2015년 3월 '공정성 가이드라인'을 만들고 이 안에 재난보도 규정을 독립된 장으로 두었다.

3

윤리 관련 규정에서의 취재원

취재원 관련 규정은 윤리강령 중 가장 먼저 만들어진 미국신문편집인협회(American Society of Newspaper Editors, ASNE)의 윤리강령에 핵심적 규정으로 포함되었다. 미국신문편집인협회는 1922년 설립 당시, '저널리즘 규범'(canons of journalism)을 제정했고 이를 '활동 원칙'(statement of principles)이라는 이름으로 1975년에 수정했다(ASNE, 1975). 또한 미국기자협회는 ASNE의 규범을 1926년부터 빌려 사용하다가 '윤리강령'이라는 이름의 자체 규정을 1973년에 처음 만들고, 4차례 수정했다(Society of Professional Journalists, 2014). 이들 두 단체의 규범은 불가피한 경우를 제외하면 취재원의 이름 또는 얼굴을 밝히고(취재원 적시) 이들의 정보와 의견을 기사에 반영(인용)하도록 명시했다. 〈뉴욕 타임스〉는 취재원의 목적이나 의도가 언론의 목적이나 의도와 반드시 일치하지 않으므로 취재원이 자신들의 목적을 위해 기자들의 선의를 얻으려고 애쓴다는 점을 분명히 알아야 한다고 자사의 윤리강령에서 명시하고 있다(New York Times, 2004). 이처럼 취재원의 적시와 인용은 기사가 기자 개인의 생각이나 판단이 아니라 합리적이고 엄격한 절차를 거쳐 완성된 결과물임을 보여주는 증거이며 정보의 원천과 입수방식을 보여주는 도구라고 할 수 있다(박재영·이완수, 2007).

우리나라의 경우 1957년 한국신문편집인협회가 처음으로 채택한 '신문윤리강령'과 1961년에 추가로 채택한 '신문윤리 실천요강'에 취재원 규정이 포함된다. 두 규정은 한국신문편집인협회에서 이름을 바꾼 한국신문방송편집인협회는 물론, 한국신문협회와 한국기자협회가 1999년 승인하고 준칙으로 삼았다는 점에서 언론윤리의 기본원칙을 담은 대표적 규범이라 할 만하다. '신문윤리 실천요강'은 "취재원을 원칙적으로 익명이나 가명으로 표현해서는 안 되며 추상적이거나 일반적인 취재원을 빙자하여 보도해서는 안 된다"는 규정을 두고 있다(제5조 취재원의 명시와 보호).

이처럼 저널리즘 상의 복잡다단한 문제를 예방하고 해결하기 위하여 만들어진 '신문윤리강령'과 '실천요강', 그리고 몇몇 전통적 언론사들이 자체적으로 제정한 언론윤리강령과 보도준칙 등이 존재하지만 이러한 규정이 잘 지켜지는지에 대해서는 여전히 의문이 많다.[4] 언론단체의 윤리강령만으로는 명확치 않은 관계로 언론사들

4 한국신문윤리위원회 http://www.ikpec.or.kr/(최종검색: 2022.10.02.) 최초의 언론윤리강령은 1957년 4월 7일 한국 신문편집인협회(현 한국신문윤리위원회)가 제정한 '신문윤리강령'으로 알려져 있다. 한국신문윤리위원회는 언론의 자유를 지키고 언론의 사회적 책임을 다하기 위해 한국신문협회와 한국신문방송편집인협회, 한국기자협회가 1961년 9월에 설립한「언론자율기구」이다. 신문윤리실천요강이 채택되고 이를 실행해 나갈 신문윤리위원회가 발족된 것이다. 이 윤리강령과 실천요

은 개별적으로 윤리강령과 보도준칙 등을 설정하기도 한다. 예를 들어 〈한겨레〉 신문은 1988년 창간과 더불어 윤리강령을 채택하였고, 2007년에는 신문이 기사의 바탕이 된 모든 정보의 출처는 최대한 정확히 밝혀야 한다는 내용을 취재보도 준칙에 담았다(한겨레신문, 2007). 〈한겨레〉는 취재원을 실명으로 인용하는 것이 매우 중요한데 실명제가 취재원 투명성을 담보하기 때문이라고 밝혔다. 〈한겨레〉 이후, 1990년대 들어서는 상당수의 언론사가 자체적인 윤리강령이나 보도준칙을 마련했고, 2000년대 들어, 〈조선일보〉, 〈중앙일보〉, SBS 등이 내용을 대폭 보완하는 개정작업을 벌였다(남재일, 2010).[5] 이후 인권과 복지에 대한 인식이 강화되면서 다양한 보도준칙이나 가이드라인이 만들어지기도 하였다.

문제는 기자들이 이러한 윤리강령을 잘 지키려고 하지 않는다는 점이다. 최근 언론진흥재단에서 실시한 조사에 따르면 언론인들은 언론윤리에 대해서도 잘 알지도 못할 뿐만 아니라 실제로 현장에서 윤리를 제대로 지키기 어렵다는 이유만으로, 언론윤리를 알고 지켜

강은 거의 40년 동안 유지되다가 1996년에 7개 조항의 윤리강령과 16개 조항, 63개 세부규정으로 세분화된 실천요강으로 대폭 개정됐다.

5 미국의 경우 전체적으로 약 60% 이상의 언론사가 윤리규범을 채택하고 있는 것으로 나타났다(Davenport & Izard, 1985/1986). 스틸과 블랙(Steele & Black, 2002)은 미국신문편집인협회 소속 33개 신문사의 윤리규범을 분석하였는데, 윤리규범들에서 가장 많이 다뤄진 주제는 '이해 충돌'에 관한 것이었으며, 규범의 약 50% 정도가 취재원 보호와 사진 조작에 관한 내용을 담고 있는 것으로 파악되었다 이와 달리, 대부분의 윤리규범들이 사생활 보호, 기만, 미성년피의자의 신상공개, 인종적 편견 조장 등의 내용은 다루지 않는 것으로 나타났다. 그리고 윤리규범을 구체적으로 어떻게 강제할 것인가에 대해서는 다루고 있지 않아, 각종 협회의 규범들과 마찬가지로 신문사들의 자체 윤리규범 역시 당위적, 선언적 성격이 강하다(윤성옥, 2019).

나가야 한다고 판단하기보다는 기사 내용이 불법이냐 아니냐 하는 법적 문제만을 따져서 보도하려는 경향이 크다고 한다(언론진흥재단, 2022). 즉 복잡한 언론윤리에 대한 필요한 교육과 철저한 준수를 통해 저널리즘의 품질을 높이려고 하기보다는 보도하는 내용이 법에 저촉되는지 아닌지에 대한 판단에 그치고 있어서 애써 만들어 놓은 다양한 언론윤리강령이 사문화되어 간다는 지적이 많다.

이러한 윤리강령의 내용처럼 뉴스의 신뢰도가 모두 취재원 문제로 귀결되는 것은 아니지만 언론의 신뢰도는 핵심 정보와 의견을 제공하는 취재원의 전문성과 신뢰성에 상당 부분 의존할 수밖에 없다(이건호, 2008). 따라서 기자들은 접촉하는 취재원이 사안에 정통하고 믿을만한 인물인지, 그가 전달하는 정보가 왜곡되진 않았는지 재확인하고 선별해야 한다. 이러한 이해에 따른다면 취재원에 대해 기사에서 정확하고 빠짐없이 제공하는 것이 가장 기본적인 윤리적 원칙이라고 할 수 있다. 특히 취재원의 투명성은 기자가 얼마나 정당하게 정확한 정보에 근거하여 기사를 썼는지를 보여주는 지표이면서 기사의 신뢰도를 좌우하는 핵심 요인이다(김경모, 2019). 그러나 취재원 투명성은, 언론을 언론답게 만드는 것은 '취재 대상으로부터의 독립'이라는 윤리적 명제와 충돌하기도 한다(배정근, 2020). 즉 언론이 제대로 된 책임 있는 보도를 위해서는 취재원과의 이해충돌을 피하고 취재원의 진실성 판단을 통해서 취재원에 휘둘려서는 안 된다는 것을 의미한다.

언론이 취재원에 휘둘린 많은 사례들이 있지만 가장 나쁜 사례가 있었으니 소위 〈패스21〉 사건이다. 실제로 지금은 많이 잊힌 사건이라고 판단되지만 언론인과 취재원과의 관계 문제가 대단히 심각한 사회적 논란이 된 사건이 여러 건 있었는데 그 중 가장 큰 문제가 된 것이 바로 이 사건이다. 이 사건은 취재원과의 이해상충과 관련하여 윤리적으로, 그리고 법적으로 큰 물의를 일으킨 사건으로서 취재원과의 적절한 관계 유지와 사실 확인, 그리고 취재원의 의도 파악이 얼마나 중요한가를 보여준다.

이 사건은 1987년에 홍콩에서 발생했던 소위 '수지 킴 살해사건', 또는 '수지 킴 간첩 사건'으로 거슬러 올라간다. 1987년 당시 홍콩에서 거주하면서 영상물 사업 등을 구상하던 윤△△는 홍콩에서 만나 결혼한 부인 수지 킴을 살해한 후 시신을 자신의 아파트에 은닉한 채 한국대사관으로 달려가 부인인 수지 킴이 북한 공작원으로서 본인을 밀입북시키려 한다는 주장을 폈다. 그런데 윤△△는 애초 북한대사관으로 가서 망명 신청을 하고자 하였으나 여의치 않자 한국대사관으로 방향을 바꾼 것이었다. 당시 안기부(현 국정원)는 그 같은 사실을 파악하게 되나 그가 살인자라는 사실을 은폐한 채 이 사건을 수지 킴 밀입북 미수사건이라고 부르게 되었다. 그런데 1999년 말 수지 킴의 유가족들에 의해 제기된 검찰의 재수사 과정에서 그가 부인을 살해한 사실이 드러나게 된다. 이와 함께 당시 안기부가 살인사건의 진상을 알면서도 조직적으로 은폐했다는 사실도 드러나게 되었다.

그런데 이 사건이 언론에 대서특필 된 것은 윤△△에 관련된 언론기사 때문이었다. 사건의 발단은 윤△△가 1998년 9월 지문인식기술 잠금장치를 개발하는 〈패스21〉이란 회사를 설립하고 사업가로 변신하면서부터이다. 윤△△는 정계, 관계, 언론계 인사들을 상대로 전방위적으로 로비를 벌였고 자신의 회사인 〈패스21〉을 급성장시키게 된다. 그런데 같은 해 12월 금융감독원이 〈패스21〉 회사의 자금 20억을 횡령한 혐의로 회사의 대주주인 윤△△를 고발하면서 사건이 본격화되었다.

당시 수사를 통해 언론계 인사 24명을 포함해 정치인 및 공무원 등 〈패스21〉 주식을 차명으로 보유한 52명의 리스트가 검찰에 입수되면서 파문은 확산되었다. 윤△△ 로비의 몸통을 수사하라는 여론이 빗발치자 검찰은 칼날을 우선 정, 관계 쪽으로 겨눴고 김정길 전 정무수석 등 고위 인사들이 윤△△ 측과 접촉, 로비 대상이 됐음을 밝혀냈다. 또한 박준영 전 청와대 공보수석은 윤△△ 측과 몇 차례 만난 것으로 밝혀져 국정홍보처장직에서 물러났다. 한나라당 이상희 의원은 윤△△로부터 여행경비 명목으로 수천 달러를 받았다는 의혹을 샀다.

그런데 정치인들보다도 더욱 심각했던 것은 언론인들에 대한 집요한 로비로 인하여 언론이 잘못된 취재원에 놀아났다는 사실이었다. 검찰수사에서 윤△△와 전 서울경제신문 사장 김모씨가 지분을 갖고 로비를 벌였던 것으로 드러났다. 당시 〈패스21〉 게이트에 연루되어 〈매일경제〉 기자와 SBS 피디가 구속되고 〈조선일보〉, 〈서울경제〉 등 많은 언론사 간부와 기자들 이름이 오르내리게 되었는데 이 사건으로 인해 언론에 대한 신뢰가 급격히 추락하게 된다.

즉 자신의 부인을 죽인 살인범을 옹호하고, 벤처 기업가로 변신해 재경부, 정보통신부, 경찰, 국회의원, 청와대, 언론계까지 주식으로 관련 인사들을 매수하고 대통령까지 만나는 사건은 지금도 상상하기가 힘든 사건이었다. 무엇보다 살인범을 벤처 영웅으로 띄워준 언론에 사회적 비판의 칼날이 향했다. 당시 상황은 소위 사이비 기자가 아닌 정상적으로 언론업무를 수행하고 있는 사회적 엘리트로 자부하는 중앙의 신문과 방송 기자들과 간부 언론인들이 저지른 일이다 보니 언론윤리 측면에서 언론이 취재진에 휘둘린 최악의 사건으로 비난을 받았다(시사저널, 2002.1.16.).

특히 이 사건이 언론사 사주나 광고주 때문이 아니라 기자와 피디들이 돈 벌려고 저지른 일이라는 비판을 받았는데 언론인들이 언론윤리를 망각하고 심지어 아예 지키지 않는다는 비난을 전체 언론이 감수해야만 했다. 그런데 더욱 비판을 받은 것은 사건에도 불구하고 부끄러워할 줄 모르는 언론의 태도였다. 당시 언론은 자신들의 비리를 수사하면 '이상한 수사'라는 식으로 호도하려고 했고, 비리 언론인 명단은 언론계와는 별개의 '이상한 명단'이라는 논리의 보도를 내보내는 곳도 있었다. 이러한 언론의 태도가 언론계 전체의 자화상임을 드러내는 것이라는 언론계 내부의 비판적 목소리도 제기되었다(손낙구, 2002).

정리하자면 이 사건은 취재원의 신뢰성을 의심조차 하지 않고 기사를 엮어내려다 오히려 취재원에게 휘둘린 전형적인 사건이다. 이처럼 드러나서 밝혀진 사건뿐만 아니라 알려지지 않은 크고 작은 사건들이 발생하고 있고 실제로 관행이라는 이름으로—기존의 연구들을 종합적으로 살펴본다면—매우 관대하게, 또는 큰 문제라고 생각하지 않고 비윤리적인 행위를 서슴지 않고 하게 되는 경우가 적지 않았다고 판단된다. 즉 이 사건은 취재원과 관련해서는 항상 문제가 불거질 가능성이 크다는 점을 시사하고 있다.

이 사건 이후 언론윤리 강화의 목소리가 높아졌지만 윤리강령이 사문화되는 것을 막지는 못했다(미디어오늘, 2002.1.10.). 〈미디어오늘〉

은 당시 언론들의 윤리의식 약화에 크게 우려했다. 즉 당시 취재를 위해서는 언론윤리를 어길 수도 있다는 인식이 팽배했으며, 윤리강령이 무엇인지조차 모른 채 장롱 속에 처박혀 있는 현실을 질타하였다. 실제로 언론인 비리사건이 터질 때마다 허울뿐인 '윤리강령'은 계속 도마에 올랐고 좀 더 적극적인 적용과 감시가 필요하다는 목소리가 높았지만, 그때가 지나면 언제 그런 논쟁이 있었느냐는 듯이 다시 제자리로 돌아오는 악순환이 반복되었다(미디어오늘, 2002.1.10.). 이미 수십 년 동안 같은 상황을 반복하다 보니 언론인들의 윤리에 대한 감각이 무뎌지게 되고 이 사건 이후 여러 언론사들이 소위 '면피용'으로 윤리강령을 제·개정하거나 신문윤리강령 실천요강을 도입하려는 경향을 보였다. 당시 〈서울경제〉 편집국장은 '패스21의 주주명단에 언론인들이 대거 포함돼 있다는 소식을 접하고 언론인의 한 사람으로 부끄러움을 금치 못했다'며 "이를 계기로 내부 윤리강령을 검토해 보니 내용이 모호할 뿐만 아니라 구체성이 없어 다시 정리하기로 했다"고 밝혔다(미디어오늘, 2002.1.10.).

이처럼 일부 언론이 이후 취재윤리강화를 위한 노력을 모색하는 듯한 모습을 보였으나 시간이 지나면서 이러한 사건이 있었는지조차 기억에서 희미해지는 상황이 되었다. 이러한 점에서 윤리강령은 이제 저널리즘의 기본원칙별로 세분화하여 마련할 필요가 있다. 예를 들어 '재난보도에 대한 보도준칙'이 제정된 것처럼 '취재원 윤리'만을 다루는 구체적이고 독자적인 윤리강령이 만들어질 필요가 있을 것이다. 왜냐하면 취재원 윤리는 언론인들이 관행적으로 적당히 넘어가려고 하기 쉬운데 실제로는 그 실천이 매우 까다롭고 어려운 과정을 의미하는 것이라고 할 수 있기 때문이다(이재진, 2023b).

최근 언론수용자들이 뉴스 제작에 적극적으로 참여하게 된 시기를 맞아 취재원 윤리는 품격 저널리즘에 있어 더욱 중요한 요건이 되고 있다. 뉴스 가치라는 전문적 판단에 따라 언론인이 뉴스를 만든다는 사실은 여전하지만 믿을 만한 취재원의 중요성에 대한 인식은 더욱 커지게 되었기 때문이다. 즉 언론수용자들이 이전보다 뉴스 제작에 더 적극적으로 참여하면서 취재원이 말하는 것이 더욱 중요한 가치를 지니게 되었다. 실제로 "○○에 따르면"이란 구절이 이용되는 뉴스 양식은 기사 내용이 취재원이 제공하는 정보나 의견이며, 기자는 이를 전달할 뿐이라는 책임 소재의 논리가 깔려 있다. 기자가 각기 다른 의견과 이해를 가진 취재원 가운데 누구를 취사선택하고, 얼마나 정확하고, 정직하게 또는 공정하게 이를 재현하는지가 저널리즘의 핵심 이슈가 된다. 다시 말해 정확성, 객관성, 공정성 같은 저널리즘 가치가 모두 취재원 윤리와 연관되어 있다고 할 수 있다(오해정·김경모, 2020).

취재원 윤리는 또한 뉴스를 통해 사실을 전달하면서 이를 의견과 구분하는 '사실성의 망'(the web of facticity)을 설정하기 때문에 중요하다(Tuchman, 1978). 즉 기자들은 취재를 위해 취재원을 동원하면서 취재원이 직접 발언을 했다는 사실을 이용한다. 아울러, 사실을 알 것처럼 보이는 인물 혹은 기관을 중심으로 보도한다. 언론인들은 취재원의 발언을 복잡한 방법을 통해 인용하면서 사실성을 구성하게 되는데 이러한 방법을 통해 언론인 자신의 주관적 의지를 주입할 가능성이 크다는 점에서 취재원 윤리가 지켜져야 할 필요성이 존재한다(김사승, 2019).

우리나라 언론윤리강령은 취재원 윤리를 중요하게 다루고 있으나 실제로는 취재원의 활용에 대해 신중하게 규정하는 경우는 드물다는 지적이 있다(이재경, 2013). 오히려 이를 '관행'으로 정당화하려는 경향이 크다. 예를 들어 뉴스의 출처는 취재원을 통해 규명된다. 그러나 오늘날 상당수의 기사들은 취재원을 실명으로 활용하기 어려운 경우가 일어나기 때문에 큰 문제를 지니고 있다고 보인다. 이러한 경우에는 단순히 익명을 관행처럼 써서는 안 되며, 비록 기자가 취재원을 알기 어렵다고 하더라도 이러한 이유만으로는 기사의 내용을 신뢰할 수 없다고 하겠다(이샘물, 2022).

최근에는 취재원이 아예 존재하지 않는 보도가 늘어나고 있다는 연구결과들이 나오고 있다(이재경, 2020). 즉 취재원을 활용한 뉴스 보도가 점차 줄어들고 있는 추세라는 것이다. 이러한 점은 중요한 정보를 익명의 취재원에 의존하는 경우가 더욱 늘어남에 따라 언론인들은 자신의 기사가 익명의 취재원으로부터 독립을 유지하고 있음을 자신과 언론수용자들에게 확인시켜 주는 규칙을 개발하는 것이 절실히 요구되는 시대가 되었음을 시사한다고 할 수 있다(Kobachi & Rosenstiel, 2021).

익명 취재원 윤리의 심각성은 대표적 권위지인 미국 〈뉴욕 타임스〉에서도 잘 인식하고 있다. 〈뉴욕 타임스〉의 전 편집국장 레리벨드(Reribeld)는 기자와 부장들에게 익명의 취재원을 사용하기 전에 자신에게 두 가지 질문을 하도록 요구하였다. 이는 1) 익명의 취재원이 그 사건에 대한 직접적인 지식(정보)를 얼마나 가지고 있는가, 2) 만일(혹시) 가지고 있다면 취재원이 우리를 오도하고, 사족을 붙이거나 정보에 대한 우리의 인상을 바꾸어 놓을지도 모르는 중요한 사실을 숨기는 동기는 무엇인가를 질문해야 한다는 것이다. 이와 함께 취재원이 어떻게 그 사실을 알 수 있었는가 하는 점과 취재원이 정보와 관련하여 어떠한 특수한 이해관계가 있는가에 대해 합리적 의심을 가져야 한다고 강조한다. 아울러 이러한 의심이 시사하는 정보를 언론수용자들과 최대한 공유해야 한다고 지적한다. 즉 최대한 '실명성'을 통해 언론의 신뢰도를 더욱 높여야 한다는 것이다(Kobachi & Rosenstiel, 2021).

언론전문가들은 일반적으로 언론이 익명의 취재원을 이용하는 것을 가능한 자제하도록 해야 한다고 목소리를 높인다. 이렇게 익명의 취재원 이용을 자제하도록 당부하는 것은 언론의 신뢰도와 직결되기 때문이다(이재경, 2020; 김옥조, 2004). 이러한 노력이 결국은 언론수용자가 보도를 얼마나 믿는가를 스스로 판단할 수 있는 정도를 결정하는 중요한 요인이 된다. 따라서 파수견(watch dog) 역할을 자임하는 언론이 익명의 취재원을 남발하는 것은 언론 스스로 신뢰도를 떨어뜨리는 일이라고 인식된다.[6] 실제로 언론이 신뢰도를 높이기 위한 방법으로 취재원을 이용하게 되었으나(Lippman, 1922) 현재는 익명보도가 많이 이용됨으로써 신뢰도 실추의 주요 원인으로 작용하고 있음을 알 수 있다.

취재원 윤리는 수사보도(범죄보도)에 있어서도 제대로 지켜져야 한다. 왜냐하면 수사보도에 있어 자칫 잘못하면 언론이 파수견이 아니

6 언론의 파수견 역할은 이미 19세기에서부터 존재했다는 지적도 있다. 이에 따르면 언론이 밑바닥의 목소리를 전달하면서 권력에 대한 도전을 한 셈이다. 구체적으로 언론은 다수의 사람들을 폭정으로부터 보호하기 위해 소수의 권력자를 감시한다. 또한 권력의 운용과 권력의 행사를 투명하게 하는 것을 넘어서 그 권력의 영향을 알리고 이해시키는 데까지 확대하는 것이다(이재진, 2008).

라 그 도구가 되기 쉽기 때문이다(김옥조, 2004). 그래서 수사에 대한 보도는 철저한 조사를 요구한다. 그런데 역설적으로 뉴스 매체는 흔히들 정반대로 생각하는 경향이 있다. 즉 그들이 직접 수사하는 것이 아니라 공인된 취재원의 말을 인용하고 있기 때문에 의혹이나 주장을 더욱 자유롭게 보도할 수 있다고 생각한다. 그런데 만일 취재원이 거짓말을 한다면 언론의 보도가 제대로 된 수사를 망쳐 버리는 결과를 초래하게 될 가능성이 크다. 그래서 만일 수사보도를 익명으로 하는 경우, 취재원이 거짓말을 했다는 것을 알게 된다면, 공중을 위해서 추후라도 취재원의 정체를 밝히는 것이 옳다(Kobachi & Rosenstiel, 2021).

이처럼 취재원을 어떻게 선택하고 어떻게 활용할 것인가에 대한 취재원 윤리 원칙은 그래서 중요하다. 특히 언론의 보도가 투명해야 한다는 점에서 취재원이나 취재방법을 잘 정하고 지켜야 한다. 즉 뉴스 제작의 방법과 동기에 관해서 가능한 한 투명해야 한다. 가장 투명한 것은 자신이 알고 있는 것을 사람들에게 있는 그대로 말하는 것인데, 이를 위해서 취재원이나 취재방법을 가능한 한 많이 드러내도록 해야 한다. 즉 어떻게 취재했으며, 사람들이 왜 신뢰해야 하는지를 보여주라는 것이다(맥브라이드 & 로젠스틸, 2015). 취재원과 증거, 그리고 기자들이 내린 선택을 충분히 설명하고, 기자들이 알 수 없는 부분을 밝히는 것이 중요하다. 이를 기사의 투명성이라고 할 수 있는데 〈뉴욕 타임스 혁신보고서〉(2003)에 따르면 취재원과 관련하여 '투명성의 원칙'은 1) 취재원을 어떻게 알게 되었나? 2) 취재원은 누구인가? 3) 취재원의 정보나 지식은 어느 정도 직접적인가? 4) 취재원은 어떤 의도(편견)가 있는가? 5) 기자인 우리가 모르고 있는 것은 없는가?에 대해서 검토를 하는 것이라고 강조한다.

취재원 투명성은 독자나 시청자에게 정보의 타당성, 정보를 얻게 된 과정, 그리고 정보를 제공하는 기자의 동기와 편견의 정당성을 판단하도록 해 준다. 이러한 취재원 투명성은 취재원에 대한 과실과 기만에 대한 최선의 방어책이면서 신뢰(공신력)를 얻는 열쇠를 지니고 있다는 사실을 입증하는 데 도움이 된다. 다시 말하자면 정보수집 방법, 수집 동기, 그리고 취재의 목적을 취재원에 대해 알려줌으로써 스스로의 신뢰도를 높이게 된다는 것이다. 물론 투명성을 위해, 언론수용자들에게 진실을 전달하는 과정에서 취재원에게 거짓말을 하거나 취재원을 오도해서는 안 된다. 기사의 초고를 취재원에게 보여주는 것도 하나의 방법이다. 이를 통해 기사의 정확성과 뉘앙스를 향상시킨다. 무엇보다 다른 사람의 의견을 제시하기 위해 익명의 취재원을 사용하는 일은 절대 없어야 한다. 익명으로 취재원을 인용하는 것을 자제함으로써, 정부나 기업, 소송 당사자, 법조인 그 밖의 기사거리가 되는 사람이 거짓을 진실이라고 조작하려는 노력에 저항하여 자유로운 표현의 흐름이 악화되지 않도록 하는 역할을 언론이 해야 한다(김익현, 2016; 신창호, 2013).

투명성 원칙의 가장 큰 쟁점인 익명보도는 오래전부터 지적되어 왔다. 특히 1990년대까지만 해도 실명제를 관행으로 하던 우리 언론이 인격권 보호 차원에서 '익명화'로 전환하면서 장점보다는 단점이 더 크게 드러나고 있다는 지적이 많다. 익명 사용의 문제는 비단 윤리적인 문제일 뿐만 아니라 심각한 법적인 문제로 이어지기도 한다. 김송옥과 이인호(2022)는 지난 20년간의 기존 연구와 판결을 분석해 볼 때 취재원에 대한 익명 보도는 다음과 같은 문제가 있다고 판단한다.

첫째, 언론의 보도가 진실한 것인지를 담보하기가 어렵다. 즉 책임 있는 언론 보도가 힘들다는 것이다. 이로 인해 검증되지 않는 사실을 함부로 보도하거나 추측성 보도를 하더라도 이에 대한 책임을 지지 않게 된다.

둘째, 피해자가 아닌 가해자가 보호되는 역설적인 현상이 발생하게 된다. 즉 피해자가 가해자를 언론을 통해 고발하는 경우 여기에는 보도 내용이 사실일지라도 피해자는 명예훼손 소송을 당할 가능성이 크다. 특히 실명이나 사진, 인적 정보가 언론을 통해 보도되는 경우에는 보도의 성격을 공적인 것이 아닌 사적인 것으로 판단할 가능성이 커서 진실보도라고 하더라도 공익성 원칙이 적용 안 될 가능성이 있다.

셋째, 익명보도는 언론이 행하는 본질적인 기능을 외면하고 여론 형성의 가능성을 차단시키는 수단이 될 가능성이 있다. 특히 익명보도의 원칙이 특정한 법, 예를 들어 아동학대방지법 등에 흡수되는 경우에는 제대로 된 정보전달이 불가능하게 되어 올바른 여론의 형성이 어렵게 될 수 있다는 것이다.

넷째, 진실여부에 대한 공방이 이루어지는 경우에 익명 제보자를 통한 보도는 진실성에 대하여 항변사유로 적용하는 것이 어렵다. 즉 익명 제보자를 통한 정보를 기사화할 때 진실성에 대한 확인이 명확하지 않아서 진실성이나 상당성의 근거로 수용되지 못할 가능성이 크다는 것이다.

다섯째, 가해자의 실명을 밝히지 않음으로써 이들의 인격권은 보호할 수 있지만 전혀 엉뚱한 피해자가 발생할 수 있다. 특히 SNS가 발달한 사회의 경우 이러한 현상이 발생할 가능성이 매우 크다고 할 수 있다. 전혀 관련 없는 사람이 가해자로 오인을 받거나 조작되어 피해를 입을 가능성을 배제할 수 없다. 이처럼 익명보도로 인한 폐해가 큰 반면 우리나라의 특수성상 익명을 배제하고 보도하는 것이 불가능하다는 주장도 많다(미디어오늘, 2023.5.17.). 익명보도 문제는 지금도 여전히 논란이 많은 영역이다. 문제는 조금씩이라도 나아지고 있다는 점을 찾아보기 힘들다는 것이다.

이러한 익명보도와 함께 기자들이 유의해야 할 취재원 윤리가 '취재원과의 관계'이다. 한국 언론의 경우 기자 사회에는 취재원을 대할 때 가져야 할 바람직한 자세를 일깨워주는 관행처럼 쓰이는 말이 바로 '불가근 불가원(不可近 不可遠)'이다. 취재원에게 너무 멀어지면 제대로 취재하기 어렵고, 너무 가까워지면 객관성을 유지하기 힘들다는 의미일 것이다. 이 말은 결국 개인적 친분이 기사에 영향을 미치는 이해충돌(conflicts of interest)이 발생하지 않도록 일정한 '저널리즘적 거리', 즉 '건강한 긴장 관계'를 잃지 말아야 한다는 것이다. 그런데 이러한 이해충돌은 기사의 공정성에 치명적 악영향을 미칠 수 있는 중대 사안이기에 언론인의 개인적 노력에만 맡겨둘 수는 없다는 인식이 크다(손낙구, 2002).

〈뉴욕 타임스〉는 유사한 취지에서 2004년 편집국 구성원이 취재보도 과정에서 이해충돌을 피하기 위해 지켜야 할 행동강령을 담은 '윤리적 언론 핸드북(Ethical Journalism Handbook)'을 제작했다. 이 가이드라인은 먼저 취재원들을 공정하게 공개적으로 대한다는 원칙(취재원에의 태도와 약속)을 제시하면서 협조의 대가로 우호적인 보도를 약속해서도 안 된다고 지침(취재원의 혜택 수수 금지)을 제시한다. 또 취재원과의 개인적 관계는 실제적 또는 외견상 편향을 방지하기 위해 극도로 신중해야 함을 강조하면서, 특히 출입처 기자(beat reporter)들은 취재원과의 개인적 친분이 친밀한 관계(favoritism)로 발전하지 않도록 주의할 것을 당부한다. 가이드라인은 기자들이 취재원과 비공식적으로 만나 식사를 하거나 술을 마시는 것은 취재상 필요하다는 점을 인정하면서도, 중요한 것은 정당한 업무 관계와 개인적 친분 관계의 차이를 잊지 말아야 한다고 강조한다. 또한 취재원과 유착 관계(romantic involvement)는 더욱 편파성 문제를 낳을 수 있기 때문에 반드시 상사에게 알려야 하며, 필요한 경우 취재 임무에서 빠지거나 담당 분야를 바꾸도록 구체적으로 권고하고 있다(Kobachi & Rosenstiel, 2021).

4

취재원 관련 윤리강령 분석

1. 연구 방법

한국신문편집인협회가 '자유롭고 책임 있는 언론의 실현과 발전'을 위해서 1957년에 '신문윤리강령', 그리고 1961년에 '신문윤리실천요강'을 제정하였고, 약 40년 후인 1996년 한국신문협회와 한국신문방송편집인협회, 그리고 한국기자협회를 중심으로 변화한 언론환경에 맞춰 '윤리실천요강'을 만들게 된다. 이들 언론단체가 채택한 신문윤리강령과 실천요강 외에 한국기자협회와 한국방송프로듀서연합회는 별도의 윤리강령과 실천요강을 제정하여 시행해 오고 있다. 2001년에는 언론노조의 윤리강령과 실천요강이 제정되었다. 언론노조 산별노조 설립 1주년을 맞이하여 언론윤리를 쇄신하겠다는 취지로 자정선언문과 윤리강령 및 실천요강을 제정하였다. 언론노조가 이 규정을 만든 것은 기존의 언론윤리강령이 너무 광범위하고 모호해서 현실에 적용하기가 어려웠기 때문이라고 밝힌 바 있다(이를 단체윤리강령이라 함).

언론사들도 개별적으로 윤리강령과 실천요강을 제정하게 된다. 전술한 바와 같이 제일 먼저 자사 윤리강령을 제정한 것은 1988년 〈한겨레〉이고 ('취재보도준칙'은 2007년 제정되고 2020년 최종 개정) 이후 〈경향신문〉과 〈동아일보〉, 〈조선일보〉, 〈중앙일보〉, 〈매일경제〉, 〈한국경제〉 등 상당수 신문사와 KBS, MBC, SBS 등 방송사와 〈TV조선〉, 〈채널A〉, 〈MBN〉 등 종편 3사도 윤리강령 또는 보도(기자)준칙을 제정했다. 구체적으로 살펴보면 〈한국경제〉는 2000년 5월 기존 강령과 별도의 새로운 윤리강령을 제정함으로써 내용상 애매한 표현이나 조항을 보완해 좀 더 체계적이고 구체적으로 재정비하고 하였고, 〈경향신문〉도 1991년 제정된 윤리강령을 개정하기로 의견을 모으고 편집국 안에 특별팀을 구성, 한 달 정도의 준비기간을 거쳐 보다 구체적인 윤리강령을 제정하였다(이를 사별윤리강령이라 함).

취재원 윤리와 관련하여 전체적으로 살펴보면, 언론단체나 언론사의 윤리강령과 실천요강 또는 보도준칙은 '품위유지'를 위해 기자나 PD 등의 신분을 이용해 직무 수행과 관련된 금품이나 특전을 받지 못하고, 부당이득을 취하지 못하도록 하는 공통의 규정을 마련하고 있음을 알 수 있다. 예를 들어 〈한겨레〉 신문은 개정한 윤리강령에서 '기본적으로 사절이 원칙이나 선의의 선물일 경우 5만 원 이하에서 예외적으로 허용한다' 등의 구체적인 기준을 마련했다. 아울러 윤리강령을 어겼을 때 대부분의 언론사는 별도의 '윤리위원회'에서 평가, 심의해 인사위원회에 회부하는 것을 명시하고자 하였다. 그러나 실제로 윤리강령위반과 관련하여 윤리위원회가 가동된 사례는 거의 없는 것으로 나타났다(미디어오늘, 2002.1.10.).

오히려 언론진흥재단 등의 조사에서 언론인들 가운데 상당수는 취재와 보도를 위해서라면 윤리강령을 어길 수도 있다고 대답한 것으로 드러났다. 예를 들어 1999년 이후 문제가 돼 온 언론인들의 주식투자도 '대가성이 없고 보도에 영향을 미치지 않는 범위라면 상관없다'는 게 일반적인 견해다(2002년 조사 결과). 이는 언론인들이 윤리강령을 철저히 준수하려고 하기 보다는 그들의 자정 노력이 형식적인 선언에 그쳤고, 윤리강령 준수에 대해서 언론인들 스스로 느슨한 잣대를 적용하고 있음을 반증하는 대목이라고 할 수 있다. 이러한 상황과 함께 언론인들의 정서와는 동떨어지고 내용과 감시기능이 소홀한 '장롱 윤리강령'에 대해서도 재정비가 필요하다는 의견이 계속해서 제기되어 왔다.

흥미롭게도 언론의 신뢰도 제고를 위해서는 '취재원 윤리'가 잘 지켜져야 한다는 점에 대해서는 언론인들도 공감하고 있는 것으로 나타났다(언론진흥재단, 2022). 그렇다면 취재원 윤리 준수를 위해 우선적으로 취재원과 관련된 언론의 규범이 어떻게 규정되어 있는가를 분석하는 것이 필요하다. 즉 우리나라의 대표적인 윤리강령에 포함되어 있는 '취재원 관련규정'이 얼마나 구체적이고 적절한가를 통해서 현재 취재원 윤리의 현황과 개선점, 그리고 독자적 제정의 필요성을 살펴볼 수 있다.

이를 위하여 본 연구는 기존 연구들을 바탕으로 취재원 투명성 및 의도성, 취재원 이해상충 회피, 취재원 관계, 취재원 다양성, 취재원 복수 이용 및 실명 보도를 포함하는 12가지의 분석유목을 도출하였다.[7] 이는 1) 취재원 신뢰성, 2) 취재원 보호, 3) 복수 취재원 이용, 4) 취재원 실명보도, 5) 취재원과의 약속, 6) 취재원 다양성, 7) 취재원 의도, 8) 취재원에게 부당한 금전 제공 금지, 9) 취재원에 대한 태도, 10) 취재원에 신분 밝힘, 11) 취재원의 동의, 12) 취재원으로부터의 혜택 수수 금지를 분석유목에 포함하였다. 기존 연구들에 따라 이들 12가지 유목은 언론인들이 취재원과의 관계 상황에서 하나도 빠짐없이 점검해야 할 가장 기본적인 원칙들이라고 판단했다. 즉 이러한 유목들이 얼마나 잘 윤리강령에 포함되어 있는가를 우선적으로 살펴보는 것이 중요하다. 도출된 분석유목을 좀 더 상세히 설명하면 아래 〈표 2-1〉과 같다.

표 2-1 취재원 윤리강령 분석유목

유목 번호	유목명	유목에 대한 해설	비고
1	**취재원 신뢰성**	가장 중요한 취재원 원칙이다. 취재원이 누구인지도 명확하지 않은 상태로 기사화 하는 것 또는 신뢰할 만한 전문성을 갖춘 사람인가를 판단하지 않은 채 이를 기사화 하는 것은 기자들의 취재보도 할 때 가장 유의해야 할 사안이다.	
2	**취재원 보호**	취재원이 누구인지를 밝히는 경우 취재원이 큰 위험에 처할 수 있는 경우, 또는 취재원이 누구인지를 밝히지 않는 것을 전제로 진실을 밝히고자 취재보도하는 경우에 언론인은 취재원과의 약속을 지키면서 취재원을 보호해야 할 의무를 진다.	

7 많은 관련 연구들이 있었으나 특히 김옥조(2004), 윤석민(2020), 이재진(2003)의 연구와 코바치와 로젠스틸(2021)의 연구를 참조하였다.

유목 번호	유목명	유목에 대한 해설	비고
3	**복수 취재원 이용**	사실을 검증하기 위해 취재원을 이용하는 것인 만큼 단수의 취재원에 근거하기보다는 복수의 취재원을 이용하는 것이 필요하고, 서로를 검증할 수 있는 복수의 취재원을 이용할 수 있다면 가장 좋은 취재방법이다.	
4	**취재원 실명 보도**	저널리즘의 기본원칙은 취재원을 밝혀야 하는 것이다. 그래야만 취재보도한 기사의 신뢰성이 높아진다. 다만 익명으로 보도해야 할 상황적 문제가 발생할 수 있다. 이 경우 얼마나 까다롭게 익명 조건을 걸고 있는지가 중요하다. 〈뉴욕 타임스〉는 익명 출처의 사용을 뉴스 가치가 있고 신뢰할 수 있음에도 불구하고 기명으로 나가기 어려울 때로 제한한다.	
5	**취재원과의 약속**	취재원과 한 약속은 꼭 지키려고 노력해야 한다. 이는 익명 보도, 보도의 정도, 또는 엠바고 등과도 관련된다. 다만 부득이 취재원과의 약속을 깨는 경우는 사안이 대단히 공적이어서 취재원과의 약속을 지키면서는 제대로 보도를 하지 못하는 경우에 한한다.	
6	**취재원 다양성**	취재원으로 이용하는 사람들은 다소 획일적일 수 있다. 그러다 보니 사안을 바라보는 시각이 단선적이거나 일방적이게 되는 경우가 많다. 다양한 시각과 의견을 반영하기 위해서는 다원적인 취재원의 선택과 이용이 필요하다. 실제로 언론에서 가장 잘 이루어지지 못한다는 비판을 받는 부분이다.	
7	**취재원 의도**	취재원이 어떤 의도나 이익을 목적으로 취재에 응하거나 취재를 요청했는지를 판단하는 것은 모든 취재보도의 기본이다. 취재원의 의도에 대한 합리적 의심을 하지 않으면 안 된다. 여기에 실패하는 경우 언론은 취재원의 의도에 휘둘리게 되며 결국 오보를 낳을 수 있다.	
8	**취재원에 부당 금전 지불 금지**	소위 첵북(check book) 저널리즘이라고 하는 것으로 특정한 뉴스를 독점할 목적으로 취재원에 금품을 제공하는 것은 하지 말아야 한다.	
9	**취재원에 대한 태도**	기자는 취재원에 대해서 친절하고 예의바르게 대해야 한다. 시간에 쫓긴다고 함부로 대하거나 기자라는 것을 이용하여 위압적인 모습으로 취재하거나 또는 취재원을 회유하려는 방식으로 취재하는 것은 금물이다.	

유목 번호	유목명	유목에 대한 해설	비고
10	**취재원에 기자신분 밝힘**	기자는 취재원에 접근하는 경우 기자임을 명확히 밝히지 않고 숨기거나 신분을 사칭하여 취재를 해서는 안 된다.	
11	**취재원의 동의**	취재원의 취재와 보도에 대한 동의를 구해야 한다. 취재에 응했다고 해서 보도에 동의한 것이 아니라는 점을 명확히 해야 할 것이다.	
12	**취재원의 혜택 수수 금지**	호의적 기사를 대가로 취재원으로부터 금전, 금품, 주식, 고가의 선물 등을 수수하는 행위를 금지한다.	

〈표 2-1〉에서 알 수 있듯이 기존연구를 통해 도출한 12가지 유목이 취재원과 관련한 모든 강령을 포괄하는 것은 아니지만 취재원과 관련하여 품격 저널리즘이 갖춰야 할 최소한의 필요조건이라고 판단하였다. 이러한 정도의 규정이 갖춰져야 제대로 취재원과의 관계를 적절히 정립하고 기사를 투명하게 작성한 것이라 볼 수 있을 것이다.

이번 장에서는 언론관련 단체와 개별 언론사의 윤리강령 및 실천요강(보도준칙)을 위에서 제시한 12가지 유목을 통해 분석하고자 하였다. 이는 아래 〈표 2-2〉와 〈표 2-4〉에 나타나 있다. 여기서 O = '비교적 구체적인 관련 규범 설정(배치)'/ △ = '규정이 있지만 추상적 또는 조건부'/ X = '관련규정 없음'을 의미한다. 즉 윤리강령에 같은 취지의 규정이 제대로 갖춰져 있다고 판단한 경우에는 O로, 그 의미가 추상적이거나 명확하지 않은 경우 또는 불명확한 조건이 달려 있는 경우에는 이를 △로, 그리고 관련 규정이 없는 경우에는 X로 표기하였다.

2. 분석 결과

아래 〈표 2-2〉와 〈표 2-3〉은 언론관련 단체의 윤리강령 중 취재원 관련 규정을 분석한 결과이며, 〈표 2-4〉와 〈표 2-5〉는 언론사별 윤리강령에 대한 분석 결과이다.

표 2-2 단체윤리강령분석

유목/강령	신문윤리 강령 및 실천요강	인터넷 신문윤리 강령 및 시행세칙	한국인터넷 기자협회 기자윤리 강령	한국기자 협회 윤리 강령 및 실천요강	한국PD 연합회 윤리강령 실천요강	한국사진 기자협회 윤리규정 및 실천지침	재난보도 준칙	언론노조 윤리강령 및 실천지침
취재원 신뢰성	X	O	X	X	X	X	O	X
취재원 보호	O	X	O	O	X	O	△	O
복수 취재원 이용	X	X	X	X	X	X	O	X
취재원 실명 보도	△	△	X	X	X	X	X	△
취재원과의 약속	O	X	X	X	X	X	X	X
취재원 다양성	X	X	X	X	X	X	X	X
취재원 의도	O	O	X	X	X	X	O	X
취재원에 대한 태도	△	X	X	O	X	X	△	X
취재원에 부당 금전 지불 금지	O	X	X	X	X	X	X	X
취재원에 기자 신분 밝힘	O	O	X	X	X	X	O	X

유목/강령	신문윤리 강령 및 실천요강	인터넷 신문윤리 강령 및 시행세칙	한국인터넷 기자협회 기자윤리 강령	한국기자 협회 윤리 강령 및 실천요강	한국PD 연합회 윤리강령 실천요강	한국사진 기자협회 윤리규정 및 실천지침	재난보도 준칙	언론노조 윤리강령 및 실천지침
취재원의 동의	O	O	X	X	X	X	△	X
취재원의 혜택 수수 금지	O	O	X	O	O	△	X	O

〈표 2-2〉에서 살펴보는 것처럼 8개 언론단체의 언론윤리강령과 실천요강(또는 실천지침, 행동지침, 행동강령)을 분석한 결과 취재원 관련한 12개 유목을 모두 충족하는 곳은 한 곳도 없는 것으로 나타났다. 이는 취재원과 관련하여 필요한 모든 규정을 제대로 갖춘 것은 단체윤리강령에서 찾기 힘들다는 것을 의미한다. 단체윤리강령 중 가장 많이 분석유목에 부합하는 강령은 한국신문협회의 '신문윤리강령 및 실천요강'이었고, 가장 부합하지 않는 강령은 '인터넷기자협회 기자윤리강령'과 'PD연합회 윤리강령 실천요강'으로 나타났다.

표 2-3 단체윤리강령 유목별 분석결과(O과 △ 빈도)

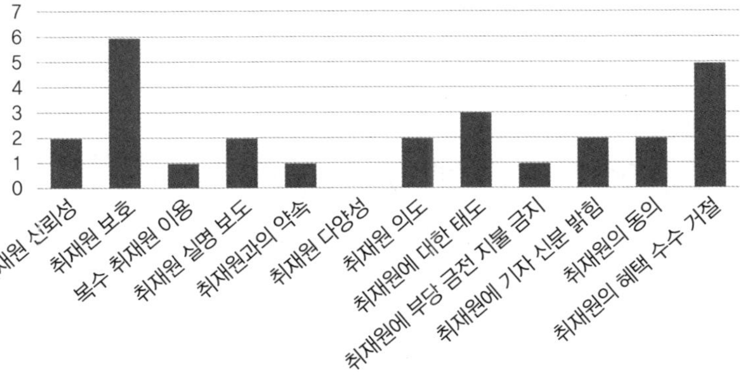

위의 〈표 2-3〉에서 알 수 있는 바와 같이 유목별로 살펴보면, 12가지 유목 중에서 비교적 규정이 갖춰진 것은 '취재원 보호'와 '취재원의 혜택 수수 금지' 유목과 관련된 규정이다(8곳 중 6곳). 이는 언론인이 취재원과의 이해상충을 회피하면서도 취재원의 상황을 고려하여 보도를 해야 한다는 점을 중요하게 고려하는 것이라 판단할 수 있다. 그 다음으로 '취재원에 대한 태도' 유목으로 나타났다. 그 뒤를 '취재원 신뢰성', '취재원 실명보도', '취재원에 기자신분 밝힘', '취재원의 혜택 수수 금지' 유목으로 나타났다. 흥미로운 점은 '취재원 실명보도' 유목은 모두 예외조건을 달고 있어서 전부 △를 획득하였다. 이러한 점은 '취재원 보호'를 강조하면서도 이를 익명보도의 근거로 판단하려는 경향이 있을 수 있다는 의심이 가는 부분이다. 정리하자면 단체윤리강령에서 중점적으로 다루고 있는 것은 취재원 보호와 이해상충 회피 그리고 취재원 의도에 대한 합리적 의심을 중요하게 판단하고 있음을 알 수 있다.

반대로 단체윤리강령 중 가장 미비했던 유목은 '취재원 다양성'으로 나타났다. 어느 한 군데에서도 취재원의 다양성 관련 규정을 찾아볼 수 없었다. 이는 언론에서 취재원 선택을 '관행적'으로 한다는 기존 연구결과에 부합되는 것이다. 다음으로 부족한 규정은 '취재원 신뢰성' 유목, '복수 취재원 이용' 유목, '취재원과의 약속 준수' 유목, '취재원에 부당한 금전 지불 금지' 유목으로 각 한 군데씩 외에는 찾아볼 수 없었다. 취재원 다양성 유목만큼은 아니지만 관련 규정이 거의 갖춰져 있지 않음을 알 수 있는데 개선이 필요해 보인다.

다시 말하자면 이러한 다섯 가지 유목의 규정은 우리나라 단체윤리강령에서 취재원 윤리 유목 중에서 크게 중요하게 다루고 있지 않음을 알 수 있다. 단체윤리강령은 취재원과 관련하여 대부분의 경우 12개 항목을 거의 포함하고 있지 않은 것으로 판단할 수 있다. 정리하자면 단체윤리강령에서 잘 다루지 않거나 결여되어 있는 유목은 취재원 다양성, 복수 취재원 이용, 취재원에 부당 금전 지불 금지, 취재원과의 약속과 관련된 규정이라고 할 수 있다.

표 2-4 언론사별 취재원 윤리규정 분석

유목/강령	경향신문 윤리강령	한겨레 신문 윤리강령 및 실천요강	조선일보 기자준칙	중앙일보 기자 윤리강령	동아일보 기자 윤리강령	KBS 방송제작 가이드 라인	KBS 윤리강령	MBC 시사보도 프로그램 제작준칙	SBS 윤리강령	JTBC 윤리강령 (제작, 취재)	연합뉴스 윤리헌장/ 공정한 보도와 업무수행에 관한 준칙
취재원 신뢰성	X	X	X	X	X	O	X	X	X	X	X
취재원 보호	O	O	△	O	O	△	X	O	△	△	O
복수 취재원 이용	X	X	X	X	X	O	X	O	X	X	X
취재원 실명 보도	△	X	△	△	△	O	X	O	△	△	O
취재원과의 약속	△	X	X	△	△	△	X	△	O	△	O
취재원 다양성	X	X	X	X	X	X	X	X	X	X	X
취재원 의도	X	X	X	X	X	△	X	X	X	X	X
취재원에 대한 태도	X	X	X	X	X	X	X	△	O	△	X
취재원에 부당 금전 지불 금지	X	X	X	X	X	X	X	O	X	X	X

유목/강령	경향신문 윤리강령	한겨레 신문 윤리강령 및 실천요강	조선일보 기자준칙	중앙일보 기자 윤리강령	동아일보 기자 윤리강령	KBS 방송제작 가이드 라인	KBS 윤리강령	MBC 시사보도 프로그램 제작준칙	SBS 윤리강령	JTBC 윤리강령 (제작, 취재)	연합뉴스 윤리헌장/공정한 보도와 업무수행에 관한준칙
취재원에 기자 신분 밝힘	X	X	X	X	X	O	X	O	O	X	X
취재원의 동의	X	X	X	X	X	X	X	O	O	X	X
취재원의 혜택 수수 거절	O	O	O	O	O	X	O	O	△	O	O

〈표 2-4〉에서 볼 수 있듯이 11개사의 사별윤리강령 중 모든 유목을 갖추고 있는 윤리강령은 한 곳도 없는 것으로 나타났다. 사별윤리강령 중 가장 높은 점수를 나타낸 것은 MBC 시사보도 프로그램 제작준칙이고, SBS 윤리강령이 뒤를 이었다. MBC 제작준칙의 경우 12개 유목 중 7개 유목에서 O를, 2개 유목에서 △를 획득했다. SBS 윤리강령은 12유목 중에서 7개 유목에서 4개의 O와 3개의 △를 받았다. 그 뒤를 KBS 방송제작가이드라인과 연합뉴스 윤리헌장이 뒤따르는 것으로 나타났다. 흥미롭게도, 비록 통계적 유의미성을 따져보지는 않았지만, '방송사'들이 '신문사'에 비해 비교적 취재원 관련 규정을 잘 갖추고 있는 것으로 나타났다.

표 2-5 사별윤리강령 유목별 분석 결과(○과 △ 빈도)

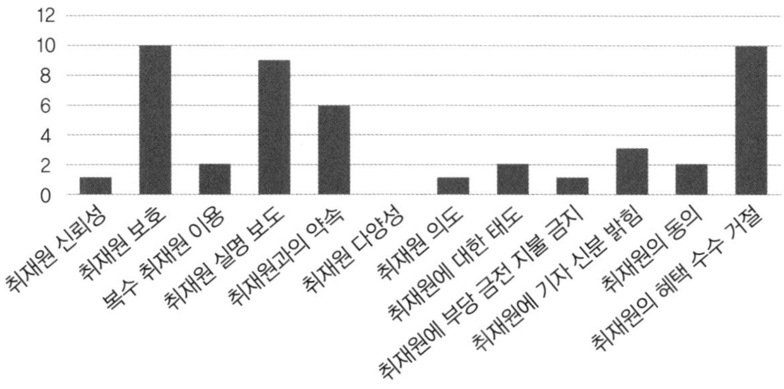

〈표 2-5〉에서 볼 수 있는 것처럼 유목별로 살펴보면, 12가지 분석 유목 중 가장 많이 갖춰진 것이 '취재원 보호' 유목과 '취재원의 혜택 수수 금지' 유목으로 나타났다. 다음으로 '취재원 실명 보도' 유목과 '취재원과의 약속' 유목으로 나타났다. 이러한 결과를 단체윤리강령과 비교해 볼 때 '취재원과의 약속' 유목에 있어 다소 상이한 결과를 보였다. 반면 단체윤리강령에서 중요하게 다루었던 '취재원 의도' 유목은 사별윤리강령에서는 거의 중요하게 다루어지지 않았음을 알 수 있다.

반대로 사별윤리강령에서 전혀 포함되지 않은 유목은 '취재원 다양성' 유목과 '취재원에 부당 금전 지불 금지' 유목으로 나타났다. 어느 언론사의 윤리강령에서도 이 두 가지 유목은 나타나지 않고 있는데 이는 언론의 사회문화적인 배경이 작용한 결과라고 생각된다. 뒤이어 '취재원 신뢰성' 유목, '취재원 의도' 유목, 그리고 '취재원 동의' 유목에서 단 하나의 ○나 △를 기록했다. 이러한 결과는 단체윤리강령의 결과와 다소 차이가 있음을 보여주는데 '취재원 다양성'이나

'취재원에 부당 금전 제공 금지' 규정 이외에는 차이가 있음을 확인할 수 있다. 이는 두 가지의 유목을 제외하는 경우 단체윤리강령과 사별윤리강령은 상호보완적인 성격을 보이는 경향이 있음을 짐작할 수 있다.

정리하면, 위의 〈표 2-2〉~〈표 2-5〉에서 나타난 바와 같이, 모든 분석유목을 다 포함하는 단체나 언론사는 어디서도 찾아볼 수 없었다. 반면 12개 분석유목 중에서 '취재원 보호'와 '취재원으로부터 혜택 수수 금지' 유목은 단체윤리강령과 사별윤리강령에서 모두 공통으로 가장 많이 포함되어 있음을 알 수 있다. 그 다음으로 '취재원 실명 이용' 유목, 그리고 '취재원에 대한 태도' 유목이 윤리강령에서 다수 채택되었음을 알 수 있다. 다만 '취재원의 실명 보도' 유목은 대부분의 경우 예외 조건이 조항에 달려 있었다. 예를 들어, 신문윤리강령 실천요강에 따르면 제5조 제2항에서 '보도기사를 작성할 때는 취재원을 원칙적으로 익명이나 가명으로 표현해서는 안 된다. 다만 공익을 위해 부득이하거나 보도 가치가 우선하는 경우, 취재원의 익명 요청을 받아들일 수 있지만, 소속 기관과 일반적인 지위를 밝히도록 노력해야 한다'고 명시하고 있다.

원칙은 있으나 예외 조건을 두고 있는 것은 외국의 경우에도 유사한 것으로 나타났지만(윤석민, 2020) 우리나라의 규정은 '공익을 위한 경우', '보도 가치가 우선하는 경우', '노력한다'는 다소 추상적인 조건을 달고 있기 때문에 익명보도를 해도 크게 문제 될 것이 없는 것처럼 오인할 가능성이 있다.[8] 반대로 취재원의 다양성 유목은 단체

8 익명보도 조건을 가장 구체적으로 적시하고 있는 것은 KBS제작가이드라인이다.

윤리강령이나 사별윤리강령 모두에서 포함되지 않았다. 즉 취재원의 선택은 다양성이나 다원성을 고민하기보다는 여전히 관행적으로 이루어지고 있음을 재차 확인할 수 있었다. 기타 복수취재원 이용, 취재원 의도, 그리고 취재원에 부당 금전 제공 금지 유목도 대다수의 윤리강령에서 채택하지 않은 것으로 나타났다.

단체윤리강령 중에서는 한국신문협회의 '신문윤리강령 및 실천요강'이, 사별윤리강령 중에서는 MBC 시사보도프로그램 제작 준칙과 SBS 윤리강령이 가장 많은 수의 유목을 포함(가장 많은 수의 ○과 △를 받음)하고 있는 것으로 나타났다. 다만, 경향성만을 보기 때문에 단체별 또는 언론사별 차이에 대한 검증은 별도로 하지 않았다. 유목별로 살펴보면, 단체윤리강령과 사별윤리강령 공히 '취재원 보호'와 '취재원 혜택 수수 금지'를 취재원 윤리 중 가장 핵심적인 내용으로 판단하고 있는 것으로 나타났다.

이에 따르면 제2조 1항에서 신뢰성 있는 보도를 위해 제작자는 취재원을 명시해야 한다. 공공정책과 관련된 사안이나 공인이 제시한 학술적, 정책적 분석과 전망을 보도할 경우에는 보도의 신뢰성을 높이기 위해 취재원을 실명으로 공개하는 것을 원칙으로 한다. 취재원을 명시해야 하는 이유는 다음과 같다. ①책임 있는 보도를 하기 위해서, ②단순한 소문과 구별하기 위해서, ③오보나 정보조작의 위험성을 막기 위해서. 2-2. 취재원 보호를 위한 익명보도 원칙/부조리와 비리의 폭로, 고발 등 공익제보와 관련된 취재원(특히 내부 고발자)의 신상은 철저히 보호되어야 하며 익명보도를 원칙으로 한다. ①취재원을 밝히지 않기로 한 약속은 반드시 이행해야 한다. 그러나 신뢰성 있는 보도를 위해서 취재원 보호를 조건으로 하는 취재 방법은 제한적으로 사용해야 한다. ②취재원의 신변이 위태롭거나 부당하게 불이익을 받을 위험이 있는 경우에는 그에 대한 보호를 우선적으로 고려해야 한다. 그러나 취재원이 비윤리적인 행위, 또는 불법 행위의 당사자인 경우에는 함부로 취재원 보호를 약속해서는 안 된다. ③시청자에게 아주 중요하다고 판단되는 정보이거나 공공의 이익과 관련된 주요 사안인 경우에는 취재원을 익명으로 처리하여 보도할 수 있다. ④국가 안보 등 중대한 공익과 관련된 사안인 경우 실정법의 요구가 있으면 취재원의 신상을 공개할 수 있다.

단체윤리강령에서와 유사하게 사별윤리강령의 경우에도 취재원과 관련되어 취재원보호와 취재원으로부터 혜택 수수 금지 유목이 높게 나타났다. 역시 앞서 〈표 2-2〉에서와 마찬가지로 '취재원 다양성' 유목은 모든 개별 언론사 윤리강령에서 찾아볼 수 없었다. '취재원 다양성'과 '취재원 혜택 수수 금지' 등 두 유목을 제외하면 사별윤리강령은 단체윤리강령과 강조하는 유목과 부족한 유목에 있어서 다소 상이한 것으로 나타났다. 가장 윤리적인 언론사로 평판이 높은 〈한겨레〉의 경우에는 취재원 관련 규정이 예상보다 적은 것으로 나타났다.

5

독립적 취재원 윤리강령 제정의 필요성

이번 장에서는 언론의 신뢰도 제고 방안으로서 취재원 윤리강령을 별도로 제정하고 이를 잘 지킬 수 있도록 제도적 장치를 마련하자는 제언을 하고자 하였다. 최근 언론윤리에 대한 연구들이 꽤 나오고 있고 언론의 신뢰도를 어떻게 해야 높일 수 있을까에 대해 다양한 시각을 제시하고 있다. 그러한 제안 중 하나가 기존의 윤리강령 개정 작업이다. 그러나 이러한 작업은 언론윤리 문제가 사회적으로 불거지는 경우 보여주기 식의 의례적이고 선언적인 행사에 그친 경향이 크다. 이와 함께 연구들은 우리나라 기자들은 취재 현장에서 상황에 따른 윤리적인 판단이 쉽지 않다고 주장하거나, 언론윤리를 위반해도 큰 문제가 안 되면 자체적으로 징계 받는 일은 없다는 이유로, 실제로 읽어보지도 않고 '언론윤리강령이 추상적이다', '현

실에 맞지 않다'는 변명을 늘어놓는 경우가 많다고 지적한다.[9]

그러나 다른 한편으로 취재원 윤리는 언론 신뢰도에 직결되는 영역이기에 특히 중요한 의미를 갖는다는 연구들이 많다. 다시 말하자면 언론인들은 신뢰도 제고를 위해서 언론윤리를 꼭 지켜야 하며 그 원칙의 핵심은 '취재원 윤리'라는 것이다. 2022년 언론진흥재단의 조사에 따르면 이러한 기본원칙에 대해서 우리나라 언론인들은 모두 공감하고 있는 것으로 나타났다. 그럼에도 여전히 언론 '관행' 속에 '원칙'이 녹아버리는 현상이 반복되고 있는 것 또한 현실이다(이재경, 2013). 결국 원칙은 원칙일 뿐 실제적인 효용성과 강제성이 없다는 문제에 봉착하게 된다. 거의 모든 언론윤리에 대한 연구가 이와 유사한 한계를 지적하고 있다. 이는 현재의 윤리강령을 실천성이 담보될 수 있도록 고쳐야 한다는 것을 의미한다. 그런데 기존의 언론윤리강령을 분석한 연구는 언론윤리강령 조항 전체를 분석대상으로 삼다보니 '취재원'과 관련하여 부분적으로 논의할 뿐 구체적인 실천적 윤리 지침을 마련하지 못했다.

이에 취재원 관련 윤리강령을 분석한 결과를 통하여 다음과 같은 근거에서 구체적이고 독자적인 윤리강령의 필요성을 판단할 수 있었다.

첫째, 거의 모든 언론윤리강령이 '취재원 보호' 관련 규정을 두고 있다. 즉 보도에 조력해 준 취재원에게 피해가 가지 않도록 적극적

9 다만, 2024년 1월 대법원은 비윤리적인 취재행위로 인해 회사에서 해임된 전 채널A 기자가 해임이 부당하다고 제기한 가처분 신청 판결에서 윤리적인 규정을 위반하여 해임한 사실은 정당하다고 판단했다.

으로 취재원을 보호해야 한다고 규정하고 있음을 알 수 있다. 그러나 거의 모든 윤리강령은 '취재원 보호'가 실질적으로 어떠한 의미인지를 명확하게 규정하고 있지 않다는 문제점이 있다. 그러다 보니 취재원 보호를 '익명 보도'의 불가피성을 정당화하는 데 연결시킨다는 의심을 피할 수 없어 보인다. 제대로 된 규정이 마련되지 않는다면 마치 취재원 보호가 아니라 언론인 보호로 읽힐 수 있다.

둘째, 모든 윤리강령에서 '취재원 다양성'에 대해서 다루고 있지 않음을 알 수 있다. 우리 언론에서 취재원으로 선택되는 사람들은 어떤 사람들일까에 대해서 고민이 필요한 지점이다. 실제로 취재원 다양성 문제는 기존 연구들에서 지적하는 핵심적인 내용 중의 하나인데 어떤 사안에 대해서 취재하는 경우 언론인들이 선택하는 취재원은 너무나 유형화되어 있고 관행에 따른다는 현실을 방증하는 것이라 판단된다. 외국의 연구에 따르자면 이러한 취재원들의 경우 여전히 남성이 압도적으로 많으며, 정책의 대상이 되는 사회적 약자가 취재원으로 등장하는 경우는 드물고, 미성년자 또는 아동이 취재원으로 드러나는 경우는 극히 드물다고 한다. 우리나라의 경우도 크게 다르지 않은데 윤리강령에는 이에 관한 규정이 없이 관행적인 취재 방식에 의존하는 경향이 있음을 보여주는 것이라고 할 수 있다. 품격 저널리즘의 실천을 위해서는 개선되어야 할 부분이라고 판단된다.

셋째, 취재원 윤리의 가장 중요한 유목이라고 할 수 있는 '취재원의 신뢰성 확인' 규정을 두고 있는 언론윤리강령은 예상보다 적은 것으로 나타났다. 이 또한 관행적으로 취재원을 선택하기 때문에 발생하는 문제인 것으로 판단된다. 다만, 인터넷신문윤리강령, 재난보도준칙, KBS 방송제작가이드라인 중 재난보도준칙에 취재원 신뢰성을 확인할 것을 요구하고 있다. 그러나 흥미롭게도 이 규정은 명확히 어떻게 이를 확인해야 하는지에 대한 구체적인 방법은 제시하지 않으며, 관련 규정이 모두 '재난보도'와 관련이 있는 것으로 나타났다. 즉 일상적 보도에 있어서의 취재원 신뢰성, 전문성에 대한 점검 규정이라기보다는 재난보도에 있어 잘못된 취재원을 선택하여 크게 잘못 보도하는 오류를 피하기 위한 목적으로 보인다. 다시 말하자면 취재원 신뢰성, 전문성 확인 절차가 언론이 꼭 지켜나가야 할 기본적인 윤리강령의 규정이라기보다는 재난보도 등 혼란스러운 상황에서 적절히 보도하기 위한 하나의 관행적 절차로서 인식하고 있음을 알 수 있다.

넷째, 취재원 실명 보도 원칙에 대해서는 많은 경우 단체윤리강령에서보다는 사별윤리강령에서 더 많이 채택하고 있음을 알 수 있다. 단체윤리강령의 경우, 취재원 실명 보도 유목의 경우 신문윤리강령 실천요강 및 인터넷신문윤리강령에서 그 규정을 찾아볼 수 있다. 다만, 실명보도가 어려운 경우에는 취재원 보호 차원에서 익명으로 보도한다는 조건 규정이 동반하는 경우가 많은 것을 알 수 있었다. 이러한 점은 사별윤리강령에서도 유사하게 나타났는데 실명보도가 어려운 불가피한 상황에 대한 여부를 예외적 조건으로 엄격하게 고려하여 판단하기보다는 취재원의 보호를 앞세우다 보니 언론이 스스로에게 익명보도를 너무 쉽게 허용하는 경향을 보이고 있다. 익명보도 허용의 기준을 좀 더 구체적이고 명확하게 규정할 필요성이 있다.

다섯째, 흥미롭게도 인터넷신문윤리강령 시행세칙에는 취재원과 관련한 직접적인 규정이 없는 것으로 나타났다. 사회적 약자나 미성년자에 대한 보호규정은 포함되어 있으나 실제로 취재원으로서의 보호를 규정하는 조항으로는 판단하기 어려워 직접적인 세칙이 마련되어 있지 않다고 볼 수 있다. 문제는 이러한 구체적인 조항의 미비로 인하여 수많은 인터넷신문들이 자칫 취재원 윤리에 소홀하게 될 수 있다는 것이다. 좀 더 구체적으로 취재원과 관련한 윤리규정을 설정하는 한편 매체의 특성이나 종류와 상관없이 공히 적용될 수 있는 규정이 필요할 것이라 판단된다.

여섯째, 언론인들이 기사를 독점하기 위해서 취재원에게 금품을 제공하고 다른 경쟁 언론사에는 인터뷰나 정보를 주지 않도록 하는 행위를 금지하는 조항이 신문윤리강령 실천요강에 포함되어 있다. 흥미로운 점은 여타 다른 어떤 윤리강령에서도 이에 대한 조항을 두고 있지 않다는 것이다. 이러한 점은 우리나라의 경우에는 미국과 같이 종종 금전을 통해 뉴스를 독점하는 일이 거의 없는 풍토이며 인터넷으로 인해 미디어 환경이 많이 변했다는 점을 반영하는 것으로 보인다. 그러나 자칫 속보나 단독보도에 급급한 나머지 금전을 제공하려는 시도가 있다면 이는 언론윤리에 어긋나는 것이라는 점을 상징적으로 보여주고 있다고 할 수 있다.

일곱째, 대부분의 윤리강령이 '취재원과의 관계' 또는 '취재원 혜택 수수 금지'에 대해서 규정을 두고 있는 것으로 나타났다. 취재원과는 적절한 거리유지를 통한 관계를 지속해야 하고, 고질적인 것으로 여겨져 온 취재원으로부터 촌지를 비롯하여 기사 등을 대가로 여러 가지 금전적 혜택을 받아서는 안 된다는 점을 규정하고 있다. 또한 일정 이상의 금전적 혜택을 수수하는 경우 이를 회사에 보고해서 판단을 받도록 한다는 내용이 담겨 있다. 이는 청탁금지법(소위 김영란법)의 내용과도 일맥상통하는 부분이 있어 필요한 조항으로서 이해의 충돌을 최소화하자는 취지로 읽힌다. 문제는 이러한 규정이 실제로 잘 지켜지고 있는지를 감독하는 것이 거의 불가능하다는 것이다. 이를 준수하고 잘 지켜가는지를 감독할 수 있는 윤리위원회 조항이 필요할 것이라 판단된다.

결론적으로, 취재원과 관련한 독자적인 윤리강령을 만들 때 현행 언론윤리강령에서 부족하거나 누락되어 있는 규정들, 예를 들어 취재원의 다원성, 취재원에 대한 신뢰성 검증, 취재원에 대한 약속 등에 대한 규정을 보충하고, 취재원 실명보도 등 추상적이거나 광범위한 규정은 좀 더 구체화할 필요가 있다. 예를 들어 익명으로 보도할 수 있는 조건을 임의로 두지 말고 더욱 엄격하게 규정할 수 있도록 해야 한다. 또한 취재원과의 관계를 설정하는 규정에 대해서는 좀 더 구체적인 기준을 마련하여 적시하는 것이 필요하다. 취재원으로부터의 수익을 얻거나 도모하는 행위를 금지하는 조항은 기존 윤리강령에 대개 포함되어 있지만, 선언적인 의미로 그쳐서는 안 되고 명확한 예외 기준을 마련하고 이를 위반하거나 또는 신고를 받는 경우에는 이에 대한 적절한 조치를 취할 수 있도록 하는 규정을 동반하는 것이 요구된다.

다시 말하자면 일반적 윤리강령의 일부로서가 아니라 취재원 윤리만 별도의 강령으로 명확하고, 구체적이며, 실천적인 규정을 제정하고 이를 지켜나가도록 하고 이와 상충되는 경우 언론사와 언론인이 '공동으로 책임'지도록 규정한다면 현행 윤리강령보다 실효성 있는 윤리강령이 될 것으로 보인다. 이는 재난보도준칙의 제정 과정을 통해서도 알 수 있다. 2014년 4월 18일 세월호 참사를 성찰하면서 한국기자협회를 중심으로 만들어진 재난보도준칙[10]은 윤리강령의 일부로서의 보도가 아닌 재난에 대해 언론이 다해야 할 모든 행위지침을 포함하고 있다. 보도준칙 제정 이후에도 약 5년 뒤까지는 재난보도가 이전에 비해 나아지지 않았다는 지적들이 많았으나(미디어오늘, 2019.8.20.; 송종현, 2019),[11] 약 10년이 지나면서 그 평가는 다소 달라지고 있다(기자협회보, 2022.12.16). 적어도 재난에 관한 독립적인 보도준칙이 존재함으로써 제대로 된 보도에 대한 기대(희망)와 함께 보도의 잘잘못을 따질 수 있는 기준이 마련되게 되었다고 판단할 수 있다. 또한 실제로 이러한 윤리강령이 지켜지지 못하는 경우에는 국민들로부터의 윤리적 지탄과 함께 회사차원에서의 징계도 있을 수 있기 때문에 개선의 가능성은 독자적인 윤리강령이 없는 경우보다는 훨씬 크다고 생각된다. 물론 이러한 보도의 경우에는 위반시 징계보다는 행위규범이 잘 이루어질 수 있도록 윤리교육이 이루어질 수 있는 근거 규정이 포함되어야 한다는 지적도 새겨 들을 필요가 있다(이재진, 2023a; 조소영, 2022).

윤리교육 규정과 함께 저널리즘 관행에 매몰되어 윤리준수에 대해 갖고 있는 부정적인 생각을 극복하는 것이 필요하다.[12] 특히 취재

10 2014년 9월 한국신문협회, 한국기자협회, 한국방송협회, 한국신문방송편집인협회, 한국신문윤리위원회 등 5개 언론단체가 재난 발생 시 언론사의 취재와 보도에 대한 기준을 담은 재난보도준칙을 제정했다.

11 양은 늘었지만 속보 관행에 여전히 매몰되어 있어 구조적인 문제에 대한 보도는 여전히 부족하다는 지적이 많았다.

12 무엇보다, 윤리강령이 추상적이고 현장에서 적용이 어렵다는 이유가 있다. 아울러, 언론윤리를 다 지키다 보면 기사를 제대로 못 쓸 수 있다는 현실적 인식이 강하다.

원 윤리는 언론의 신뢰도와 직결되는 핵심적 요인이라는 인식이 강화되어야 할 것이다. 그런데 현재 우리나라의 단체윤리강령이나 사별윤리강령은 공히 취재원 윤리강령에 꼭 포함되어야 할 유목들이 많이 부족함을 알 수 있었다. 핵심적인 규정이라고 판단하는 유목의 경우 단체별로 언론사별로 차이가 있는 것으로 나타났다. 따라서 전술한대로 재난보도준칙과 같은 독립된 취재원 윤리강령을 만들고 이를 모든 언론들이 공히 실천해 나갈 수 있도록 제도적 장치를 언론계 스스로가 만든다면 취재원과 관련된 보도가 개선됨은 물론 이는 곧 언론의 신뢰도 제고로 이어질 것으로 조심스럽게 예상할 수 있다 (김호성, 2015).

특히 윤리를 따지다가 우리 회사만 기사 못 쓰는 경우가 있을 수 있다는 것이다. 또한 너무 윤리를 강조하면 언론의 자유를 구속하는 결과가 되며, 더 나아가 언론윤리의 문제는 언론계 전체의 문제라기보다는 일탈한 기자 개인의 문제로 받아들이게 되는 경향이 있다(김옥조, 2004).

제3장

사회적 약자와
품격 저널리즘

1

사회적 약자의 의미와 개념상의 문제점

저널리즘의 목표 중 하나는 사회적 약자를 보호하고 사회의 다양한 이해관계를 반영하는 것이다. 품격 저널리즘을 위해서는 이러한 목표를 더욱 고도화하여 실천하려는 노력을 기울이는 것이 필요하다. 즉 언론이 기존의 사회적 약자에 대한 보도 관행에서 탈피하여 아래의 다양한 관점을 수용하려는 노력을 기울여야 한다.

첫째, 언론은 다양한 사회적 그룹의 목소리를 포용하고 다양성을 존중해야 한다. 이를 위해서는 사회적 약자의 의견과 경험을 적극적으로 수용하여 기사를 작성하고 다루어야 한다.

둘째, 언론은 사회적 약자에 대한 편견을 줄이고 공정한 시각으로 다루어, 다양한 배경의 언론수용자들이 더욱 객관적이고 현실적인 정보를 얻을 수 있도록 하는 것이 중요하다.

셋째, 언론은 소수자 및 사회적 약자의 권리를 보호하고, 그들이 언론에 나타나는 과정에서 겪을 수 있는 차별이나 모욕을 방지하기 위해 노력해야 한다.

넷째, 언론은 사회적 약자가 직면한 문제들을 대중에게 알리고 이에 대한 인식을 높이도록 하는 역할을 수행해야 한다. 이를 통해 사회적 약자에 대한 관심을 확대하고 정책 변화를 촉진할 수 있다.

다섯째, 언론은 단기적인 뉴스뿐 아니라 장기적인 문제와 그 영향에 대해 다루는 기획 보도와 깊이 있는 리포트를 통해 사회적 약자에 대한 이해를 증진시킬 수 있도록 해야 한다.

여섯째, 범죄나 폭력 등의 피해자에 대한 보도를 할 때, 언론은 그들의 개인정보를 존중하고 피해자를 식별하지 않도록 노력해야 한다.

일곱째, 언론은 사회적 약자의 이슈를 다루고 사회적 불평등에 대한 인식을 높임으로써, 사회적 변화를 이끌어내는 역할을 수행해야 한다. 이처럼 품격 저널리즘의 실천을 위해서는 공정성, 객관성, 균형성, 다양성, 그리고 사회적 책임 등의 원칙을 준수함으로써 사회적 약자를 적절하게 보호하고 그들의 목소리를 어떻게든 청취하려고 노력하는 것이 요구된다(이영희 · 이재진, 2023).

문제는 현재 한국 언론이 사회적 약자에 대해서 얼마나 제대로 보도하고 있는가이다. 특히 최근 사회적 약자로 분류되는 장애인, 노인, 다문화 가정이 한국 사회에서 차지하는 비율이 지속적으로 늘어나고 있다는 점에서 사회적 약자에 대해 올바로 보도하는 것이 더욱 요구된다. 무엇보다 노인으로 분류되는 65세 이상의 고령층은 2020년 당시 전체 인구의 15.7%였으나, 2021년에는 16.6%, 2022년에는 17.5%로 증가하였다(통계청, 2022).[1] 2020년 말 기준으로 등록장애인

1 고령인구 구성비는 2020년 15.7%에서 빠르게 증가하여 2025년 20%, 2035년

은 263만 3000명으로 전체 인구대비 5.1%인데, 이는 2019년 말 대비 1만 4000명이 증가한 것이다. 또한 2019년 36만 명이 안 되던 다문화 가족도 2020년에는 37만 명을 훌쩍 넘어섰다(행정안전부, 2022. 6). 과연 우리나라 언론은 이들 사회적 약자에 대해 제대로 보도하고 있는가?

사회적 약자가 구체적으로 무엇을 의미하며, 누가 사회적 약자인가를 명확하게 정의하기는 쉽지 않다. 왜냐하면 '사회적 약자'란 대상들의 비교를 전제로 하는 상대적인 개념이며 가치평가에 의존하는 개념이기 때문이다. 경제적 약자가 사회적 약자인 경우가 많지만, 항상 동일시되는 것은 아니다. 예를 들어, 경제적 형편과 무관하게 질병, 고령 등으로 인하여 사회적 약자로 분류될 수도 있으며, 본인의 경제적 능력은 부족하지만 가족의 부양 능력 등으로 인하여 사회적 약자로 분류되지 않는 경우도 있다(차진아, 2012).

사회적 약자와 유사한 개념으로 1948년 유엔이 처음 소개한 사회적 소외인구(disadvantaged populations)라는 개념은 참여가 제한된 사회의 구성원을 뜻한다(United Nations, 1948). 연령이나 신체적, 정신적 장애로 인해 사회적, 정치적, 경제적 참여가 어려운 어린이, 노인, 장애인 등을 포함하는 개념에서, 저소득층, 여성, 원주민 같이 착취를 당하는 환경에서 거주하는 사람들을 점차 포함하게 되었으며, 인종, 종교, 민족, 언어, 외모, 성적 지향성, 사회 계층, 경제적 이주민, 정치적 난민 등을 포함하였고, 최근에는 치료가 불가능하거나 감염성 질병을 앓고 있는 사람들도 사회적 낙인과 소외의 피해자로 자주 거론되고 있다(Estes, 2014; 최윤정 외, 2021 재인용). 이러한 개념들을 종합

30%, 2050년 40%를 초과할 전망이다(통계청, 2022).

해볼 때, 현재 국내에서는 저소득층, 아동, 장애인, 노인, 성소수자, 다문화/이주민 가정, 외국인 근로자, 난민 등을 사회적 약자로 분류하는 데에 있어 논란이 크지 않을 것으로 보인다.

우리 사회에서 사회적 약자를 위해 당연히 보장되어야 할 두터운 복지를 위한 제도적 장치들은 여전히 부족하며, '우리'의 삶과는 동떨어진, 온정주의로 구제해주어야 할 대상이라는 인식은 여전히 팽배해 보인다. 우리나라는 역사적으로 완고한 유교사회로 접어든 이래 현재까지, 사회적 약자의 사회적·경제적 지위는 점점 하락하고 그들을 비하하거나 학대하는 일이 지속되어 왔다. 근대 이후 자본주의 산업사회로 재편되면서 경제성과 효율성을 최고로 여기는 사회에서, 사회적 약자는 경쟁력을 잃고 '쓸모없는 인간'이나 세금을 축내어 시혜를 베풀어주어야 하는 대상으로 전락하였다(정창권, 2011). 예를 들어 대표적인 사회적 약자로 분류되는 '장애인'에 대해서는 무능력하고 무가치한 존재라는 사고가 양산되고, 장애인은 고유의 경제생활과 독립적인 삶을 영위하지 못하는 존재로 각인되었으며, 단체 시설에 수용되어야 하는 존재로 전락하고, 장애인에 대한 인권유린의 실태는 오늘날 심심치 않게 뉴스로 접하고 있다.

이러한 편향적인 권력관계 속에서 무능력과 무가치의 존재로 고착된 장애인에 대한 지배담론은 비장애인의 장애인에 대한 인식에도 잠재적 '호명(interpellation)'[2]으로 작용하고 있다. 그런데 이러한

2 호명(interpellation)은 어떤 개인의 정신 안으로 이데올로기적 관념을 이식한다는 것, 또는 이데올로기적 관념 안으로 어떤 개인을 이식한다는 알튀세가 논한 개념이다(진태원, 2011).

부정적 인식은 이미 고령사회에서 초고령사회로 향하고 있는 한국에서 '노인'을 묘사하는데 있어서도 나타나고 있다. 노인에 대한 부정적 감정들이 '노슬아치', '틀딱', '무임충', '노인충', '꼰대', '할매미', '할아배미' 등과 같은 비속어들로 재생산되고 있다(이여주·송준아, 2021). 이처럼 사회적 약자에 대한 비뚤어진 관념은 언론과 같은 기존의 지배 권력이 사회적 약자를 시혜의 대상으로 인식케 하고, 인간다운 삶을 보장하는 복지의 뼈대를 온정주의로 보게 했으며, 이로 인해 사회적 약자를 짐스러운 존재로 보게 했다는 지적이 오래전부터 있어 왔다(이영희, 2023).

장애인이나 노인뿐 아니라, 결혼이민자 가정의 보도에서도 불행한 가정일 경우에는 대부분 남편과 시댁에 문제가 있는 양 묘사된다. 이렇다 보니 불행한 결혼이민자 가정은 남편과 아내의 관계가 강자와 약자, 가해자와 피해자, 주류와 비주류인 이분법적으로 형상화된다(이샘물, 2012). 한국 언론의 중국 동포 담론을 분석한 김지혜(2018)의 연구에서도 중국 동포 범죄에 관한 보도가 많고 긍정적인 기사가 적은 것으로 나타났다. 네덜란드의 한 이민정책 전문가는 인종, 출신과는 상관없는 일을 마치 연관관계가 있는 것처럼 엮어선 안 된다고 조언하였다. 이주민 집단은 현지에서 태어난 사람들보다 저소득층 비율이 높은데, 사회·경제적 특성을 고려하지 않고 단순비교해선 안 된다는 것이다(이샘물, 2012).

1인 미디어가 이슈를 생산하고 유통하는 비중이 커진 미디어 환경이지만, 우리 사회에서 언론은 여전히 지배담론을 형성하고 유지하는 데 중추적 역할을 담당하고 있다(이재진·이영희, 2024). 정치인뿐 아니라 한물간 평론가의 SNS 게시글도 언론이 조명하면 큰 이슈가 되고, 언론이 외면하면 사장되어 버리는 경우가 허다하다. 사회적 약자에 대한 언론의 기사도 마찬가지다. 2022년 방송된 ENA의 '이상한 변호사 우영우'도 언론이 조명하고 자폐 스펙트럼 장애인에 대한 관심을 보이면서 단순히 이색적으로 재미있고 잘 팔리는 드라마에 그치지 않고, 장애와 관련하여 어떤 시민성이 필요한가라는 숙제를 드러내었을 뿐 아니라(김효실, 2022.08.19.) 법과 제도 개선에도 장애 감수성이 필요함을 일깨웠다(김현미, 2022.08.21.).

실제로 2021년 말에 발표한 언론진흥재단 조사에 따르면 전국 성인남녀 3,000명을 대상으로 사회적 이슈에 관한 여론의 매체영향력에 대해 5점 척도로 조사한 질문의 결과, 'TV'의 영향력이 4.18점으로 가장 높았다. 이뿐만 아니라, 매체별 신뢰도 역시 'TV'가 3.34점으로 가장 높았으며, 다음으로 '라디오'(3.27점), '종이신문'(3.07점), '인터넷 포털'(3.04점) 순으로 나타났다. 소셜미디어 등 뉴미디어를 통한 뉴스 소비가 일반화되었으나 TV, 라디오, 신문 등 전통 매체의 신뢰도는 여전히 높고, 특히 TV는 매체 영향력에 있어 변함없이 1위 자리를 유지한 것으로 나타났다. 이 조사 결과에서도 알 수 있듯이 소위 레거시 언론은 사회적 약자에 대한 이슈에 있어서도 신뢰를 받는 담론을 형성하고 있다고 할 것이다.

이러한 이해에 근거하여 이번 장에서는 품격 저널리즘 실천의 가장 핵심적 요소가 되는 사회적 약자에 대한 보도가 제대로 이루어지고 있는지를 살펴보고자 하였다. 구체적으로 언론이 사회적 약자와 관련한 이슈를 취재하고 기사화 할 때 의존하게 되는 언론윤리강령에서 사회적 약자를 어떻게 이해하고 있으며 사회적 약자에 대한 편견이나 차별이 발생하지 않도록 어떠한 규정을 두고 있는지, 그리고 사회적 약자의 보호 지침을 어떻게 명시하고 있는지를 국내와 해외의 경우를 비교해서 살펴보고 그 특징을 고찰해보고자 한다. 이를 통해 사회적 약자를 대하는 취재 기준과 보도 준칙의 현황을 고찰하고 문제점을 깨달을 수 있다면, 향후 언론 활동의 기준이 되는 윤리강령 개선과 정비를 위한 방향성도 제시함으로써 품격 저널리즘 실천에 도움이 될 수 있을 것이다.[3]

3 이러한 사회적 약자를 위한 조항의 마련은 사회적인 언론의 중요한 역할을 일깨우면서 최근 많이 실추된 우리 언론의 신뢰도 증진에도 기여할 것으로 조심스럽게 예측해 본다.

2

사회적 약자에 대한 언론보도

언론은 대개 사회적 약자 보도에 있어서 상당한 비판을 받아왔다(신문윤리, 2024.5.). 특히 언론이 정치·경제적으로 지배계층에 예속되어 기본적으로 지배계층의 이념을 생산하는 상황에서(심훈, 2015) 언론은 자신들과 반대된 의견을 무시하고 지배계층의 목소리만 대중에게 전달하는 경향이 있다고 지적된다(Herman & Chomsky, 2008). 특히 뉴스 제작에 있어 언론은 주류 엘리트들의 중심 가치적 관점으로 현실을 재구성하여 보도함으로써 사회적 약자나 소수자를 포함한 사회의 구조적 문제에 대한 보도를 정치적, 경제적 이유로 배제하는 경우가 적지 않은 것으로 드러났다(임양준, 2012).

1970년대 미국 기자의 3.9%가 흑인이었으나 40년이 지나 뉴스룸의 다원화를 추진하겠다는 언론의 수많은 약속이 제시된 후에도 그 숫자는 4.1%에 그친 것으로 나타났다. 이에 대해 퓰리처상 수상자 웨슬리 라우리(Wesley Lowery) 기자는 지난 2020년 〈뉴욕 타임스〉

칼럼에서 "주류 언론이 흑인 사회에 대해 정확하게 보도하지 못하는 이유는 그들이 흑인을 고용하고, 그들의 고용을 유지하고, 그리고 흑인들의 소리를 듣는 일에서 근본적으로 실패하고 있기 때문"이라고 피력하였다. 주류 언론은 그들이 생각하는 객관적 진실에 대해 백인 편집책임자들과 그들 아래서 일하는 백인 기자들이 결정하도록 맡겨왔기 때문에 백인 중심의 시각이 객관적 중립성으로 인식되어 왔다는 것이다(Kovach & Rosenstiel, 2021).

선행연구(Hall, Critcher, Jefferson, Clarke, & Roberts, 1978)들은 소수인종이나 민족에 대한 뉴스에 있어, 언론은 해당 문제를 뉴스라는 공론장에서 배제하는 경우가 많으며, 인종적 소수집단의 부정적 사건을 부각시킴으로써 이들에 대한 사회적 편견을 강화하고, 집단 전체를 부정적 이미지로 왜곡하는 경향이 있다고 지적하였는데, 그 원인 중 하나가 언론의 백인 중심 엘리트주의라고 할 수 있다.

같은 맥락에서, 허먼과 촘스키(Herman & Chomsky, 2008)는 언론은 보도할 가치가 있다고 판정되는 정치·경제적 대상은 생생하고 반복적으로 다루는 반면, 사회적 가치가 높지 않은 사회적 약자를 비롯한 소수자 계층들에 대해서 거의 주목하지 않는다고 판단했다. 주류 언론이 소수자들의 문제를 사회적 의제로 채택하는 경우는 불법체류나 범죄사건 등 주로 부정적인 이미지로 스펙터클한 사회적 문제를 야기하는 경우가 많다. 이는 비록 뉴스가 사회적 약자 관련 문제들의 의미를 담론으로 구성하여 전파할 수 있는 힘이 있지만 이 담론의 구성은 사회적 역학관계와 맥락에 의해 크게 영향을 받는다는 점을 잘 보여준다(Treichler, 1999).

인종적 소수자들에 대한 언론보도의 문제를 다룬 연구들에 따르면, 언론은 인종적 소수자들이 처한 인종적, 국적 갈등구조를 중심으로 한 이슈보다는 사건 사고를 중심으로 보도를 하는 경향성이 있으며, 과정보다는 불연속적이고 돌발적인 행동들과 맥락보다는 고정관념이나 친숙한 이미지에 근거해 프레이밍 하는 경향이 있는 것으로 나타났다. 또한 한국에서 외국인 이주노동자를 보는 프레임 역시 주로 가난한 나라 출신이라는 점 때문에 부정적으로 보도되기도 한다(정의철·이창호, 2007; 한건수, 2003). 이러한 보도 속에서 이주노동자들은 기아를 피해온 난민, 가난한 나라에서 돈 벌러 온 사람들로 여겨지기도 하고, 보수적이고 굴종적이며, 느리고 소극적이고, 의심스럽고, 지저분하고 불쌍하다는 이미지를 가지며 동정과 연민의 대상으로 인식되기도 한다(설동훈, 1999). 이들이 언론에 보도되는 경우는 외국인 관련 사건·사고나 선정적이며 흥미위주의 단순 이벤트일 경우가 많다(윤태선, 2002). 이주노동자에 대한 한국의 보도 경향과 관련하여 필리핀 ABS-CBU 방송국에서 이주노동자에 대한 세계 9개국의 신문과 방송, 잡지를 분석한 결과, 한국의 KBS와 MBC 보도가 극복해야 할 문제로 언론사가 가진 편견, 편집의 관행이 지적된 바 있다(김상만, 2005).

한편, 김호연·정재민(2005)은 장애보도의 문제로 '제한된 보도량', '주제 다양성의 부재', '고정관념', '부적절한 용어 및 묘사' 등을 지적하였다. 김예란(2005)도 현직 기자들을 인터뷰한 결과, 사회적 약자에 대한 기사화 양식은 '사회적 약자의 성공담', '사회적 약자 실태 조사', '사회적 약자의 복지 향상을 위한 정책적 접근', '사회적 약자를 위한 일반인의 온정주의 및 봉사활동에 관한 미담'으로 구분하는 것으로 나타났다고 밝혔다. 또한 사회적 약자를 대상으로 한 심층보도나 특별보도는 대부분 관련 행사나 기념일에 일회성으로 다루어지며, 일반 보도 과정에서 사회적 약자의 존재는 은폐되는데, 그 이유는 기자 개인과 조직적 편견에 있기보다는 객관적인 뉴스 생산 조건에 효율적으로 적응하기 위한 기자 및 조직의 무의식적이고 관행적 행위의 결과인 것으로 나타났다.

이러한 현상과 관련하여 전술한 라우리(Lowery) 기자는 미국 언론의 뉴스룸이 백인 중심, 남성 중심의 엘리트주의로 고착된 뿌리를 '문화적 동질성' 문제로 보았다. 뉴스룸은 문화적, 인종적, 계급적 그리고 관점의 문제에서도 다원화를 성취하는데 실패했으며, 유색인들과 여성, 성소수자, 그 밖의 편집책임자급에서 소외된 구성원들은 외부인처럼 지내야 했는데, 미국 뉴스룸이 가진 협소한 문화적 동질성은 그들이 진실을 인식하고 보도하는데 있어 심각한 지장을 초래할 정도로 사각지대 같은 부정적인 역할을 해왔다는 것이다(Kovach & Rosentiel, 2021).[4] 같은 맥락에서 김예란(2005)은 언론인이 무의식적으로 사용하는 '우리'와 '그런 사람'의 구분을 통해 양자가 서로 유리되어 있다고 지적하였다. 그는 그 이유가 '취재 인력 배치와 관련된 기자들의 왜곡된 자의식'과 '사회적 약자 보도를 위한 윤리 체계의 부재'에 있다고 보았는데, 해당 연구에서 현직 언론인들은 보도윤리 강령 수립에서부터 구체적인 보도 언어 지침에 이르기까지, 사회적 약자 관련 보도 향상을 위한 전면적인 노력이 부족함을 스스로 인

4 웨슬리 라우리 기자는 기자들이 "중립적 객관성" 대신 이미 많이 주목받는 개념인 "도덕적 명료성(moral clarity)"을 생각하는 것을 제안한다. 도덕성 명료성은 정치인들이 인종 차별적 주장을 교묘하게 하더라도 기자들이 분명한 언어와 부인하지 못하는 증거를 가지고 정치인의 본 모습을 보도해야 한다는 원칙이다.

정한 것으로 나타났다.

이상의 관련 연구들을 종합해보면, 사회적 약자 관련 보도의 품질을 제고할 수 있는 언론인 스스로의 자발적 인식의 변화는 쉽게 이루어질 것으로 기대하기는 힘들 것 같다. 전술한 바와 같이 미국 언론계에서도 50여 년 동안 더 다원적 조직을 만들겠다는 약속을 했으나 그 실천은 매우 미흡했다고 평가되고 있다. 따라서 사회적 약자와 관련한 윤리강령과 실천요강 등이 보다 구체적이고 현실적인 지침으로 정립되고 이 준칙이 보다 강력하게 작동할 수 있는 유인책이 있어야 할 것으로 생각된다. 이에 근거하여 이번 장에서는 현재 운영되고 있는 국내외 보도윤리에서의 사회적 약자에 대한 지침이 어떻게 구성되고 있는지를 비교분석하여 문제점과 개선점을 밝혀보고자 한다.

3

언론윤리강령과 보도준칙 속 사회적 약자

1. 국내외 언론윤리강령의 태동과 발전

제2장에서 언급한 대로 1957년 4월 7일 당시 한국신문편집인협회(현 한국신문윤리위원회)는 '신문윤리강령'을 제정하였다. 한국신문편집인협회는 언론의 자유를 지키고 언론의 사회적 책임을 다하기 위해 한국신문협회, 한국신문방송편집인협회, 한국기자협회가 1961년 9월에 설립한 '언론자율기구'로서 신문윤리실천요강이 채택되고 이를 실행하기 위해 발족되었다고 할 수 있다. 당시 제정된 신문윤리강령은 이후 1~2차례에 걸친 개정을 통하여 약 40년 동안 유지되다가 1996년에 7개 조항의 윤리강령과 16개 조항, 63개 세부규정으로 세분화된 실천요강으로 대폭 개정됐다. 한국신문윤리위원회는 당시 일간지 50개사(중앙지 23개사, 지방지 27개사)가 회원사로 함께하고 있으며, 신문윤리강령의 실천 여부를 상시 감시하여 개인의

권리와 명예를 존중하고 독자에게 반론과 의견개진의 기회를 주도록 노력하는 것, 오보를 신속·뚜렷하게 정정토록 하여 정확하고 신뢰받는 신문을 만드는 데 이바지하는 것 등을 활동 목적으로 삼고 있다.[5]

한국의 언론사들도 언론 본연의 역할을 다하기 위하여 자체적으로 언론윤리규정이나 보도준칙을 마련하고 있다. 언론사별로는 전술한 바와 같이 1988년 〈한겨레〉를 시작으로, 1990년대 들어서는 대부분의 언론사가 자체적인 보도준칙을 마련했고, 2000년대 들어 〈한겨레〉, 〈조선일보〉, 〈중앙일보〉, SBS 등이 내용을 대폭 보완하는 개정작업을 벌였다(남재일, 2010). 이후 인권과 복지에 대한 인식이 커지면서 다양한 보도준칙이나 기준틀이 만들어지기도 하였다. 최근에는 언론 피해구제의 '실효성'을 강화하기 위한 언론중재법 개정안이 논의되기도 하였다.

그러나 이러한 움직임에도 불구하고 한국 사회에서 언론윤리에 대한 기자들의 인식 수준과 실천적 수준은 여전히 낮다고 평가받는다. 국내 언론사마다 대부분 윤리강령과 보도준칙을 보유하고 있지만, 강제성이 없고 회사가 거의 모든 권한을 갖고 있기 때문에 유명무실하다는 지적이 있다(이재진, 2013). 또한 언론사의 디지털 플랫폼 종속과 과다 경쟁에 따른 저널리즘 품질 저하에 대한 우려는 증대되고 있다(박영흠, 2018; 김위근, 2014).

해외의 경우, 미국을 먼저 살펴보면 1923년 제정되어 1975년 부분 수정을 거친 미국신문편집인협회(American Society of News Editors)

5 한국신문윤리위원회 URL: http://www.ikpec.or.kr/(최종검색: 2023.02.02.)

의 '언론강령(Canons of Journalism)'이 언론의 책임성, 언론의 자유, 독립성, 성실성, 진실성, 정확성, 불편부당성, 공정성 등을 규정하고 있다. 이 규범은 미국기자협회(Society of Professional Journalists) 윤리규범의 기초가 되기도 하였다. 미국기자협회는 1926년에 '윤리강령'을 제정한 이후 여러 차례 개정작업을 거쳐, 2014년 개정안을 현재 지속하고 있다. 이 윤리강령은 크게 '진실 추구', '피해 최소화', '독립된 활동', '책임과 투명성' 등 4개 영역에서 35개 규정을 갖추고 있다. 이 밖에 AP편집국장협의회(Associated Press Media Editors)가 책임성, 정확성, 순결성, 독립성 등을 강조한 '윤리원칙 선언문'을 2015년에 채택하였다. 그러나 해당 윤리규범들은 당위적, 선언적 내용만을 담고 있을 뿐 그것의 실천을 강제하거나 위반 시에 규제할 수 있는 장치는 포함하지 않고 있어 언론인 스스로가 직업윤리를 제정하였다는 것 이상의 의미는 가지지 못한다고 평가된다(윤성옥, 2019).

한편, 영국의 경우, 언론의 자성이 필요하다는 내·외적의 요구에 따라 1953년 신문평의회(The Press Council)를 출범시켜 언론 내부에서 스스로를 규제를 할 수 있는 자율규제(self-regulation) 시스템을 도입했다. 하지만 당시 신문평의회는 언론계 내부인사로만 구성했고, 의장도 왕립 신문위원회의 권고와 달리 언론계 내부 인사로 구성하면서 아무런 제재도 권고도 없는 형식적인 기구에 불과했다(언론중재위원회, 1986). 36년간 운영되던 신문평의회는 1989년 개혁과 변화를 위하여 프라이버시 및 관련문제위원회(CPRM)를 거쳐 언론불만처리위원회(PCC: Press Complaints Commission)로 재탄생했다. PCC는 언론윤리실천강령을 제정하여 언론인들이 준수하도록 했고, 언론에 대한 불만처리를 할 수 있는 제도를 도입했으나 언론사로부터 금전적 지원을 받으며 그들의 이익을 대변한다는 지적을 받았다. 이러한 실질적인 한계를 극복할 수 있는 새로운 독립 언론감시기구에 관한 법률 마련이 본격적으로 공론화되었다. 그 결과 2013년 5월, PCC를 대체할 독립언론표준기구(IPSO: Independent Press Standards Organization) 초안이 제안되었고, 이듬해 9월 정식으로 출범하면서 PCC가 갖고 있던 제도적 한계를 극복하고 정치적으로 독립된 기구가 될 수 있는 거버넌스를 구축하였다(윤성옥, 2019).

IPSO는 언론심의기준(Press Standards)에 따라 신문과 잡지 회원사들을 모니터하며, 회원사들과 '편집자 실천 강령'(Editor's Code of Practice)을 제정했다. IPSO는 기본적으로 PCC의 성격을 이어받은 기구로 신문과 잡지 사업자들을 회원으로 두고 회원 기금에 의해 운영된다.[6] 그리고 편집자 실천 규정에 따라 불만 사항에 대한 조사, 정정, 중재를 하고 있다. 또한 연간 보고서를 통해 회원 언론사들이 시행규칙을 잘 수행하고 있는지 공표하고 있으며, 사안에 따라 심각할 경우 최대 백만 파운드 이상의 벌금을 부과할 수도 있다. 이 밖에 24시간 괴롭힘 방지(anti-harassment) 고충 서비스 제도를 운영하며, 기자와 편집자를 위한 조언도 하고 있다.[7]

한편, 해외의 연구자들은 언론 윤리규범에 사회적 약자의 인권을 보호하는 조항이 미흡하다는 지적을 한다. 대표적으로 스틸과 블랙

6 영국의 경우, 영국 언론인 연합(British National Union of Journalists)의 행동 강령이 온라인상에서 검색되지만, 언론불만처리위원회(PCC)에서 비준한 1994년 실천 강령을 기준으로 하고 있다는 설명이 있는 것으로 보아, PCC를 대체한 IPSO의 '편집자 실천 규정'이 가장 근래의 언론윤리강령이라고 할 것이다.

7 독립언론표준기구 홈페이지 URL: www.ipso.co.uk

(Steele & Black, 2002)은 미국신문편집인협회 소속 33개 신문사의 윤리규범을 분석한 결과, 가장 많이 다뤄진 주제는 '이해 충돌'에 관한 것이었으며, 규범의 50% 정도가 취재원 보호와 사진 조작에 관한 내용을 담고 있는 것으로 파악하였다. 이와 달리, 대부분의 윤리규범들이 사생활 보호, 기만, 미성년피의자의 신상 공개, 인종적 편견 조장 등의 내용은 다루지 않는 것으로 나타났다(윤성옥, 2019).

2. 보도준칙과 사회적 약자의 인권

언론의 윤리 중 사회적 약자와 관련한 부분은 기사의 객관성 및 공정성, 진실추구와 같은 기본적이고 중요한 준칙에 비하여 윤리의 범주에서는 간과될 가능성이 클 수 있으며, 앞서 선행연구들에서도 사회적 약자를 위한 보도준칙의 미흡함이 지적된 바 있다.

국내에서는 언론이 사회적 약자의 인권을 침해하지 않도록, 보도가이드라인들이 마련되어 있다. 그중에서도 특히 장애(인) 보도를 위한 지침에 대해서는 연구가 다소 존재한다. 예를 들어 2012년 발간한 국가인권위원회의 보도가이드라인이 존재하며, 김호연·정재민(2005)의 연구는 올바른 장애보도를 위한 가이드라인의 안을 제안하였다. 해당 안은 ① 고정관념을 배제하라, ② 직접 취재는 이렇게 하라: 장애인과 인터뷰하는 요령(시각장애인, 청각장애인, 이동성 장애인, 언어 장애인, 뇌성마비 장애인 등과 대화할 때 조언), ③ 올바른 용어를 선택하는 데 유념하라(장애인을 칭하는 용어의 변화, 장애인의 분류, 장애유형에 따른 권장 용어, 장애 관련 관용적 표현의 자제), ④사진 선택에 유의하라,

⑤장애인 단체와 친숙해져라, ⑥장애를 이해하라 – 장애체험의 중요성 규정으로 구성되어 있다. 외국 정부의 장애 보도 지침과 UN의 장애 보도 가이드라인 등을 바탕으로 제시된 위의 보도 가이드라인안은 장애유형별로 유의해야 할 점들이 구체적으로 제시되어 있어, 언론인들이 활용하기에도 유용할 것으로 보인다.

또한 국가인권위원회의 '언론인을 위한 장애인권 길라잡이'는 크게 4개장으로 구성되어 있다. 제1장에서는 장애 인권 언론제작 가이드라인의 정의가 제시되어 있으며, 제2장은 '장애 언론 제작의 사전·취재·인터뷰 가이드라인', 제3장은 '영상표현·장애인 캐릭터 연출·언어표현 가이드라인', 제4장은 '장애인 관련 방송 법률'을 다루었다.

한편, 장애인에 국한되지 않고, 사회적 약자에 대한 인권을 중심으로 마련된 보도준칙도 존재한다. 한국기자협회와 국가인권위원회는 사회적 약자가 차별과 소외를 받지 않도록 언론이 감시하고, 언론인들이 사회적 약자의 인권 보장을 위해 지난 2011년 인권보도준칙을 제정하여 준수해 줄 것을 권고하고 있다. 인권보도준칙은, 일상적인 보도과정에서 인권을 침해하는 내용을 포함하지 않고 오히려 인권의식을 향상하고 인권존중문화를 확산하는 등의 목적을 위하여 마련한 보도의 기준과 지침이다(음선필, 2021). 현재는 2014년 12월 16일에 개정된 내용이 적용되고 있다.

인권보도준칙은 '전문'과 10개조로 이루어진 '총강', 그리고 '주요 분야별 요강'으로 구성되어 있다. 주요 분야는 총 9개로서 '제1장 민주주의와 인권', '제2장 인격권', '제3장 장애인 인권', '제4장 성평등', '제5장 이주민과 외국인 인권', '제6장 노인 인권', '제7장 어린이와 청소년 인권', '제8장 성적 소수자 인권', '제9장 북한이탈주민 및 북한 주민 인권'이다. 그리고 인권보도준칙에는 주요 분야별 요강을 세부적으로 구체화한 매뉴얼이 마련되어 있다. 이 매뉴얼은 인권위와 한국기자협회가 언론계, 학계, 법조계, 언론시민단체 등 전문가들로 구성한 '인권보도준칙위원회'에서 마련한 인권보도준칙 해설용 참고자료이다(음선필, 2021).

인권보도준칙 가운데 여기서 살펴보고자 하는 사회적 약자에 대한 보도와 직접적으로 관련이 있는 조항은 총강의 제5호 "언론은 사회적 약자나 소수자들의 인권 보장을 위해 그들이 차별과 소외를 받지 않도록 감시하고 제도적 권리 보장을 촉구한다"이며, 분야별 요강에서는 각론에 해당하는 제3장부터 제9장(장애인, 성평등, 이주민, 노인, 아동, 성소수자, 북한이탈주민)이다(〈표 3-1〉 참고).

표 3-1 인권보도준칙에서 사회적 약자와 관련한 조항 내용

규정	조항	세부사항
제3장 장애인 인권	1. 언론은 장애인이 자존감과 존엄성, 인격권을 무시당한다고 느낄 수 있는 보도를 하지 않는다.	가. 장애인 비하·차별 표현주의 나. 장애인에 대한 부정적 뉘앙스의 관용구 사용 금지 다. 장애 유형과 장애 상태를 부각 금지 라. 장애인을 보장구에 의지하는 수동적 존재로 묘사 금지 마. 동정 어린 시각/ 이질적 존재란 인상 금지 바. 장애를 질병으로 묘사 금지
	2. 언론은 장애인에 대한 차별을 해소하는 데 적극 나선다.	가. 장애에 대한 잘못된 고정관념과 편견 강화 표현 금지 나. '미담 보도'의 경우 장애인 대상화 및 도구화 금지 다. 장애인 인터뷰 및 언론 노출 시 당사자 입장 고려 라. 장애인을 위한 제도 개선과 사회 인식 개선 위해 항상 노력

규정	조항	세부사항
제4장 성 평등	1. 언론은 성별과 성 역할에 대한 고정관념을 강화하는 성차별적 표현을 사용하지 않는다.	가. 양성의 특성 부각 및 불필요한 성별 강조 금지 나. 가부장적 표현주의 다. 성별에 대한 고정관념 표현 금지 라. 성 역할의 이분법적 고정화 표현 금지
제5장 이주민과 외국인 인권	1. 언론은 다양한 문화를 존중하고 여러 민족이 더불어 살아가는 사회가 되도록 노력한다.	가. 출신 국가, 민족, 인종, 피부색, 체류 자격, 국적 유무와 관계없이 인권을 존중 및 증진 나. 특정 국가, 민족, 인종 차별·비하 표현 금지 다. 한국문화에 이주민이 동화·흡수되도록 유도하거나 한국 문화·가치 강요 보도 자제 라. 이주민을 구경거리로 만들거나 동정 대상으로 묘사 금지
	2. 언론은 이주민에 대해 희박한 근거나 부정확한 추측으로 부정적인 이미지를 조장하거나 차별하지 않는다.	가. 체류 허가를 받지 않은 외국인에게 '범죄자'라는 부정적 표현 사용주의 나. 이주노동자 등을 잠재적 범죄자나 전염병원인 제공자 등으로 몰아갈 수 있는 표현 금지 다. 이주노동자를 동정의 대상/ 어눌한 한국어 등에 주목해 웃음거리로 묘사 금지
제6장 노인 인권	1. 언론은 노인 문제를 제도적이고 종합적인 관점으로 접근한다.	가. 노인을 의존적 존재로 부각/ 부정적 이미지 조장 금지 나. 노인의 경제적 어려움, 학대, 범죄, 자살 등을 개인 문제로 다루지 않고 사회적, 정책적 해법 필요성 제시.
	2. 언론은 노인의 독립과 사회참여, 자아실현, 존엄성을 존중한다.	가. 연령을 이유로 노동시장 등 사회생활에서 차별받지 않도록 보도 나. 노인 인권 침해, 특히 시설 생활 노인 등의 인권에 지속적 관심 갖기 다. 노인의 결혼과 이혼 등에 대해 선정적 접근하지 않기
제7장 어린이와 청소년 인권	1. 언론은 어린이와 청소년을 어른과 동등한 인격체로 인식하는 자세를 갖는다.	가. 어린이와 청소년의 권리 무시 금지 나. 따돌림, 학교폭력, 체벌, 인터넷 중독 등을 다룰 때 어린이와 청소년의 입장 고려

<table>
<tr><th>규정</th><th>조항</th><th>세부사항</th></tr>
<tr><td>제7장
어린이와
청소년
인권</td><td>2. 언론은 어린이와 청소년의 안전에 미칠 영향에 대해 세심하게 배려한다.</td><td>가. 어린이와 청소년에게 충격을 줄 우려가 있는 선정적·폭력적 묘사 자제
나. 도움이나 후원을 받는 어린이, 청소년 신상 정보 공개 주의
다. 범죄 사건을 재연할 경우 아동 출연 금지
라. 피해자의 2차 피해를 막기 위해 익명성 보장. 피해 상황과 관련 사진과 영상은 원칙적으로 공개 금지.</td></tr>
<tr><td rowspan="2">제8장
성적
소수자
인권</td><td>1. 언론은 성적 소수자에 대해 호기심이나 배척의 시선으로 접근하지 않는다.</td><td>가. 성적 소수자를 비하하는 표현이나 진실을 왜곡하는 내용, '성적 취향'등 잘못된 개념의 용어사용 주의
나. 성적 소수자가 잘못되고 타락한 것이라는 뉘앙스 금지
다. 반드시 필요하지 않을 경우 성적 지향이나 성 정체성 공개 금지
라. 성적 소수자에 대해 혐오에 가까운 표현 사용 금지</td></tr>
<tr><td>2. 언론은 성적 소수자를 특정 질환이나 사회병리 현상과 연결 짓지 않는다.</td><td>가. 성적 소수자 성 정체성을 정신질환이나 치료 가능 질병으로 묘사 금지
나. 에이즈 등 특정 질환이나 성매매, 마약 등 사회병리 현상과 연결 금지</td></tr>
<tr><td rowspan="2">제9장
북한
이탈주민
및
북한 주
민 인권</td><td>1. 언론은 북한이탈주민을 우리 사회의 구성원이라는 관점으로 접근한다.</td><td>가. 본인과 가족의 안전을 위해 동의가 없는 한 성명, 출신 등 신상정보가 공개되지 않도록 주의
나. 북한이탈주민을 항상 도움이 필요한 수동적이고 자립심이 부족한 사람으로 묘사 금지.
다. 사회 부적응 등 부정적 사례 보도할 경우, 개인적인 문제가 아니라 제도적 관점에서 살펴보기.</td></tr>
<tr><td>2. 언론은 통일이라는 장기적이고 성숙한 관점으로 북한 주민을 바라본다.</td><td>가. 북한 주민의 경제 상황이나 외부와 고립되어 형성된 독특한 문화를 비하하거나 희화화 금지.
나. 북한의 도발이나 긴장 유발 시 북한의 잘못은 지적하되 북한 주민들에 대해서는 적대감 표출 금지
다. 안전이 보장될 때에만 식별이 가능한 사진과 영상 사용</td></tr>
</table>

그리고 주요 분야별 요강마다 각각의 실천 매뉴얼이 구체적 사례로 제시되어 있어 현장에서 적용하고자 하는 기자들에게 유용한 측

면이 있다. 실천 매뉴얼은 실제 기사화된 잘못된 사례를 보고 반면교사 삼아, 주의할 수 있도록 구성해놓았다. 예를 들어, 제3장 '장애인 인권'의 실천매뉴얼에서는 미담보도로 장애인을 대상화한 실제 보도를 주의해야 할 사례로 소개하면서 "지체장애 3급으로 어릴 적 소아마비를 앓아 거동이 불편한 박모씨. 불편한 몸에도 불구하고 장애인도 할 수 있다는 것을 보여주기 위해 시작한 기계 조립…(이하 생략)"이란 방송 내용을 제시하였고, 제5장 '이주민과 외국인 인권'에서는 성급하게 이주노동자를 부정적으로 묘사한 보도로 "방역 당국은 구제역 발생 농장의 외국인 노동자들과 농장주들에 대한 출입국 사실을 파악해 감염경로를 추적하고 있습니다"라는 방송 뉴스를 소개하였다. 이런 구체적인 보도 사례들은 선언적인 규정보다 기자들에게 훨씬 실효성 있는 지침으로 활용될 것이다.

그런데 흥미롭게도 선행연구에서는 '저소득층'과 '난민'을 사회적 약자로 분류했는데, 인권보도준칙에서는 '저소득층'과 '난민'에 대한 항목이 없다. 경제적으로 보호의 대상이 되는 '저소득층'에 대한 부의 불평등은 뉴스 보도에서 주요하게 다루고 지속적으로 해법을 찾기 위해 논의해야 할 문제임에도 인권보도준칙에서 저소득층이 제외되어 있는 것은 문제라고 할 수 있다. 또한 '난민'은 제5장 '이주민과 외국인 인권'에서의 일반적인 인권보호, 예를 들면, "출신 국가, 민족, 인종, 피부색, 체류 자격, 국적 유무와 관계없이 모든 사람의 인권을 존중하고 증진하도록 힘쓴다" 등의 지침에는 일부 포섭되는 부분이 있으나, 난민이 처한 특수한 상황에서 벌어질 수 있는 인권침해에 대한 우려는 고려되어 있지 않다. 따라서 인권보도준칙의 개정 시 포함시킬 수 있도록 고려해야 할 사항이라 할 것이다.

어린이와 청소년의 기준 연령이 명시되어 있지 않은 점도 개선되어야 할 점으로 보인다. 언론사의 입장에서 어린이와 청소년의 취재 기준이 다를 수 있으며, 예를 들어 보호자의 동의 필수 조건 역시 연령에 따라 다를 수 있다. 정확히 몇 세까지를 어린이 또는 청소년으로 보고, 연령에 따라 어떤 점을 반드시 주의해야 할 지 명확하게 고지해 주는 것이 유용할 것이기 때문이다.

이 밖에 〈표 3-1〉에서 보는 바와 같이, 인권보도준칙을 지켜야 하는 실천 주체가 '언론'으로 명시되어 있는데, 언론의 범주가 모호하다는 문제점이 있다. '언론'의 개념에 '언론사'가 포함되는지, 언론사에 소속된 '기자'만을 일컫는 것인지, 외부 기고자는 어떠한지 등이 불분명하다. 또한 언론사가 소속 기자들에게 교육을 주기적으로 시행한다든지, 준칙 불이행시 어떤 조치를 취해야 한다든지 등의 인권보도준칙의 준수를 위해 언론사와 기자가 행해야 하는 구체적인 권고사항이 전혀 명시되어 있지 않아, 언론사와 기자들에게 경각심을 심어주기는 다소 부족한 것으로 보인다. 다만, 인권보도준칙을 준용하여 각 언론사가 보도지침을 마련할 때 준수 독려를 위한 실천적 권고사항은 유용하게 인용될 수도 있을 것으로 보인다.

4

분석 방법 및 결과, 그리고 의미

1. 분석대상과 분석방법

선행연구들과 사회적 약자의 인권 보장을 위한 인권보도준칙의 검토를 통해 여기서는 품격 저널리즘을 실천하기 위해서 사회적 약자와 관련하여 국내외 언론윤리강령은 어떠한 특징과 문제를 가지고 있는지를 살펴보고자 하였다. 구체적으로 분석에서는 1) 국내외 언론윤리강령에서 나타난 사회적 약자의 범주는 어떠한가, 2) 국내외 언론윤리강령에서 사회적 약자를 위한 실천규정(실천주체의 특성과 규정의 구체성)은 어떠한가를 고찰해 보고자 하였다.

이를 위하여 사회적 약자에 대한 보도의 기준을 체계적으로 마련해놓은 인권보도준칙[8]의 항목들을 기반으로, 국내의 ① 한국기자협

8 전술한 바와 같은 인권보도준칙의 개정이 필요한 사항들도 모두 고려하여 분석의

회 윤리강령 10개 조항 및 실천요강 20개 항목, ② 한국신문윤리위원회 신문윤리강령(7개 조항) 및 신문윤리실천요강(16개 조항), ③ 인터넷신문윤리위원회 인터넷신문윤리강령(10개 조항) 및 인터넷신문윤리강령 시행세칙(20개 조항)에서 사회적 약자에 대한 보도준칙이 어떻게 구성되어 있는지를 분석하였다. 해외 사례로는 미국과 영국의 사례를 조사하였다. 미국은 미국기자협회(SPJ: Society of Professional Journalists)의 윤리강령을 분석하고, 미국기자협회에서 수집하여 제공하고 있는 미국 언론사들의 윤리강령에서 사회적 약자에 대한 보도준칙을 살펴보았다. 영국은 신문 및 잡지 사업자들의 기금으로 운영되는 영국 독립언론표준기구(IPSO: Independent Press Standards Organization)의 편집자 윤리강령[9]을 분석하였다.

이 분석을 통해 국내외의 대표적인 언론윤리강령과 실천요강들이 사회적 약자의 인권보호 측면을 얼마나 실질적으로 고려하여 마련되었으며, 실천적으로 이행할 수 있도록 제시되었는지 살펴보고자 하였다. 여기서 분석하고자하는 국내외 윤리강령 및 세부 규정에 대한 정보는 아래의 〈표 3-2〉와 같다.

기준으로 준용하였다.

9 영국 독립언론표준기구(IPSO)의 편집자 실천 강령은 영국 언론 자율 규제 시스템의 초석이다. IPSO는 2014년 9월 8일 업계의 새로운 규제 기관이 되었으며, 현재까지 2015년, 2016년, 2019년, 2021년의 편집자 실천 강령을 해당 홈페이지에서 찾아볼 수 있다. 편집자 실천 강령 서문은 IPSO의 규제를 받는 신문사와 잡지사가 본 강령을 따르기로 합의하였다고 밝히고 있다. 실천 강령은 편집자 강령 위원회에서 작성하였고, 가장 최신 버전은 2021년 1월 1일에 발효되었다. URL: https://www.ipso.co.uk/editors-code-of-practice/ (최종검색: 2023.02.05.)

표 3-2 국내외 윤리강령 및 세부 준칙 분석 대상

	구분	제정 및 채택 주체	조항	제·개정
국내	한국기자협회 윤리강령/실천요강[10]	한국기자협회	윤리강령 10개 조항 실천요강 20개 항목	제정: 1994년 3월 29일 개정: 2006년 5월 15일
	한국신문윤리위원회 신문윤리강령/실천요강[11]	한국신문협회 한국신문방송편집인협회 한국기자협회	신문윤리강령 7개 조항 실천요강 16개 조항	제정: 1957년 4월 7일 전면개정: 1996년 4월 8일 부분개정: 2009년 3월 4일 2016년 4월 6일 2021년 4월 6일
	인터넷신문위원회 인터넷신문윤리강령/시행세칙[12]	한국인터넷신문협회 한국온라인신문협회 인터넷신문위원회	인터넷신문윤리강령 10개 조항 시행세칙 20개 조항	제정: 2011년 3월 23일 부분개정: 2014년 12월 19일 2015년 12월 17일 2017년 12월 7일 2017년 12월 7일 전면개정: 2019년 12월 26일
해외	미국기자협회 윤리강령[13]	미국기자협회	윤리강령 5개 항목	제정: 1926년 개정: 1973년/1984년/1987년/1996년/2014년
	미국기자협회 수집 언론사 윤리강령[14]	각 미국 언론사	윤리강령 10개 항목	최종검색: 2022년 10월 2일
	영국 독립언론표준기구[15]	편집자 강령 위원회	편집자 실천 강령 17개 조항	제정: 2015년 개정: 2016년/2019년/2021년

10 한국기자협회 윤리강령 및 실천요강 URL: https://www.journalist.or.kr/news/section4.html?p_num=4 (최종검색: 2023.02.02.)

11 한국신문윤리위원회 윤리강령 및 실천요강 URL: http://www.ikpec.or.kr/sub/sub_0101.asp (최종검색: 2023.02.02.)

12 인터넷신문위원회 윤리강령 URL: https://www.inc.or.kr/inc02/inc02.php (최종검색: 2023.02.02.)

13 미국기자협회 윤리강령 URL: https://www.spj.org/ethicscode.asp (최종검색: 2023.02.02.)

14 미국기자협회 언론사 주제별 강령 규정 URL: https://www.spj.org/ethicscode-provisions.asp#5 (최종검색: 2023.02.02.)

2. 국내 언론윤리강령에서의 사회적 약자

여기서 분석한 한국기자협회, 한국신문윤리위원회, 인터넷신문윤리위원회의 윤리강령의 전문에서는 아래의 〈표 3-3〉에서 보는 바와 같이, 공통적으로 자유롭고 책임 있는 언론의 실현을 강조하고 있으며, 사회적 약자와 직접적으로 관련한 언급은 없는 것으로 조사되었다.

표 3-3 국내 언론관련 단체 윤리강령 및 실천요강

구분	한국기자협회 윤리강령/실천요강	한국신문윤리위원회 신문윤리강령/실천요강	인터넷신문위원회 인터넷신문윤리강령/시행세칙
윤리강령 전문	기자는 국민의 알권리를 충족시키고, 진실을 알릴 의무를 가진 언론의 최일선 핵심존재로서 공정보도를 실천할 사명을 띠고 있으며…(이하 생략) – 국민의 알권리를 충족 – 진실을 알릴 의무 – 공정보도를 실천 사명 – 자유로운 언론활동으로 민주화에 기여 – 국가발전을 위해 국민을 올바르게 계도할 책임 – 평화통일·민족화합·민족의 동질성 회복에 기여 **→사회적 약자 관련 조항 없음**	우리 언론인은 자유롭고 책임 있는 언론을 실현해 주어진 사명을 다할 것을 다짐한다…(이하 생략) – 자유롭고 책임있는 언론 실현 – 민주발전, 사회통합, 민족화합과 평화통일, 문화창달에 크게 기여 – 언론 환경과 시대 변화에 맞춰 새로운 신문윤리강령 채택 **→사회적 약자 관련 조항 없음**	인터넷신문은 자유롭고 책임 있는 언론을 실현해 주어진 시대적 사명을 다할 것을 다짐한다. – 자유롭고 책임 있는 언론을 실현해 주어진 시대적 사명을 다함 – 건전한 여론 형성과 민주주의 발전, 문화 창달에 기여 **→사회적 약자 관련 조항 없음**

15 영국 독립언론표준기구 URL: https://www.ipso.co.uk/editors-code-of-practice/ (최종검색: 2023.02.02.)

<table>
<tr><th>구분</th><th>한국기자협회
윤리강령 / 실천요강</th><th>한국신문윤리위원회
신문윤리강령 / 실천요강</th><th>인터넷신문위원회
인터넷신문윤리강령 /
시행세칙</th></tr>
<tr><td>윤리강령
조문</td><td>1. 언론자유
2. 공정보도
3. 품위유지
4. 정당한 정보수집
5. 올바른 정보사용
6. 사생활 보호
7. 취재원 보호
8. 오보의 정정
9. 갈등·차별 조장 금지
우리는 취재의 과정 및 보도의 내용에서 지역·계층·종교·성·집단간의 갈등을 유발하거나, 차별을 조장하지 않는다.
10. 광고·판매활동의 제한</td><td>제1조 언론의 자유
제2조 언론의 책임
제3조 언론의 독립
제4조 보도와 평론
제5조 명예존중과 사생활 보호
제6조 반론권과 독자의 권리 존중
제7조 언론인의 품위
→사회적 약자 관련 조항 없음</td><td>제1조 언론의 자유
제2조 언론의 책임
제3조 인격권의 보호
제4조 약자 보호와 차별 금지
인터넷신문은 인종, 민족, 국적, 지역, 신념, 나이, 성별, 직업, 학력, 계층, 지위 등에 대한 편견과 차별, 혐오를 배제한다. 또한 사회적 약자와 소수자의 권리 보호에 앞장선다.
제5조 저작권 보호
제6조 이해 상충
제7조 부당게재 또는 전송금지
제8조 기사와 광고의 분리
제9조 광고의 신뢰성 확보
제10조 이용자 참여</td></tr>
<tr><td>사회적
약자 관련
실천요강/
시행세칙
조문</td><td>2. 취재 및 보도
11) 회원은 지역·계층·종교·성·집단간의 문제를 다룸에 있어 상호간의 갈등을 유발하거나, 차별을 조장하지 않도록 보도에 신중을 기한다.</td><td>제1조 언론의 자유, 책임, 독립
언론인은 자유롭고 책임있는 언론을 실현하기 위해…(생략)
④ 차별과 편견 금지
⑤ 사회적 약자 보호
제13조 청소년과 어린이 보호
① 청소년과 어린이 취재 보도
② 범죄 보도와 청소년, 어린이 보호
③ 유해환경으로부터의 보호
④ 유괴·납치 보도제한 협조</td><td>제3장 미성년자 보호
제6조(보호책임자 동의)
제7조(신원보호)
제8조(모방행위 예방)
제9조(유해환경으로부터 보호)
제4장 선정보도의 제한
제10조(차별금지)
1. 여성, 미성년자
2. 노인, 장애인
3. 성적 소수자
4. 이주노동자 및 다문화 가정
5. 새터민
6. 지역</td></tr>
</table>

사회적 약자의 범주

신문윤리강령에는 사회적 약자에 대해 표면적으로 규정한 조항은 없는 것으로 나타났다. 반면, 한국기자협회 윤리강령과 인터넷신문윤리강령은 동일하게 각각 10개의 조항으로 구성되어 있으며 〈표 3-3〉에서 확인되는 바와 같이, '9. 갈등·차별 조장 금지'와 '제4조 약자 보호와 차별 금지'가 사회적 약자와 관련한 조항으로 나타났다. 한국기자협회 윤리강령은 갈등·차별 조장 금지의 대상을 '지역·계층·종교·성·집단'으로 보았으며, 인터넷신문윤리강령은 차별·편견 금지와 함께, 보호받아야 하는 약자를 포함하여 명시하고 있는데 그 대상은 '인종, 민족, 국적, 지역, 신념, 나이, 성별, 직업, 학력, 계층, 지위'이며, 사회적 약자와 소수자의 권리 보호에 앞장서야 한다고 부연하고 있다.

이처럼 한국기자협회 윤리강령과 인터넷신문윤리강령에는 사회적 약자의 범주에 차이가 있는 것으로 나타났다. 한국기자협회 윤리강령은 차별 금지의 대상만 나열되어 있으나, 인터넷신문윤리강령에는 차별 금지에 더하여 보호 대상까지 포함되어 있어, 그 범주가 넓다. 참고로 한국기자협회 윤리강령은 실천요강 단계에서도 지역·계층·종교·성·집단 간의 갈등·차별 조장 금지에 중점을 두고, 보호 대상을 별도로 언급하지는 않았다.

실천요강 및 시행세칙 단계에서 신문윤리실천요강은, 사회적 약자에 대해 언급이 없었던 신문윤리강령과 달리, 제1조의 제4항(차별과 편견 금지) "지역, 계층, 성별, 인종, 종교 간 갈등이나 혐오를 부추기는 보도를 해서는 안 되며, 이에 근거해 개인이나 단체를 차별해서도 안 된다"와 제5항(사회적 약자 보호) "장애인·노약자·성 소수자 등 사회적 약자의 권리 보호에 적극 나서야 하며, 이들에 대해 편견을 갖지 말아야 한다"로 나누어, 차별 금지와 보호의 대상을 별도로 명시하고 있다.

차별 금지 대상과 보호 대상을 나누어 적시하고 있는 것은 인터넷신문윤리강령 시행세칙도 마찬가지다. 인터넷신문이 보도할 때 차별받는 내용이 포함되지 않도록 해야 하는 대상(제4장 제10조)은 "1. 여성, 미성년자, 2. 노인, 장애인, 3. 성적 소수자, 4. 이주노동자 및 다문화가정, 5. 새터민, 6. 지역"이다. 여기에는 인권보도준칙에서 다루고 있는 '장애인, 성평등, 이주민, 노인, 어린이/청소년, 성소수자, 북한이탈주민'이 모두 포함되어 있다. 그런데 신문윤리실천요강은 장애인, 노약자,[16] 성소수자를 보호 받아야 하는 사회적 약자로 보았으나, 인터넷신문윤리강령은 그 가운데 미성년자만 보호의 대상으로 명시하고 있다(제3장).

신문윤리실천요강과 인터넷신문윤리강령 시행세칙은 공통적으로 어린이·청소년, 미성년자의 보호를 위한 별도의 조항을 가지고 있다. 그 내용은 취재 시 보호자 동의, 유해환경으로부터의 보호, 신원 보호 등으로 서로 유사하며, 앞서의 인권보도준칙과 달리, 아동·청소년과 미성년자의 연령 기준이 명시되어 있다. 한국기자협회 윤리강령 및 실천요강에는 사회적 약자로서의 아동·청소년 연령이 표기되

16 '노약자(老弱者)'는 "늙거나 약한 사람"이라는 뜻을 가지고 있으므로, 여기에는 노인이나 어린이 또는 몸이 허약하여 배려를 받아야 하는 사람이 포함될 것이다(국립국어원).

어 있지 않으나, 신문윤리실천요강에는 청소년은 19세 미만, 어린이는 13세 미만으로 제시되어 있으며,[17] 인터넷신문윤리강령 시행세칙은 제2조(정의)에서 미성년자를 민법상 미성년자로 적시하고 있다.[18]

그리고 세 가지 윤리강령은 공통적으로 앞서 살펴본 인권보도준칙과 마찬가지로 '저소득층'과 '난민'을 사회적 약자로 직접 언급하고 있지 않다. 그러나 '계층', '집단' 등의 포괄적인 개념에 포함된다고 볼 여지는 있다.

사회적 약자를 위한 실천 규정

가. 윤리강령의 실천 주체

각각의 윤리강령은 규정을 준수해야 하는 실천 주체가 각기 다르게 표현되어 있다(〈표 3-3〉 참고). 한국기자협회 윤리강령의 경우, 전문에서는 실천 주체가 '기자'라고 명시되어 있고 윤리강령 조문에서는 '우리'라고 표현된 반면, 실천요강에서는 '회원'이라고 제시되어 있다. 이와 달리, 신문윤리강령은 전문과 조문에는 '우리 언론인'이 실천의 주체가 되며, 실천요강에서는 '우리'를 생략하고 '언론인'으로 명시하고 있다. 한편, 인터넷신문윤리강령과 시행세칙은 '인터넷신문'이 실천 주체이다. 앞서 이론적 논의에서 살펴보았던 인권보도준칙의 경우, 실천 주체가 '언론'으로 명시되어 있는 것과 달리, 윤리강

17 신문윤리실천요강 제13조(청소년과 어린이 보호) 제1항 "부모나 보호자의 승인 없이 청소년(19세 미만)이나 어린이(13세 미만)와 접촉하거나 촬영·보도해서는 안 된다."

18 민법에서는 19세에 이른 자를 성년이라고 명시하고 있다(제4조).

령들에는 행위 주체가 기자, 회원, 언론인 등 '사람'으로 명시되어 있어 상대적으로 명확한 측면이 있다. 그러나 각 협회에 소속되지 않은 기고자 등은 포함된다고 보기 어렵다. 한편, 인터넷신문윤리강령은 실천 주체를 '인터넷신문'으로 표기하고 있는데, 이는 인터넷신문사에 고용된 기자나 편집자는 물론, 인터넷신문에 업로드 하는 기사나 콘텐츠를 작성한 모든 이들이 공통적으로 지켜야 할 준칙으로 해석된다고 볼 수 있어 실천 주체가 보다 폭넓다고 할 것이다.

나. 실천 규정의 구체성

앞서 살펴본 언론 관련 단체의 윤리강령들은 조문 내용이 전반적으로 구체적이지 않고, 선언적인 성격이 강한 것으로 나타났다. 그 가운데에서도 특히 한국기자협회 윤리강령과 실천요강은 사회적 약자에 대한 지침의 분량과 내용에서 상대적으로 다소 빈약한 것으로 보인다. 다만, 한국기자협회는 2020년 1월 16일자로 '혐오표현 반대 미디어 실천 선언'을 별도로 마련해 두었다.[19] 그러나 현직 기자들에게 익숙하고, 그들이 주요하게 참고할 윤리강령과 실천요강에는 해당 내용이 충분히 반영되지 않아, 타기관의 윤리강령과 균형을 맞추기 위해서라도, 사회적 약자 관련 조항을 강화하는 방향으로 개정의 필요성이 제기된다.

19 한국기자협회 〈혐오표현 반대 미디어 실천 선언〉에는 여성, 장애인, 성소수자, 이주민 등 사회적 소수자에 대한 혐오를 포함해 난민, 북한이탈주민 등 사회적 소수자는 물론, 경제적 불황, 범죄, 재난, 전염병 발생 시의 혐오표현 발생까지 자세하면서도 폭넓게 언급하고 있다. 이 선언에는 언론인을 포함하여 작가와 PD협회까지 모두 동참하여 그 의미가 더 깊다고 할 것이다. URL: https://www.journalist.or.kr/news/section4.html?p_num=16 (최종검색: 2023.02.02.)

현재로서는 인터넷신문윤리강령과 시행세칙에 사회적 약자에 대한 규정이 상대적으로 비중 있게 마련되어 있으며, 다음으로 신문윤리실천요강, 한국기자협회윤리강령 및 실천요강 순으로 관련 규정이 구체적으로 구성되어 있다고 할 수 있다. 그러나 신문윤리강령은 실천요강에만 사회적 약자 관련 지침이 명시되어 있고, 강령의 내용은 지나치게 포괄적이고 선언적인 성격이 강해, 사회적 약자에 대한 언론의 책임까지 포함된 것으로 이해하기 어려운 측면이 있다.[20] 신문윤리강령도 인터넷신문윤리강령의 수준에 이르도록, 보다 구체적인 조문으로의 개정이 필요해 보인다.

참고로, 인터넷신문윤리강령은 2019년 12월 26일 전면 개정 전까지는 현재보다도 더욱 세부적인 규정이 마련되어 있었다. 10개로 구성된 조항마다 많게는 12개의 항목으로 세분화하여 구체적인 지침이 제시되어 있었고, 차별/편견 금지, 소수자 보호, 미성년자 보호 등의 내용이 포함되어 있었으나, 전면 개정이 되면서 짧고 간단한 선언적인 조문으로 수정되었다. 기자들이 현장에서 즉각적으로 적용 가능한 실용적 지침이 필요한 상황에서 인터넷신문윤리강령이 선언적 문구로 간소화된 이유에 대해서는 추후 알아볼 필요가 있을 것이다. 또한 개정 전 인터넷신문윤리강령에는 윤리기구의 설치·운영에 대한 조문(제10조)이 있었으며, 그 내용에는 윤리기구 설치 외에도, 언론윤리와 관련한 교육프로그램을 개발하고 운영하도록 노력

20 예를 들어, 신문윤리강령 제2조 '언론의 책임'은 "우리 언론인은 언론이 사회의 공기로서 막중한 책임을 지고 있다고 믿는다. 이에 다양한 여론을 형성하고 국민의 기본권을 보호, 신장하기 위해 적극적으로 노력한다. 또한 공공복지 증진, 민족화합, 문화창달 등을 위해 전력을 다할 것을 다짐한다."고 명시되어 있다.

하라는 권고가 있었다. 하지만 전면 개정된 윤리강령에는 해당 내용이 삭제되었으며, 조사된 세 단체의 윤리강령과 실천요강/시행세칙에는 어디에도 언론윤리 교육에 대한 지침이 없다.

3. 해외 언론윤리강령에서의 사회적 약자

여기서 분석한 해외 언론윤리강령은 미국기자협회(SPJ)의 윤리강령과 미국기자협회 홈페이지에 수집되어 있는 미국 언론사들의 사회적 약자에 대한 보도준칙이며, 영국의 독립언론표준기구(IPSO) 편집자 윤리강령에서의 사회적 약자에 대한 규정이다(〈표 3-4〉 참고).

표 3-4 미국 및 영국의 언론윤리강령

미국기자협회 윤리강령	미국기자협회 수집 언론사 윤리강령	영국 독립언론표준기구 편집자 실천 강령
- Preamble(서문) - **Seek Truth and Report It(진실 추구 보도)** - **Minimize Harm(피해 최소화)** - Act Independently(독립적 행동) - Be Accountable and Transparent(책임 및 투명성)	- General principles(일반 원칙) - Truth and accuracy(진실과 정확성) - Using deception(속임수 사용) - Conflicts of interest(이해 충돌) - **Minimize Harm(피해 최소화)** - **Diversity(다양성)** - Photographs, video and other images(사진, 비디오 및 기타 이미지) - Source-reporter relationships(정보원-기자 관계) - Use of social media(소셜 미디어 사용)	제1항(Accuracy 정확도) 제2조(Privacy 개인정보 보호) 제3조(Harassment 괴롭힘) 제4조(Intrusion into grief or shock 슬픔 또는 충격에의 침입) 제5조(Reporting suicide 자살신고) **제6조(Children 아동)** **제7조(Children in sex cases 아동 성범죄 사건)** 제8조(Hospitals 병원) **제9조(Reporting of Crime 범죄의 신고)** 제10조(Clandestine devices and subterfuge 은밀한 장치 및 속임수)

미국기자협회 윤리강령	미국기자협회 수집 언론사 윤리강령	영국 독립언론표준기구 편집자 실천 강령
	- Accountability and transparency(책임 및 투명성)	제11조(Victims of sexual assault 성폭행 피해자) **제12조(Discrimination 차별)** 제13조(Financial journalism 금융저널리즘) 제14조(Confidential sources 기밀출처) 제15조(Witness payments to criminal trials 형사재판에 대한 증인 지급) 제16조(Payment to criminals 범죄자에 대한 지급) The Public Interest 공익

출처: 미국기자협회 윤리강령 URL: https://www.spj.org/ethicscode.asp
미국기자협회 언론사 주제별 강령 규정 URL: https://www.spj.org/ethicscode-provisions.asp#5
영국 독립언론표준기구 URL: https://www.ipso.co.uk/editors-code-of-practice/ (최종검색: 2023.03.04)

사회적 약자의 범주

가. 미국

① 미국기자협회 윤리강령

〈표 3-4〉에서 보는 바와 같이, 미국기자협회의 윤리강령은 서문을 포함하여 총 5가지 원칙으로 나누어지며, 그 가운데 사회적 약자와 관련한 것은 '진실 추구 보도(Seek Truth and Report It)'와 '피해 최소화(Minimize Harm)'이다. '진실 추구 보도(Seek Truth and Report It)' 중에는 몇 가지 규정이 사회적 약자와 관련이 있다. 우선 다양하고 넓은 인간의 경험에 대해 취재하고 보도하라고 하면서, '평소에 거

의 목소리를 듣지 못하는 이들에게서 출처를 찾으라'고 권유하고 있다.[21] 또한 권력을 가진 사람들에게 책임을 묻는 것에 경계를 늦추지 말고 용기를 가지며, 목소리가 없는 사람에게 목소리를 주라고 하고 있다.[22] 취재 대상과 소재의 다양성을 강조하는 이 규정들은 사회적 강자를 대변하는 것이 아닌, 약자와 소수자의 목소리를 듣고 그들의 시선으로 사회를 바라보고 취재하고 보도하라는 의미를 담고 있다. 이외에 고정 관념을 탈피하라고 명시하고 있다. 이 규정은 저널리스트가 자신의 가치관과 경험이 보도를 어떻게 형성할 수 있는지 알아야 한다고 경고한다.[23] 이 규정은 앞서 선행연구들이 언급했던 것처럼, 언론이 백인 중심의 주류 엘리트 중심적 가치관으로 현실을 재구성하고 보도하여 사회적 약자와 소수자와 관련한 사회구조적 문제를 배제하는 경우가 있다는 지적(임양준, 2012; Kovach & Rosenstiel, 2021 외)을 고려한 지침이라 할 것이다.

사회적 약자와 관련이 있는 또 다른 규정은 '피해 최소화(Minimize Harm)'에 있다. 해당 규정은 기자들에게 뉴스 보도로 영향을 받을 수 있는 사람들과 공감하라고 주문하며, 청소년, 성범죄 피해자, 경험이 없거나 동의할 수 없는 정보원이나 주체를 다룰 때는 민감도를 높여야 한다고 명시하고 있다. 그리고 사안에 접근하고 다루는 데 있

21 Boldly tell the story of the diversity and magnitude of the human experience. Seek sources whose voices we seldom hear.

22 Be vigilant and courageous about holding those with power accountable. Give voice to the voiceless. annotate arrow.

23 Avoid stereotyping. Journalists should examine the ways their values and experiences may shape their reporting.

어 문화적인 차이를 고려하라고 권유한다.[24] 보도로 인해 피해를 받을 수 있는 대상, 특히 그들이 청소년이나 성범죄 피해자와 같은 약자일 때는 취재와 보도에 있어 더욱 조심스러워야 한다는 의미의 규정이라고 볼 수 있으며, 문화적인 차이를 고려하라고 언급한 데에서, 인종, 국가, 민족, 지역, 나이, 직업, 계층, 지위 등이 다르다는 것에서 시작되는 편견이나 차별을 금지하고 있음을 짐작할 수 있다. 다만, 한국의 경우처럼 사회적 약자의 대상을 나열하지 않고 포괄적으로 표현하고 있으며, 아동·청소년 연령에 대한 표기도 없었다. 또한 아동·청소년을 보호하는 규정을 별도로 마련해놓지 않았다.

② 미국기자협회 수집 언론사 윤리강령

미국기자협회는 미국 내의 언론사들의 윤리강령을 수집하여 홈페이지에 항목별로 게시하고 있다. 한곳에서 확인할 수 있는 언론사들의 윤리강령에서 사회적 약자에 대한 보도준칙을 알아본 결과, 관련한 규정이 있는 항목은 '피해 최소화(Minimize Harm)'와 '다양성(Diversity)'이다.

'피해 최소화(Minimize Harm)' 항목에 윤리강령이 수집된 언론사들은 'Daily Press(Newport News, Virginia)', 'The Dallas Morning News', 'Journal News(White Plains, New York)', 'KUOW/Puget Sound Public Radio', 'The Los Angeles Times', 'Detroit

24 Show compassion for those who may be affected by news coverage. Use heightened sensitivity when dealing with juveniles, victims of sex crimes, and sources or subjects who are inexperienced or unable to give consent. Consider cultural differences in approach and treatment.

Free Press', 'Reuters Handbook of Journalism', 'Grand Forks Herald(North Dakota)', 'American Advertising Federation' 등이다. '피해 최소화' 항목으로 분류된 언론사들의 윤리강령에서 사회적 약자에 관련한 규정들을 보면, 대부분 미성년자에 대해 다루는 기사를 쓸 때 주의할 점들이다.

다음으로 '다양성(Diversity)' 항목에 윤리강령이 수집된 언론사들은 'Lincoln Journal Star(Nebraska)', 'Daily Press(Virginia)', 'Detroit Free Press', 'Tampa Bay Tribune', 'San Antonio Express-News', 'The Roanoke Times(Virginia)', 'Reuters Handbook of Journalism' 등이다. '다양성' 항목에서의 사회적 약자에 대한 지침은 언론사별로 내용에 차이가 있으나, 전반적으로 인종, 민족, 성별, 종교, 성정체성 등에서의 차이를 부각하거나 차별적으로 표현하는 것을 금지하고 있다.

수집된 윤리강령 가운데 미성년자의 연령을 고지한 언론사는 KUOW/Puget Sound Public Radio[25]가 유일한 것으로 조사되었다. '피해 최소화' 항목을 상당히 비중 있게 마련해놓은 해당 규정을 보면, 미성년자를 '일반적으로 18세 미만'이라고 명시하고, 미성년자를 다루는 것은 항상 법적인 문제를 야기할 수 있다고 전제하고 있다. 이어서 민감한 주제[26]에 대한 미성년자와의 인터뷰는 부모 또는

25 KUOW는 미국 워싱턴 퍼젯 사운드(Puget Sound) 지역의 라디오 뉴스 방송국이다.

26 민감한 주제에 대한 사례는 부정행위, 성행위, 갱단 또는 범죄 연루, 어려운 가족 관계, 보호 관찰 위반, 혼외 임신 또는 부모, 피해자의 성적 학대 및 법적 영향을 미치거나 당혹감을 유발할 수 있는 유사한 주제, 위탁 양육, 소년원 구금, 불법체류자 시설 수용 등으로 기술하고 있다.

법적 보호자의 허가를 받아야 하고, 학교 총격 사건과 같은 상황을 취재할 때에도 끔찍한 장면을 목격하고 괴로워하는 미성년자를 인터뷰하는 경우 특별한 주의를 기울여야 하며, 교사나 18세 이상의 학생을 인터뷰하는 것을 권유하고 있다.

미국 언론사들의 윤리규정에서 나타난 사회적 약자와 관련한 공통점은 미성년자는 '피해 최소화'에 포함되어 있고, 인종, 민족, 성별, 성소수자 등은 '다양성' 항목에 언급되어 있는데, 미국기자협회 윤리강령과 미국 언론사들의 윤리강령에는 공통적으로 장애(인)에 대한 언급이 없다는 것이다.

나. 영국

영국 독립언론표준기구(IPSO)의 편집자 실천강령은 총 17개의 조항으로 구분되어 있다. 그 가운데 사회적 약자와 관련한 조항은 '제6조(아동)'와 '제7조(아동 성범죄 사건)', 그리고 '제12조(차별)'이며, 내용 중 일부에 사회적 약자가 언급된 조항은 '제9조(범죄의 보도)'와 '공익' 조항이다.

영국은 여러 조항에 걸쳐 아동 보호의 규정을 마련해두었다. 제6조(아동)는 총 5개의 구체적 항목으로 이루어져 있으며, 해당 항목에는 취재보도 시 유의해야 할 아동의 연령이 '16세'로 명시되어 있다. 16세 미만 아동 인터뷰나 사진촬영은 보호자의 동의를 필요로 하며, 16세 미만 아동 관련 자료에 대한 대가를 지급하면 안 된다고 명시하고 있다. 또한 제7조(아동 성범죄 사건)에서도 언론은 법적으로 자유로울 수 있을지라도 성범죄와 관련된 사건의 피해자나 증인이 16세 미만일 경우 신원을 특정해서는 안 된다고 주의를 주고 있다.

이 밖에 제9조(범죄의 보도)에서는 미성년자의 연령을 18세와 16세로 나누어 설명하고 있다. 우선 둘째 조항에서는 범죄를 목격하거나 범죄의 피해자인 18세 미만 아동은 잠재적으로 취약한 위치에 있다는 것에 특별한 관심을 기울여야 한다고 적시하고 있으며,[27] 셋째 조항에서는 형사 범죄로 체포된 18세 미만 청소년의 이름이 세상에 이미 알려져 있거나 본인이 동의했다는 근거가 분명하지 않는 한, 법정에 출두하기 전에는 이름을 공개하지 않아야 한다고 명시하고 있다. 이때, 16세 미만의 경우는 양육권이 있는 부모나 이와 유사한 책임이 있는 성인의 동의가 있어야 한다.[28] 아울러 '공익' 항목에서는 공익적 사안의 보도에 있어서도 16세 미만 아동의 가장 중요한 이익보다 우선하는 예외적인 공익이 입증되어야 한다고 제시하고 있다.[29]

다음으로 사회적 약자와 직접적으로 관련한 '제12조(차별)' 조항에서는 두 개 항목으로 나누어 차별금지 내용을 서술하고 있다. 첫째 항목에서는 "언론은 개인의 인종, 피부색, 종교, 성별, 성 정체성, 성적 취향 또는 신체적 또는 정신적 질병이나 장애에 대한 편파적이거나 경멸적인 언급을 피해야 한다"고 명시하였고, 둘째 항목에서는 "개인의 인종, 피부색, 종교, 성 정체성, 성적 취향, 신체적 또는 정신

27 ii) Particular regard should be paid to the potentially vulnerable position of children under the age of 18 who witness, or are victims of, crime.

28 iii) Editors should generally avoid naming children under the age of 18 after arrest for a criminal offence but before they appear in a youth court unless they can show that the individual's name is already in the public domain, or that the individual (or, if they are under 16, a custodial parent or similarly responsible adult) has given their consent.

29 An exceptional public interest would need to be demonstrated to over-ride the normally paramount interests of children under 16.

적 질병 또는 장애에 대한 세부 사항은 내용과 밀접한 관련이 없는 한 피해야 한다"고 제시하고 있다.

상기와 같이, 영국의 IPSO의 편집자 실천 강령은 미국의 기자협회 또는 언론사별 윤리강령과 달리, 질병이나 장애에 대한 차별적 표현을 금한다는 규정을 명시적으로 나타내고 있었다. 인종, 피부색, 종교, 성별, 성정체성 등과 동일한 수준으로 나열함으로써, 미국의 경우에 비하여 차별금지 대상의 범주를 표면적으로 더 명확히 드러내고 있는 것으로 해석할 수 있다.

이상을 종합하면, 영국의 언론윤리강령은 사회적 약자의 범주에서 미국에 비하여 '보호의 대상'과 '차별의 대상'을 보다 명확하게 구분하여 명시하고 있는 것으로 볼 수 있다.

사회적 약자를 위한 실천 규정

가. 윤리강령의 실천 주체

① 미국기자협회 윤리강령

미국기자협회 윤리강령은 서문에서 윤리적 저널리즘의 기초로 네 가지 원칙을 선언하고 '모든 미디어의 모든 사람들(all people in all media)'이 실천에 사용할 것을 권장한다고 밝히고 있다.[30] 윤리강령 실천 주체를 기자나 편집자 등으로 국한하지 않고 미디어 분야의 관

30 The Society declares these four principles as the foundation of ethical journalism and encourages their use in its practice by all people in all media.

련자로 그 범주를 넓게 보고 있는 것이다. 그러나 '진실 추구 보도'와 '피해 최소화'를 포함한 네 가지 원칙의 각 규정에서는 윤리강령의 실천 주체를 '언론인(journalist)'으로 통일하여 지칭하고 있다.

② 미국기자협회 수집 언론사 윤리강령

미국기자협회에서 수집해놓은 언론사 윤리강령들 가운데, 사회적 약자에 대한 보도준칙과 직접적으로 연관된 '피해 최소화(Minimize Harm)'와 '다양성(Diversity)' 항목에서의 준수 주체를 보면, 크게 몇 가지 유형으로 나누어볼 수 있다. '우리(we)'가 주어로 사용된 경우와 '기자(reporters)'가 주어인 경우, '신문(newspaper)'이 주어인 경우, 그리고 '언론사명'을 주어로 사용한 경우이다. 언론사들 가운데는 '우리'를 주어로 사용한 윤리규정이 가장 많았는데 "우리는 사람의 인종과 성별만 제공하는 설명을 피합니다"(Lincoln Journal Star),[31] "우리는 일반적으로 성별을 특정하는 용어를 피합니다"(Detroit Free Press)[32] 등의 문장이 일반적이었다.

이와 달리 '기자'를 윤리강령 준수의 주체로 기재한 경우는, 객관적인 입장에서 의무를 준수해야 한다(should)고 강조하는 문장으로 이루어진 사례가 많았다. "기자는 정기적으로 언론을 다루지 않는 사람들을 인터뷰할 때 특별한 주의를 기울여야 합니다"(Daily Press),[33] "KUOW 기자는 인터뷰이의 감정 상태에 맞추어 입수한 정

31 We will avoid descriptions that give only the person's race and gender.

32 We generally avoid terms that specific gender.

33 Reporters should use special care when interviewing people who don't regularly deal with the press.

보의 중요성과 품질에 신중히 균형을 잡고, 증인을 존중하여 인터뷰를 종료해야 할지를 결정해야 합니다"(KUOW/Puget Sound Public Radio)[34] 등이었다.

다음으로, 주어에 '신문'이나 언론사명이 있는 경우가 소수 있었는데, 사례로는 "신문은 사적인 인물의 합리적인 사생활을 존중해야 합니다"(Daily Press),[35] "The Times는 성범죄 혐의를 취재할 때 일반적으로 고발자나 잠재적 피해자를 특정하지 않습니다"(The Los Angeles Times),[36] "Reuters는 다양한 고용 조합을 인정하고 소중히 여기며 권장합니다"(Reuters Handbook of Journalism)[37] 등이 있었다.

'피해 최소화'와 '다양성' 항목 이외에 특히 '이해상충' 규정에서 많이 등장한 주어는 '직원(employees)'이었다. AP통신의 경우, "AP 직원은 정치적, 사회적, 재정적 이해에 상충되거나, 다른 사람에게 영향을 받지 않고 뉴스를 공정하고 정확하게 보고할 수 있는 능력을 손상시키는 행동을 피해야 합니다"[38]라고 명시하고 있고, 덴버 포스트(The Denver Post)는 "직원은 이해 상충을 일으키거나 덴버 포스트 직원과

34 The KUOW journalist should carefully balance the importance and quality of the information being obtained with the interviewee's emotional state and decide whether respect for the witness requires the interview to be ended.

35 The newspaper should respect the reasonable privacy of private figures.

36 In covering allegations of sex crimes, The Times generally does not identify the accusers or potential victims.

37 Reuters recognizes, values and encourages a diverse employment mix.

38 AP employees must avoid behavior or activities—political, social or financial—that create a conflict of interest or compromise our ability to report the news fairly and accurately, uninfluenced by any person or action.

의 인맥을 악용하는 경우, 공직에 출마하거나 공공위원회 또는 실무 위원회에 임명될 수 없습니다"[39]라고 기재하여 언론사 직원이 이해상충에 해당하는 행위는 하지 말아야 한다는 것을 규정하고 있었다.

'기자'나 '직원'으로 지칭한 것과 달리, '우리', '신문', '언론사명'으로 실천 주체가 표현된 윤리강령은 전문 기자가 아닌 외부 기고자 등도 준수해야 할 원칙으로 인식될 가능성이 높다고 할 것이다.

③ 영국 독립언론표준기구

영국 독립언론표준기구의 편집자 실천 강령에 표명되어 있는 실천 주체는 편집자에 국한되지 않는다. 서문에서 본 규정을 엄격하게 준수하도록 주의해야 한다고 명시한 실천 주체는 '편집자(editors)'와 '발행인(publishers)'뿐만 아니라 '모든 편집 직원(all editorial staff)'과 '언론인이 아닌 외부 기고자(external contributors, including non-journalists)'도 포함된다.[40] 사회적 약자와 관련한 각 조항에는 실천 주체를 '언론(press)'[41]으로 표현한 문장들이 많은데, 이는 강령 서문에서 언급한 것처럼 온오프라인 기사와 잡지에 글을 싣는 모든 주체가

39 Employees may not run for public office or be appointed to any public boards or commission if such service will create a conflict of interest or is exploitation of the employee's connection to The Denver Post.

40 It is the responsibility of editors and publishers to apply the Code to editorial material in both printed and online versions of their publications. They should take care to ensure it is observed rigorously by all editorial staff and external contributors, including non-journalists.

41 제7조(Children in sex cases) The press must not, even if legally free to do so, identify children under 16 who are victims or witnesses in cases involving sex offences.

명심해야 할 규정으로 인식하게끔 만든 문장이라고 판단된다. 즉 아동보호와 차별금지와 같은 사회적 약자에 대한 규정은 모두가 준수해야 할 사항이라 할 것이다.

정리하면, 영국 독립언론표준기구의 편집자 실천 강령은 해당 강령의 제목과 달리, 편집자에게만 한정되는 준수규정이 아니라, 미국의 기자협회 윤리강령과 마찬가지로, 미디어에 기사나 콘텐츠를 싣는 모든 사람들이 실천하기를 권고하고 있는 것으로 파악된다. 또한 사회적 약자와 관련한 조항은 대부분 '언론'을 실천 주체로 표기하고 있어 준수해야 할 대상을 폭넓게 보았다고 할 수 있다.

나. 실천 규정의 구체성

① 미국기자협회 윤리강령

미국기자협회의 윤리강령은 역시 국내의 윤리강령과 마찬가지로 세부적인 행동지침이라기보다는 다소 선언적인 측면이 강하다. 사회적 약자와 관련한 '진실 추구 보도(Seek Truth and Report It)' 역시 규정 자체는 선언적이라는 한계를 벗어나지 못하고 있다. 그러나 본 규정의 주석 링크화면에는 고정 관념을 탈피하는 것과 관련해 질문이 있는 사람들은 미국기자협회 윤리 담당에게 이메일을 보내달라고 적혀 있으며, 고정관념이 들어 있던 기사의 사례를 링크주소로 알려주고 있다. 이러한 사례 링크 제공 시스템은 윤리강령 조항마다 사례를 기술하여 분량이 많아지고 장황해지는 문제를 방지하면서도, 취재기자들에게 유용한 정보를 제공할 수 있는 방식이라고 할 것이다.

미국기자협회 윤리강령의 특징이면서 장점이라 할 수 있는 것은 각 지침마다 주석형식으로 링크 화면이 연결돼 있다는 것이다. 예를 들어, 다양성 관련 지침의 주석을 클릭하면 해당 규정에 대한 부연설명과 함께 '언론인 도구상자(Journalist's Toolbox)'라는 홈페이지 링크주소가 소개되어 있다.[42] '언론인 도구상자(Journalist's Toolbox)'는 모든 분야의 다양한 전문가를 찾을 수 있는 여러 자원을 제공하고 있는 홈페이지이며, 이곳에서는 기자들에게 익숙하지 않은, 잘 알려져 있지 않은 사회적 약자 관련 협회, 단체, 전문가 등도 찾을 수 있다. 정보원의 다양성과 신뢰성을 확보할 수 있도록, 기자협회에서 여러 정보들을 제공하고 있는 이 시스템은 국내에도 도입하면 좋을 유용한 방법이라 할 것이다. 특히 사회적 약자나 소수자처럼 기자들이 자주 접촉하거나 정보원을 확보하고 있지 않는 분야를 취재할 때 '언론인 도구상자(Journalist's Toolbox)'와 같은 정보 포털사이트는 보다 정확하고 시의성 높은 보도를 할 수 있도록 도움을 줄 수 있을 것으로 보인다.

'피해 최소화(Minimize Harm)' 항목 역시 규정 자체는 실용적이기보다는 선언적이란 아쉬움이 있다. 다만, 이 규정의 주석에서는 비극의 피해자 보도와 관련한 기자협회 윤리위원회의 보고서 내용을 확인할 수 있도록 링크주소를 게시하고 있으며,[43] 성폭행 보도에서의 신상공개에 대한 연구 사례,[44] 어린이 인터뷰 시 고려해야 하는 지침[45] 등을

42 'Journalist's Toolbox' URL: https://www.journaliststoolbox.org/ (최종검색: 2023.02.02.)

43 URL: https://www.spj.org/ethics-papers-grief.asp (최종검색: 2023.02.02.)

44 URL: https://www.spj.org/ecs11.asp (최종검색: 2023.02.02.)

45 URL: https://dartcenter.org/content/interviewing-children-guide-for-journalists#.VWuk5U9Viko%20%EB%B0%8F%20%20URL: http://dartcenter.org/content/covering-children-trauma#.VWuk6k9Viko (최종검색:

링크 형태로 제공하고 있다. 그리고 AP통신은 알코올이나 마약 중독에 대한 낙인을 줄이기 위해 업데이트한 취재·보도 방식도 소개하고 있다.[46]

② 미국기자협회 수집 언론사 윤리강령

'피해 최소화' 항목 가운데 KUOW/Puget Sound Public Radio 규정을 보면, 미성년자 취재와 보도에 있어 조심하고 유념해야 할 사항들을 약 1,700자에 걸쳐 세밀하게 명시해놓았다. 다른 언론사들의 규정이 대체로 약 400자 내외로 문장이 구성되어 있는 것과 비교하면, 상당히 비중 있고 상세하게 마련해놓았다고 볼 수 있다. 해당 규정의 주요 내용은 미성년자(18세 미만)를 다루는 것은 항상 법적인 문제를 야기할 수 있다는 전제하에, 민감한 주제에 대해 미성년자와 인터뷰를 할 때는 부모나 법적 보호자의 허락을 받아야 하는데, 민감한 주제의 사례로는 '부정행위', '성행위', '범죄 연루', '어려운 가족 관계', '보호 관찰 위반' 등을 나열해 놓았다. 이 외에도 '혼외임신'이나 '성적학대' 등의 주제로 미성년자를 면담할 때 반드시 보호자의 동의가 필요함을 명시해놓았으며, 유타주에서는 청소년 시설의 후견인과 미성년자의 부모 모두의 동의가 필요하다는 정보도 추가해 놓았다. 이처럼 취재과정에서 위법을 저지르지 않도록 법리에 근거한 윤리강령을 명시한 것은 현직 기자들에게 유용한 정보라 할 것

2023.02.02.)

46 URL: https://undark.org/article/associated-press-stylebook-addiction/ (최종검색: 2023.02.02.)

이다. 또한 학교 총격 사건과 같은 상황을 취재할 때에도 끔찍한 장면을 목격하고 괴로워하는 미성년자를 인터뷰하는 경우 특별한 주의가 필요하며, 18세 이상의 교사나 학생을 인터뷰하는 것을 권유하고 있다. 다만 민감하지 않은 주제(평범한 아동기 활동, 스포츠, 책, 영화, 동물원 여행, 야구 등)에 대한 인터뷰는 동의가 필요하지 않다고 구분하여 설명하고 있다.

언론사별 '다양성' 항목에서는 약자에 대한 지침에서 인종을 언급한 언론사들이 상대적으로 가장 많았다. 공통적으로, 사안에 관련이 없는 한, 누군가의 인종이나 민족을 보도하는 것을 금지하는 것을 전제로 한다. 여기에 더하여 Lincoln Journal Star는 특히 범죄를 다루는 데 있어, 경찰이 용의자를 찾거나 시민이 스스로를 보호할 필요가 있을 때에는 인종, 성별, 신장, 몸무게, 의상 등을 모두 보도해야 하며, 인종이나 성별만을 공개하는 것은 금지하고 있다. The Roanoke Times도 나머지 설명이 의미가 있을 만큼 충분하지 않는 한 범죄 용의자나 도망자를 설명할 때 사람의 인종을 언급하지 말도록 하고 있다. 인종에 대한 설명은 의미가 없을 때가 많으며, 같은 인종의 무고한 사람들에게 피해가 될 수 있음을 지적한다. 그리고 정치나 사회적 행동, 사회적 조건 등 인종이 구별 요소가 될 수 있는 문제와 관련해서 사용이 허가된 설명은 '흑인 지도자(black leader)', '아일랜드 테너(Irish tenor)', '폴란드 결혼식(Polish wedding)'로 예시하고 있다. 한편, Detroit Free Press는 인종 및 민족을 비하하는 용어는 외설로 취급되어야 한다고 명시하면서, 이러한 용어는 이니셜과 하이픈으로 표기해야 하며, 인용된 자료에만 사용되어야 하며, 필수적으로 써야 할 때는 편집장의 승인을 받아야 한다고 설명한다.

다음으로 성별에 대한 표현을 주의하는 규정에 있어서는 Detroit Free Press의 경우, 여성과 남성을 다르게 취급해서는 안 되며, 여성에 대한 신체적 묘사와 가족 관계는 비슷한 상황에서 남성이 동등하게 묘사될 경우에만 적절하다고 명시하고 있다. 그리고 일반적으로 특정성별을 나타내는 용어를 피해야 하며, 여자 변호사, 남자 간호사 같이 성별에 대해 특이한 점이 있음을 암시하는 문구는 피해야 한다고 예시하고 있다.

성소수자의 보도에도 주의할 점을 명시하고 있는데, San Antonio Express-News는 트랜스젠더를 식별할 때 주의를 기울이고 그들이 현재 자신의 정체성이라고 주장하는 성별에 맞는 대명사를 사용하라고 설명하고 있다. 예시로, 여성의 옷을 입었지만 아직 성전환 수술을 받지 않은 남성의 경우에도 여성이라고 불리는 것을 선호할 수 있으니 그 경우에는 대명사 "she" 또는 "her"를 사용하는 것이 좋다고 부연하고 있다.

③ 영국 독립언론표준기구

영국 독립언론표준기구(IPSO)는 개인의 권리와 대중의 알권리 간의 균형을 맞추기 위해 제정된 편집자 실천 강령은 출판물의 인쇄 버전과 온라인 버전 모두에 적용되며, 외부 기고자도 엄격하게 준수하도록 주의를 기울이라고 명시하고 있다.

사회적 약자와 관련한 '제6조(아동)'와 '제7조(아동 성범죄 사건)', 사회적 약자가 일부 언급된 '제9조(범죄의 보도)'와 '공익' 조항은 보호를 받아야 하는 대상을 '아동'으로 명료하게 나타내면서 취재·보도 시 주의해야 할 점을 비중 있게 다루고 있었다. 한편 '제12조(차별)'에서는 사회적 약자에 대한 차별 금지에 대해 기술하였고, 미국기자협회와 비교하여, 보호 대상과 차별금지 대상이 명확히 구분되어 있으나 구체적인 사례 등을 제시하지는 않았다.

아동과 관련한 조항의 내용을 먼저 살펴보면, 제6조에서는 '16세 미만'으로 아동을 정의하고, 아동의 학습권 방해 금지, 학교와 보호자의 허락 없는 인터뷰 및 사진 촬영 금지, 아동에 대한 취재 대가 요구 금지, 아동 사생활 게시 금지 등 취재 시 해서는 안 될 행위를 나열하고 있다. 특히 제7조에서는 비록 법적으로는 가능하더라도, 아동 성범죄 사건 취재보도와 관련하여 금지해야 할 행위를 강조하고 있다. 아동 피해자 및 증인 특정 금지, 피해자 확인 가능할 경우 '근친상간' 단어 사용 금지, 피고인과 아동간의 관계 암시 금지가 그것이다. 제9조에서도 범죄보도와 관련하여 18세 미만의 아동·청소년이 목격자나 피해자인 경우와 범죄자로 체포된 경우에 주의해야 할 사항을 제시하고 있다.[47] 다만 제9조에서는 주의사항 준수로 인해 법적 절차를 보도할 권리가 제한되어서는 안 되며,[48] 형사 법원에 출두하거나 익명이 해제된 청소년을 지명할 수 있는 권리를 제한하지 않는다는 보도의 자유를 재확인해주고 있다.[49] 마지막으로 '공익' 조항에서도 아동의 보호와 공익적 사안 보도의 경중을 심사숙고하도록 유도하고 있는데, 16세 미만 아동의 가장 중요한 이익보다 우선하

47 구체적인 조항의 내용들은 앞서 분석한 영국의 사회적 약자의 범주에서 기술하여 중복 설명을 생략하였다.

48 ii) This should not restrict the right to report legal proceedings.

49 iii) This does not restrict the right to name juveniles who appear in a crown court, or whose anonymity is lifted.

는 예외적인 공익이 입증되어야 보도할 수 있음을 강조하고 있다. 그러나 아동의 가장 중요한 이익이 구체적으로 무엇인지에 대해서는 강령에서 부연설명하지 않았다.

한편 '제12조(차별)'에서도 차별로 인식될만한 표현을 금지하는 내용을 담고 있다. 해당 조항들에서는 앞서 분석한 바와 같이, 강령 실천 주체를 '언론(press)'으로 제시하고 개인의 인종, 피부색, 종교, 성별, 성 정체성, 성적 취향 또는 신체적 또는 정신적 질병이나 장애에 대한 편파적이거나 경멸적인 언급을 하지 말아야 하며, 개인의 인종, 피부색, 종교, 성 정체성, 성적 취향, 신체적 또는 정신적 질병 또는 장애에 대한 세부 사항은 내용과 밀접한 관련이 없는 한 보도하지 않도록 금지하고 있다. 그러나 어떤 표현이 편파적이거나 경멸적인 표현인지 등에 대한 구체적 사례는 제시하고 있지 않다.

5

사회적 약자에 대한 윤리적 보도: 어떻게 할 것인가?

사회적 약자와 관련된 국내외 언론윤리강령들을 분석한 결과, 우선 한국의 경우, 사회적 약자의 범주는 윤리강령의 실천요강이나 시행세칙 단계에 나타나 있었으며, 경우에 따라 '차별금지 대상'만 있고 '보호 대상'이 명시되지 않거나, 차별금지와 보호 대상이 중복되어 있는 것으로 나타났다. 한국기자협회 실천요강에는 '지역', '계층', '종교', '성', '집단 간' 차별금지 조항만 있는 반면, 신문윤리 실천요강은 '지역', '계층', '성별', '인종', '종교'를 차별금지 대상으로, '장애인', '노약자', '성 소수자'를 보호의 대상으로 명시하였다. 이와 달리, 인터넷신문윤리강령 시행세칙은 차별금지 대상에 '여성, 미성년자', '노인', '장애인', '성적 소수자', '이주노동자 및 다문화가정', '새터민', '지역'을 포함시켰으며, 보호 대상에 미성년자를 다시 언급하였다. 신문윤리 실천요강과 인터넷신문윤리강령 시행세칙은 미성년자의 보호를 위한 별도의 조항을 가지고 있었는데, 신문윤리 실천요강은 청소년을 19세 미만, 어린이를 13세 미만으로 제시했으며, 인터넷신문윤리강령 시행세칙은 미성년자를 '민법상 미성년자'라고 정의하였다.

외국의 경우, 미국기자협회 윤리강령에서 나타난 사회적 약자의 범주는 한국에 비해 명확하지 않은 특징을 보였다. '진실 추구 보도'와 '피해 최소화' 규정 안에서 '평소에 목소리를 거의 듣지 못하는 사람들', '권력을 갖지 못한 사람들', '뉴스 보도로 영향을 받을 수 있는 사람들' 등과 같이 포괄적으로 표현해놨으며, 문화적인 차이를 고려하라는 주문으로 편견이나 차별 금지 규정을 대신하고 있었다. 다만, '청소년'과 '성범죄 피해자'는 피해 최소화 규정에 명시되어 있었으나, 아동·청소년을 보호하는 별도의 조항을 마련해놓지 않았으며, 연령에 대한 표기도 없었다. 아울러 미국기자협회에서 수집한 언론사들의 윤리강령에서는 '피해 최소화'와 '다양성' 항목에서 사회적 약자에 대한 규정들을 발견할 수 있었는데, '피해 최소화'에는 대부분 미성년자 보호 규정이 있었으며, '다양성'에서는 대체로 인종, 민족, 성별, 종교, 성정체성 등의 차별금지 규정이 있었다. 아울러 미성년자의 연령을 표기한 언론사는 단 한군데였으며, '일반적으로 18세 미만'이라고 명시하고 있었다.

이와 달리 영국의 독립언론표준기구 편집자 실천 강령은 '제6조(아동)', '제7조(아동 성범죄 사건)', '제9조(범죄의 보도)', '공익' 조항에서는 '아동'의 보호 방식을 비교적 상세히 명시하고 있으며, '제12조(차별)'에서는 인종, 피부색, 종교, 성별, 성 정체성, 성적 취향 또는 신체적 또는 정신적 질병이나 장애 등을 나열하면서 차별 금지 대상을 명확히 기술하고 있었다. 또한 아동의 연령도 16세 미만을 기본 기준으로 하고, 18세 미만에서도 주의해야 할 경우까지 설명하고 있었다.

이처럼 영국의 경우, 사회적 약자의 범주에서 미국에 비하여 '보호의 대상'과 '차별의 대상'을 더 명확하게 구분하여 명시하고 있었다.

다음으로 사회적 약자를 위한 윤리강령 실천 주체 분석에 있어, 한국의 경우, 기자, 회원, 언론인 등 '사람'으로 명시된 경우, 외부 기고자 등이 포함된다고 보기 어렵다는 문제점이 나타났으나, 인터넷신문윤리강령은 실천 주체를 '인터넷신문'으로 표기하여 강령을 준수해야 하는 범주가 넓어졌다고 할 수 있다. 외국의 경우, 미국기자협회 윤리강령은 서문에서 윤리적 저널리즘의 네 가지 원칙을 준수해야 할 주체를 '모든 미디어의 모든 사람들'이라고 명시하였고, 미국기자협회 수집 언론사 윤리강령들에서는 '기자', '우리', '신문', 언론사명, '직원' 등 다양한 실천 주체가 있었으나, '우리', '신문', '언론사명'으로 실천 주체가 표현된 상당수의 윤리강령은 외부 기고자 등도 준수해야 할 원칙으로 인식될 가능성이 높다. 또한, 영국의 경우, 독립언론표준기구의 편집자 실천 강령은 미국의 기자협회 윤리강령과 마찬가지로, 미디어에 기사나 콘텐츠를 싣는 모든 사람들에게 권고하는 것으로 파악됐으며, 특히 사회적 약자와 관련한 조항은 대부분 '언론'을 실천 주체로 표기하여 준수의무 대상을 폭넓게 보고 있는 것으로 나타났다.

마지막으로 실천 규정의 구체성에 있어, 한국의 경우, 윤리강령이 전반적으로 선언적인 성격이 강한 것으로 나타났으며, 외국의 경우, 미국기자협회 윤리강령도 비슷한 특징을 보였다. 다만, 미국기자협회 윤리강령은 각 지침마다 주석형식으로 링크 화면이 연결되어, 고정관념이 나타난 기사의 사례 등을 찾아볼 수 있도록 안내해주고 있었다. 이는 강령 분량이 많아지고 장황해지는 문제를 피하면서도, 취재 기자들에게 유용한 정보를 제공할 수 있는 방식이라고 할 것이다. 미국 언론사별 윤리강령도 대부분 선언적이었으나, 미성년자 취재 시 유념할 사항을 세부적으로 기술한 언론사도 있었으며, '다양성' 항목에서는 '인종' 차별금지를 언급한 언론사들이 상대적으로 가장 많았다. 영국의 경우는 아동의 보호와 관련해서 미국에 비해 비교적 상세하게 명시하였고, 차별금지 대상도 명확히 나열하였으나, 차별이나 편견의 사례를 제시하지는 않았다.

지금까지의 국내외 언론윤리강령의 특징을 바탕으로, 한국에서 고려해야 할 개선점을 제안하면 몇 가지로 나누어진다. 첫째, 국내 언론윤리강령 및 실천요강/시행세칙들은 정도의 차이는 있으나, 취재/보도 현장에서 적용하기에는 구체성과 사례 제시가 많이 부족하다. 이론적 논의에서 살펴본 인권보도준칙에는 주요 분야별 요강 매뉴얼이 있고, 실제 기사화되었던 잘못된 용례가 제시되어 있다. 해당 윤리강령들의 실천요강이나 시행세칙에 기존에 기사화 된 대표적인 사례들을 한두 개씩이라도 제시해놓는다면 시간에 쫓겨 기사를 마감해야 하는 현직 기자들에게 실효성 있는 지침으로 역할을 할 수 있을 것이다. 구체적이지 않는 선언적 형태의 윤리강령과 실천요강은 사회적 약자에 대해 취재하고 기사를 작성하는 데 있어 책임과 윤리를 피부로 느끼지 못하는 원인이 될 수도 있다. 사회적 강자와 달리, 어린이나 미성년자 또는 장애인, 성소수자, 조선족과 같은 사회적 약자에 대한 잘못된 기사는 그로 인해 차별이나 혐오의 대상으로 표적이 되어 정신적으로 치유될 수 없는 상처까지 입을 가능성도 있기에, 언론인이 주의해야 할 표현들을 사례 제시로 보여줄 필요가 있다.

둘째, 한국과 미국, 영국의 언론윤리강령에는 공통적으로 언론인 교육에 대한 항목은 없었다. 다만, 미국의 경우 기자협회 홈페이지에서 확인 가능한 저널리즘 교육과 세미나 일정들이 있었으며,[50] 한국기자협회 홈페이지에는 기자연수에 대한 안내가 있었다.[51] 한국의 기자연수 프로그램은 국내 석·박사 학위과정 등록금 일부 지원, 중국단기연수, 베트남단기연수 과정이 있는데, 미국과 같이, 일상 속에서 몇 시간 투자하여 참여할 수 있는 교육 프로그램은 마련되어 있지 않았다. 장기간 시간을 내기 힘든 언론인들을 위한 다양한 형태의 교육 프로그램이 국내에도 도입된다면, 사회적 약자와 관련한 취재 및 보도 방식을 배울 기회도 늘어날 것으로 보인다.

셋째, 미국 언론사별 윤리강령을 검토한 결과, 사회적 약자에 대한 지침에서 도덕적인 당위성에 준하여 규정을 마련하는 데에 그치지 않고, 언론사에 따라 법적으로 위법한 행위가 어디까지인지 명시해주고 있었다. 이는 바쁘게 취재를 하고 기사를 송고해야 하는 기자들에게 위법을 방지하는 정보를 빠르게 알 수 있는 방법으로서 유용하게 활용될 수 있을 것이다.

넷째, 미국기자협회의 윤리강령은 한국과 영국의 언론윤리강령에 비해, 더욱 포괄적이고 선언적으로 규정되어 있어, 윤리강령 자체에는 세부적인 행동 지침이 제시되어 있지 않다. 그러나 각 규정마다 달려 있는 주석 링크로 들어가면 부연설명과 함께, 해당 규정과 관

50 미국기자협회 저널리즘 교육 안내 URL: https://www.spj.org/training.asp (최종검색: 2023.03.10.)

51 한국기자협회 기자연수 안내 http://www.journalist.or.kr/news/section3.html?p_num=1(최종검색: 2023.03.10.)

련한 조사보고서 및 단체와 협회 홈페이지 등의 정보를 쉽게 찾아 볼 수 있도록 구성해놓았다. 예를 들어, 미국기자협회 윤리강령과 미국 언론사들의 윤리강령에는 공통적으로 장애(인)에 대한 언급이 없었으나, 기자협회 윤리강령 각 규정에 있는 주석링크를 통해 방문한 '언론인 도구상자(Journalist's Toolbox)' 홈페이지[52]에서는 '장애 관련 자료'를 비롯해 '다양성 문제', '성 평등 문제', '노숙자 보호' 등 사회적 약자 이슈를 포함해 '데이터 저널리즘', '디지털 보안', '모바일 저널리즘' 등 매우 다양한 84가지의 주제별 정보가 제공되고 있었다. '장애 관련 자료(Disability Resources)'를 클릭하면, 많은 사람들이 자신도 모르는 사이에 장애인에 대한 편견과 오해를 가지고 있으며, 때때로 이들은 미디어에서 확대된다는 설명과 함께, 이 홈페이지는 장애인 및 관련 문제에 대한 신뢰할 수 있는 출처와 미디어를 연결하기 위해 개발되었음을 밝히고 있다. 그리고 해당 홈페이지를 적극적으로 활용하여 다양한 정보를 얻고, 장애인별로 인터뷰 방식이나 참고할 사항을 충분히 숙지하도록 권고하고 있다. 이와 같이, 윤리강령과 같이 짧은 문구의 규정으로 충분히 전달받기 어려운 정보들을 한 곳에서 찾아보고 근래의 동향을 파악한 후, 적합한 취재원을 선택하도록 안내하는 이러한 방식은 국내에서도 차용해야 할 시스템이라고 생각된다.

다섯째, 미국의 경우, 기자협회를 통해 언론사들의 윤리강령을 항목별로 한눈에 확인할 수 있도록 공개해 놓았다는 점은 시사하는

52 미국기자협회 언론인 도구상자 홈페이지 URL: https://www.journaliststoolbox.org/ (최종검색: 2023.02.02.)

바가 매우 크다고 할 수 있다. 언론사들이 자사의 윤리강령 지침을 자신 있게 공개한다는 것은 소속 기자가 취재를 하고 보도를 하는 데 있어, 그 만큼 윤리강령과 보도준칙을 잘 지키겠다는 약속과 다름없기 때문이다. 국내에서도 언론인의 윤리강령 준수를 독려하는 차원에서라도, 한국기자협회나 언론진흥재단 등에서 국내 언론사별 윤리강령을 일괄적으로 취합하여 한곳에서 찾아볼 수 있고, 누구든지 확인할 수 있도록 할 필요가 있을 것이다.

취재와 보도 활동은 시대의 변화에 민감해야 하며, 사회적 약자에 대한 취재와 보도에 있어서도 언론의 윤리강령은 변화된 취재환경과 시대적 요구를 반영해야 한다. 역사적으로 윤리도 다양한 문화양상에 발맞추어 변모하였기에, 언론의 윤리강령과 세부적인 취재보도준칙도 시대가 요구하는 인권 의식에 부합하는 지침이 필요하며, 그에 따라 사회적 약자에 대한 접근 방식도 달라져야 한다. 사회적 의제를 설정하고 여론을 형성하며 대중적인 이미지를 생산하는 언론의 역할을 생각할 때, 국민의 인권의식 향상과 인권문화 확산에 있어 언론이 차지하는 비중은 대단히 크다. 사회적 약자에 대한 차별과 혐오가 갈등을 유발하고 사회의 통합을 저해하고 있는 가운데, 결국 품격 저널리즘을 위해서는 언론이 사회적 약자에 대하여 어떻게 접근하고 어떤 점을 유의하여 보도하며 묘사하고 있는지 성찰적으로 재점검하는 것이 우선되어야 할 것이다.

여기서는 그 시작으로 국내외 언론이 현재 마련해놓은 사회적 약자 관련 윤리강령을 살펴보았다. 하지만 윤리강령 조문의 내용 차이를 분석하기보다는 사회적 약자의 범주와 조항의 구성 등에 초점을 맞춰 알아보고, 조문 내용을 세밀하게 비교 분석하지는 못한 한계가 있다. 또한 공개되지 않은 국내 언론사들의 윤리강령을 취합하는 데 한계가 있어 언론사별 국내외 비교 분석을 실시하지는 못하였다. 추후 연구에서는 조문의 분석 작업이 필요할 것이며, 국내 언론사별 윤리강령에서의 사회적 약자에 대한 조문 분석도 함께 시행할 필요가 있을 것이다. 이러한 한계에도 불구하고, 분석의 결과가 언론이 동등한 인권을 가진 사회적 약자를 사회적 통합 차원에서 조명할 수 있도록 언론윤리강령을 점검하고 재정비할 수 있는 기회를 제공할 수 있을 것이라 생각된다. 또한 언론인이 사회적 약자에 대해 취재하고 보도를 하는 데 있어, 왜곡되지 않은 올바른 정보에 효율적으로 접근하여, 선입견 없고 편향성 없는 보도를 할 수 있도록 시스템을 마련하는데 있어서도 도움이 될 것으로 보인다. 그리고 궁극적으로는 향후 윤리적 언론 활동을 제고하고 시민으로서 사회적 약자의 권익을 강화하는 동시에 언론의 품격을 높이는 데 크게 도움이 될 수 있을 것이라 예상한다.

제4장

언론윤리 담론과
언론윤리에 대한 세 시각

1

언론윤리의 상대성

언론인은 공적 업무에 종사하는 일종의 전문직이라는 점에서 언론윤리와 관련된 고민이 늘 뒤따른다(이재진, 2013; 2009). 품격 저널리즘의 실천을 위해서는 특히 이러한 고민의 과정을 거치게 된다. 왜냐하면 언론인은 전문직 종사자로서 직업윤리인 언론윤리를 지켜야 하는 당위성을 안고 있는데 구체적으로 어떻게, 그리고 얼마나 지켜야 하는가에 대한 기준이 정해져 있지 않기 때문이다(Dennis & Merrill, 2002). 그런데 언론인, 언론수용자(언론전문가 포함), 그리고 법원의 상호소통 측면에서 언론윤리는 더 큰 논란을 낳을 수 있다. 언론인과 언론수용자, 그리고 이들의 충돌이 발생했을 때 이를 해결하는 법원이 언론윤리에 대해 서로 다른 인식을 가지고 있을 수 있기 때문이다. 즉 언론인들이 바라보는 언론윤리와 언론수용자들이나 법원의 판사들이 인식하는 언론윤리가 서로 다를 수 있다는 것이다(이재진, 2005).

언론윤리의 문제는 '뜨거운 감자'가 될 수밖에 없다(김옥조, 2004). 언론윤리 관련 쟁점은 대개 사회적으로 굵직한 사건이 발생하여 논란이 되는 경우 여론의 도마 위에 오른다. 그러나 그것도 잠시뿐, 언론윤리 문제는 다시 수면 아래로 잠수하게 된다. 아주 오랫동안 이런 방식의 악순환이 지속되어 왔다. 물론 언론은 언론대로 고민을 토로하기도 하고, 윤리 제고를 위한 교육을 실시하거나 또는 사별 강령이나 취재보도 가이드라인(준칙)을 제작하는 등의 노력을 기울이기도 한다(이재진, 2023a). 예를 들어 세월호 참사 2년 뒤인 2016년 언론의 취재윤리가 문제되면서 기자들이 '기레기'라고 외면당했던 언론 중 KBS는 '공정성 가이드라인'을 제작하였다. 한국기자협회는 다른 4개 언론단체들과 함께 '재난보도준칙'을 만들었다. 그러나 당시 이러한 가이드라인이나 준칙이 얼마나 지켜질지는 두고 봐야 할 것 같다는 의견이 많았다. 이는 곧 외부의 신랄한 비판을 피하기 위한 의례적인 행위로 바라보는 시각이 존재했다는 것을 의미한다(이재진, 2006; 2023a).

이러한 시각과는 별개로 언론인들은 자발적으로 언론윤리를 지키려고 노력하는 모습을 계속 보여주어야 한다. 왜냐하면 언론윤리야 말로 언론의 '외적 독립의 근거이고 내적 생존의 요건'이기 때문이다(이재진, 2006).[1] 즉 언론윤리는 '언론다운 언론의 역할' 뿐만 아니라 '언론 자체의 존재 여부'를 결정하는 핵심적 요인이 된다는 것이다. 그만큼 언론윤리는 언론과 언론인에게 대단히 중요한 의미를 지

1 언론윤리는 법적인 물리적 강제뿐만 아니라 대중의 신뢰상실이라는 무형의 압력으로부터 언론의 존재가치를 확인케 하는 가장 견고한 보호벽이라고 할 수 있다.

니다. 또한 언론윤리는, 언론이 '공적영역에 속하는 유일한 사적 존재'(Blasi, 1977)로서 헌법적 보호를 받는 만큼 그 윤리적 의무에 충실하지 않으면 안 된다는 의미를 내포하기도 한다. 결과적으로 언론과 언론인들이 윤리를 지키지 않는 것은 자신의 존재 근거를 스스로 부정하는 것과 다름없다고 하겠다(김옥조, 2004; 이재진, 2013). 특히 언론이 윤리강령을 스스로 제정하고도 이를 사문화되도록 방치하는 것은 언론에게 주어진 자격을 스스로 포기하는 것에 다름없다고 해도 과언이 아닐 것이다(이재진, 2022).

한편, 우리 법원은 국민이 알권리가 있으며 언론은 국민의 알권리를 충족시켜야 할 의무를 진다고 판단하고 있다(대법원 1998.7.14. 선고 96다17257 판결 등). 즉 언론은 국민이 국정운영이 제대로 이루어지고 있는가를 알 수 있도록 국민의 공적 관심사에 대해서 정확하고 공정하게 보도해야 하는 의무를 진다고 판단하고 있다. 뿐만 아니라 알권리의 대상은 국민이 사회인으로서 안전하고 건강하게 문화적인 현대생활을 영위하는데 필요한 정보, 그리고 국민이 인격상 자기 달성을 위해 필요로 하는 정보를 포함한다. 때문에 언론은 스스로가 국민의 알권리 충족을 위해 취재·보도한다는 말을 자주 내세운다(조한나·이재진, 2023).

문제는 언론이 내세우는 국민의 알권리 충족을 위한 취재·보도가 잘못되어 개인들의 기본적인 권익을 침해하는 일이 종종 발생한다는 점이다. 이때 법적인 문제가 있는 경우 피해구제 절차를 통해 회복을 꾀할 수 있을 것이나 윤리적 문제의 경우에는 그 피해의 구제 여부는 전적으로 언론 스스로에게 달려 있다. 언론은 최근 언론윤리의 문제로 발생한 피해에 대해서 법적인 구제를 추구하려는 경향이 점점 커져왔다는 사실에 주목할 필요가 있다(Ward, 2010).

쟁점은 전술한 바와 같이 무엇이 윤리적이고 비윤리적인 것인지, 그리고 무엇이 윤리차원에서 해결해야 될 것이고 무엇이 법으로 해결되어야 하는 것인지에 대한 경계가 분명치 않다는 것이다.[2] 본질적으로 윤리란 대단히 상대적인 개념(김지운, 2004; Hodges, 1994)이므로 누가, 언제, 어떻게 언론윤리를 이해하는가에 따라서 시각차가 존재할 수 있다는 문제가 있다(이재진, 2005). 더 큰 문제는 이러한 시각차가 존재함에도 불구하고 언론윤리의 실천자인 언론인은 이러한 인식의 차이에는 크게 주의를 기울이지 않아 왔다는 것이다. 오히려 언론의 윤리문제에 대한 지적을 외부로부터의 지나친 비판 또는 간섭과 등치시키며 '언론자유에의 침해'라고 주장해 왔다(이재진, 2023a; 김시철, 2015).

언론인들이 스스로 언론윤리에 대한 공통된 인식조차 명확히 확립하지 못하는 사이, 언론수용자들이 바라보는 우리 언론의 윤리수준은 상당히 낮게 평가되고 있다. 실제로 최근 언론수용자를 대상으로 실시한 여론조사에 따르면, 설문 참여자 1,107명 가운데 한국언론사들이 언론윤리를 잘 준수하느냐는 질문에 동의하지 않는다고 답변한 비율이 43.3%로, 준수한다고 답변한 14.6%에 비해 월등하게 높게 나타났다(구교태 · 조소영 · 이영희, 2022). 언론인들이 언론윤리를 등한시하는 동안, 언론수용자들은 비록 각자 생각하는 언론윤리

2 따라서 세실라 보크(Bok, 1978)는 어떠한 행위가 윤리적인지 아닌지를 합리적으로 결정할 수 있는 체계적인 모델(systematic justification model)을 설정할 것을 제안한다.

의 의미와 범주는 조금씩 다를 수 있으나, 우리 언론인들의 윤리의식이 매우 부족하다고 인식하고 있던 것이다. 그리고 이러한 인식은 곧장 한국 언론의 신뢰도 하락에 영향을 끼쳤을 여지가 크다.

이러한 현실에 직면한 상황에서, 언론윤리 개념에 대한 고찰은 시기적으로 반드시 짚어봐야 할 필요가 있다고 생각한다. 왜냐하면 상대적인 인식의 접근이 언론윤리 범주에 대한 모호성과 불명확성을 좁히는 길을 찾는 하나의 연구가 될 수 있기 때문이다. 여기에서는 우리나라의 경우 언론의 윤리담론이 어떻게 형성되어 왔으며, 상대적인 개념인 언론의 윤리에 대하여 언론인과 언론수용자, 그리고 법원이 어떻게 다른 인식을 보이고 있는가를 살펴보고자 한다.

이를 위하여 먼저 법을 통한 국가적 개입을 시도한 최악의 상황이었던 소위 '언론윤리법' 파동에 대한 사적 고찰을 통해 윤리 담론이 어떻게 형성되고 변화해 왔는지를 간략히 살펴본 후, 언론윤리에 대해 언급한 법원의 판결문들을 분석하여 그 함의를 도출하고자 한다. 이와 함께 언론인과 언론수용자들의 인식을 엿볼 수 있는 언론진흥재단의 인식조사 보고서를 통합적으로 분석하여 언론윤리에 대한 인식의 변화가 어떻게 이루어져 왔는지를 살펴본다.

언론윤리법제 영역에서 찾아볼 수 있는 한국 언론윤리의 뿌리 담론과 판결문에 담긴 법원의 언론윤리에 대한 인식, 그리고 언론인과 언론수용자들의 인식변화를 비교·분석함으로써 각각의 인식의 차이가 어떠한지 알아본다면, 언론인들이 전통적으로 확립해 놓았던 언론윤리 영역이 미디어 환경이 급변한 현재 어떠한 문제에 봉착해 있는지, 가장 시급히 풀어야 할 문제는 무엇인지 가늠할 수 있을 것이다. 그리고 이를 통해 언론인과 법원, 그리고 언론수용자들의 언론윤리를 향한 시각의 차이를 줄임으로써 현시대에 맞는 언론윤리의 개념과 법제와의 경계를 보다 명확히 하고 품격 저널리즘이 지향해야 할 윤리에 대해 이해를 높일 수 있을 것이다.

2

한국의 언론윤리 담론의 형성과 변화

우리나라의 경우 언론윤리에 대한 논의가 언제부터 시작되었는지 명확하지는 않지만 역사적으로 돌이켜보면 언론윤리가 사회적 문제가 될 때 이는 정치권력에게 통제의 빌미를 제공해 왔었던 점을 쉽게 알 수 있다(김옥조, 2004). 정치권력은 언론윤리가 사회적 문제로 등장할 때 특정한 법을 제정하거나 개정함으로써 언론에 대한 법적 규제를 강화하려고 했다. 즉 윤리문제를 법적(정치적) 문제로 해결하려고 했던 것이다. 이처럼 윤리를 법으로 규제하고자 했던 가장 대표적인 사례가 바로 1964년 '언론윤리위원회법'(이하 언론윤리법) 제정을 통한 언론통제 시도라고 할 수 있다. '언론윤리법 파동'으로도 불리는 이 사건은 당시 박정희 대통령이 언론의 윤리적 문제에 대해 국회 연설에서 강력히 비난하자 집권당인 공화당이 소위 언론윤리법이라는 특별법을 전격적으로 제정하여 국회를 통과시킨 사건이다(팽원순, 1994).

이러한 정부와 여당의 시도에 맞서 언론계는 한편으로는 정면으로 법 제정의 부당함에 항거하였고 다른 한편으로는 언론의 자정노력을 제고하는 데 힘을 쏟게 된다(신문방송편집인협회, 2007). 가장 대표적인 예가 바로 '기자협회'의 창립과 '신문윤리위원회의 윤리심의 강화'결의이다. 아울러 언론계 대표들은 당시 박정희 대통령을 독대하여 언론의 자율적 규제를 약속하였다.

그 결과 언론윤리법은 그 시행이 무기한 보류된다. 이는 정치권력의 언론에 대한 법적 규제 시도를 언론인들의 공동의 노력으로 막아낸 의미 있는 결과라고 해석 할 수 있다. 그러나 다른 한편 이는 실정법의 요구와 언론윤리 원칙간의 갈등이 빚어졌을 때 언론의 취재·보도자유를 위해 실정법에 저항하는 것과 아울러 언론의 자율규제를 통한 언론의 윤리적 정당화를 도모하는 것이 필요함을 강력히 일깨워 주는 사례이기도 하다.

실제로 언론규제 시도는 1961년 5.16 이후부터 있었는데, 언론·출판·보도는 사전검열을 받았고, 신문의 수도 4.19 이전으로 줄어들었다. '사이비 언론인 규제'를 빌미로 다수의 언론인들이 투옥되기도 하였다. 일찍이 1957년 4월 7일 우리나라 최초의 민간신문인 〈독립신문〉 창간 61주년을 맞아 전국 신문사의 주필·편집국장·논설위원들이 한국신문편집인협회를 창설, 언론의 자유와 책임을 강조하는 신문윤리강령(新聞倫理綱領)을 제정하여 언론의 지표로 삼았다. 그리고 1960년 4월 정치적 격변기를 틈타 일부 사이비 언론의 발호에 대처, 언론정화 대책을 마련하던 중 5·16군사정변이 발생하였다. 그리고 각종 통제가 심해지자 언론의 자율규제의 필요성을 절감, 1961년 7월 그 기준이 될 신문윤리실천요강(新聞倫理實踐要綱)을 제정

하고, 9월 12일 신문윤리위원회를 창설하였다.[3]

신문윤리위원회 설립 이후 언론은 기존의 신문윤리강령을 수정하는 등 자율규제의 노력을 더욱 기울인다. 그럼에도 박정희 정권은 1963년 '신문, 통신 등록에 관한 법률'을 제정하여 매체의 수를 규제함과 동시에 1964년 1월 연두교서에서 언론의 자율규제의 필요성을 강력하게 요구하였고, 학생들이 한일회담 반대 데모가 격화되자 그 책임을 일부 정치인과 언론인의 무책임한 선동으로 돌렸다. 그러다가 6월 3일 계엄령을 선포하고 보도의 검열과 함께 언론인들을 구속하는 조치를 단행한다. 동시에 6월 10일 시국수습선언 발표에서 언론이 절제를 잃은 사례가 없지 않다는 점을 경고하면서 본격적인 언론규제를 예고하였다(신문방송편집인협회, 2007).

이후 언론계의 입법 반대와 대안 제시에도 불구하고 공화당은 여야 협상 합의를 빙자하여 전문 20조의 「언론윤리위원회법」(안)을 국

3 위원회 임원은 신문인 5인, 비신문인 4인 등 9인으로 구성되고 임기는 1년이었다. 당초에는 일반의 제소사건(提訴事件)만을 심의·결정하였다. 그러나 1964년 언론파동을 계기로 '팔이 안으로 굽는' 폐해를 조금이라도 줄여보겠다는 의지의 표현으로서 위원을 신문인 6인(발행인 2인, 편집인 2인, 기자 2인), 비신문인 6인(변호사 1인, 교수 1인, 국회의원 2인, 기타 2인) 등 12인으로 보강하였고, 심의실을 부설하여 제소 없이도 윤리강령 위반기사를 자율적으로 심의하게 하였다. 윤리위원의 임기는 2년으로 하고 매년 반수씩 교체하며, 위원장은 신문인 및 국회의원이 아닌 위원 중에서 선출하는데, 주로 법조계 인사가 선출되고 있다. 1976년 10월 한국신문협회와 공동으로 신문광고윤리강령(新聞廣告倫理綱領)과 실천요강을 제정하여, 1977년 1월부터 신문광고도 규제하고 있다. 1996년 4월 7일 《독립신문》 창간 100주년을 맞아 한국신문협회·한국신문방송편집인협회·한국기자협회 공동으로 신문윤리강령 및 신문윤리실천요강을 개정하였다. 1996년 5월 15일에는 한국신문윤리위원회와 위원회의 재정을 담당하던 한국신문윤리위원회 이사회를 통합하여 사단법인으로 발족하였다. 2004년 3월 1일부터는 신문기사와 광고에 대한 독자의 불만을 해결하기 위해 독자불만처리위원 1인을 두도록 하는 '독자불만처리' 제도를 운영해 오고 있다.

회에 제출했다. 신문기자들이 중심이 된 언론대책위원회는 이 법안을 '언론자유를 정면으로 침해하는 위헌적 내용'으로 규정, 즉시 철회를 요구했다. 대책위는 공청회와 공개토론을 요구하는 한편, 이 법안은 언론 자율규제 원칙과 상반되는 완전한 타율적 규제법이며 언론자유의 본질적 내용을 헌법 규정과 정신에 어긋나는 위헌적인 내용으로써 반대한다는 청원서를 국회에 제출했다. 그러나 언론, 법조, 민정당의 반대에도 1964년 8월 2일 야간국회는 삼민회의 수정안대로 재석 149명 중 가 96, 기권 53표로 긴급히 통과시켰다. 8월 5일 정부는 이 법을 공포와 더불어 즉시 시행한다고 발표했다. 이로써 박정권의 언론규제 입법은 예정대로 진행되었다(신문방송편집인협회, 2007).

이 법이 국회를 통과하게 되자 언론계는 강력하게 항거했다. 언론윤리법은 그야말로 비민주적이고 위헌적이므로 철폐해야 한다는 목소리가 강했다. 무엇보다 이 법은 1962년 전면 개정된 헌법 제18조 제1항의 기본정신에 저촉되고,[4] 동법 제23조 제2항의 본질적 내용을 침해하며,[5] 동법 제24조 제1항과 달리 법관 아닌 자에 의해 처벌받는 것은 사법권의 침해이며 위헌이라고 주장했다.[6] 또한 이 법은 심의과정에 의회정치의 규범에 위배되는 입법과정을 통했으며, 법의 개념과 도덕률의 개념은 구별돼야 하고 언론윤리위는 법 영역 외에서 작성된 강령·기준을 규범으로 삼아 형벌을 가한다는 이론적 모순이 된다고 피력했다. 아울러 이 법이 국민의 기본권을 침해하고 한

4 제18조 ① 모든 국민은 언론·출판의 자유와 집회·결사의 자유를 가진다.

5 제23조 ② 국가는 청원에 대하여 심사할 의무를 진다.

6 제24조 ① 모든 국민은 헌법과 법률에 정한 법관에 의하여 법률에 의한 재판을 받을 권리를 가진다.

국의 국제적 위신을 실추케 할 수 있다는 우려의 목소리도 높였다. 언론계는 법을 조속히 철폐하고 정부가 주도하는 관제 윤리위원회가 가 아니라 기존 윤리위의 보강방안 채택을 바란다는 성명서를 채택하고 이를 정부에 제출했다.

1964년 언론윤리법이 제정될 당시 법안의 핵심적 내용은 다음과 같다. △언론자율규제강화를 위한 (관제)언론윤리위원회를 설치하며, △신문, 통신, 잡지, 방송의 대표자는 의무적으로 윤리위원이 되며, △윤리요강의 제정 및 공포를 의무화하며, △윤리 상설기구로 심의회를 두고 언론인은 과반수로 정하고, 의장은 비언론인이 맡도록 하며, △윤리심의회는 문제된 언론내용을 판정하고, 모든 언론기관은 공포의무를 지며, △판정요구는 피해자와 중대 윤리 위반사항은 언론소관 장관이 할 수 있고, 판정불복 때 피해자는 법원에 제소할 수 있으며, △판정에 불복할 때의 제재방법을 강구한다는 것이다 (강준만, 2019).

잘 살펴보면 내용의 대부분이 언론인들이 스스로 해야 할 일을 정부에서 나서서 하는 것인바 비윤리적 행위에 대한 '제재를 가하는 것'이 핵심이라는 비판이 거셌다. 이는 법이 적용되면 언론이 스스로 자율규제하는 것이 어렵다는 것을 반영하는데, 국가가 언론의 윤리 영역에 개입함으로써 윤리의 바다 영역이 크게 줄어들고 거대한 법의 섬이 들어선 셈이 되었다고 할 수 있다(최종고, 2000). 실제로 언론인들은 다양한 윤리강령이나 취재보도가이드라인 등이 있지만 규정이 지켜지지 않았을 때 이를 제재하거나 강제할 수 없다는 문제점이 일찍부터 지적되어 왔다. 이는 자율규제에 있어 실제로 언론이 사영업자로서 산업적인 영향을 많이 받는다는 점과 함께 윤리영역의 가장 큰 쟁점이다.

이 법에 대한 다양한 비판과 저항이 있었던바 핵심은 '법의 윤리 영역 침해'라고 할 수 있다. 당시 언론계는 법의 개념과 도덕률(윤리)의 개념은 구별되어야 하는데, 현재 정부가 의도하는 (관제) 언론윤리위원회는 법 영역 밖에서 작성된 강령과 기준을 규범으로 삼아 형벌을 가하게 되는 이론적 모순이 된다고 반발하였다. 따라서 관제 윤리위원회를 설치하는 것을 유보하고 기존의 자율적 윤리위원회를 보강하는 것이 올바른 수순이라고 주장했다(신문방송편집인협회, 2007). 동시에 이러한 언론계의 상황을 정부가 수용할 것을 강력히 요청하였다.

결국 언론윤리법 파동은 박정희 정권이 언론을 장악하려는 의도와 언론의 자유를 수호하려는 언론인들의 신념 간의 치열한 역사적 대결이자 언론윤리를 바라보는 시각들의 충돌이라고 긍정적으로 해석할 수 있다. 법 제정 이후 박정권 집권 중에 여러 차례 철폐 청원이 있었지만 정부는 전가의 보도처럼 거머쥐고 언제든지 발동할 수 있다는 듯 존속시켰다. 이러한 점이 언론에게는 다소간 위축적인 효과(chilling effect)를 발휘했다(이재진, 2015). 아이러니하게도 언론윤리법은 1980년 12월 26일 언론악법이라고 하는 언론기본법이 제정되면서 한 번도 시행되지 않은 채 폐지된다. 윤리의 문제를 법으로 규제하려던 정권의 시도가 오랜 기간이 지난 후에 막을 내리게 된 것이다.

그러다가 세월이 많이 흘러 2015년에 들어 소위 청탁금지법(김영란법이라고도 함)의 제정으로 비록 단독 특별법은 아니나 언론인의 부정청탁 등과 관련된 비윤리적 행위는 법으로 규제가 가능하게 되었다는 점에서 언론윤리법 파동과 유사한 시비를 불러왔다. 전술한 바와 같이 언론윤리법은 국회를 통과했으나 언론의 일치단결(?) 된 강력한 반대에 부딪혀 시행되지 못하였다. 이때 언론인들은 언론윤리법이 언론자유에 대한 심대한 침해가 된다는 점을 내세웠다. 즉 언론의 윤리적 문제를 법률 등을 통한 외적 압력으로 해결하고자 하는 것은 언론의 본질적인 권리인 '언론의 자유에 대한 침해'라는 담론을 구성하고 이를 제시함으로써 법의 시행을 막은 것이다.

2015년 3월 27일 청탁금지법 제정으로 언론인들의 윤리문제가 다시 한 번 쟁점으로 부상하였다.[7] 제정 당시 청탁금지법의 경우에도 언론윤리법과 크게 성격이 다르지 않을 것이라 보는 시각이 있었다. 오히려 청탁금지법의 경우 법이 시행되기 이전에 위헌으로 결정될 수 있는 소지도 내포되어 있다고 보는 견해도 제시되었다. 그러나 당시 청탁금지법 논란은 과거 언론윤리법 파동과는 본질적으로 차이가 난다는 시각도 있었다(이재진, 2015). 왜냐하면 언론윤리법 파동의 경우에는 언론계의 공동대응과 윤리담론이 위력적인 힘을 발휘한 반면 청탁금지법과 관련해서는 윤리성 제고를 결의하거나 공동으로 대응할 수 있는 미디어 환경도 아니었을뿐더러 언론의 비윤리성에 대한 법적 처벌이 언론윤리법과 같은 언론자유에의 침해라는 담론도 더 이상 설득력이 크지 않은 상황으로 보였기 때문이다(이재진, 2015).[8]

7 청탁금지법의 본명은 '부정청탁 및 금품수수 금지 등에 관한 법률'이다. 청탁금지법은 2016년 9월 28일부터 시행되었다.

8 이는 후술하듯이 청탁금지법에 사립교원과 언론인이 포함되는 점에 대다수의 국민들이 찬성한 점에서도 알 수 있다.

이러한 상황은 지난 세월호 참사이후 더욱 확대되어 간다(김호성, 2015). 이는 예전과는 달리 언론과 언론의 윤리성에 대한 국민들의 인식수준이 높아진 것과도 관계가 있는 것으로 판단된다. 문제는 청탁금지법이 적용된다면 언론의 부적절한 취재 관행이 법원에 의해서 위법적인 행위로 판단되어 형사처벌을 받을 수도 있다는 것이다.[9] 즉 청탁금지법이 시행되면 비윤리적 행위에 대하여 법적 제재가 가능해지기 때문에,[10] 언론에게는 윤리적으로 해결해야 할 문제가 자칫 법적으로 해결되는 나쁜 선례를 남길 수 있게 된다(Black, Steel, &

9 제1조(목적) 이 법은 공직자 등에 대한 부정청탁 및 공직자 등의 금품 등의 수수(收受)를 금지함으로써 공직자 등의 공정한 직무수행을 보장하고 공공기관에 대한 국민의 신뢰를 확보하는 것을 목적으로 한다.

제2조(정의) 이 법에서 사용하는 용어의 뜻은 다음과 같다.

1. "공공기관"이란 다음 각 목의 어느 하나에 해당하는 기관·단체를 말한다.

가. 국회, 법원, 헌법재판소, 선거관리위원회, 감사원, 국가인권위원회, 중앙행정기관(대통령 소속 기관과 국무총리 소속 기관을 포함한다)과 그 소속 기관 및 지방자치단체

나. 「공직자윤리법」 제3조의2에 따른 공직유관단체

다. 「공공기관의 운영에 관한 법률」 제4조에 따른 기관

라. 「초·중등교육법」, 「고등교육법」, 「유아교육법」 및 그 밖의 다른 법령에 따라 설치된 각급 학교 및 「사립학교법」에 따른 학교법인

마. 「언론중재 및 피해구제 등에 관한 법률」 제2조제12호에 따른 언론사

10 제8조(금품 등의 수수 금지) ① 공직자등은 직무 관련 여부 및 기부·후원·증여 등 그 명목에 관계없이 동일인으로부터 1회에 100만 원 또는 매 회계연도에 300만 원을 초과하는 금품 등을 받거나 요구 또는 약속해서는 아니 된다.

② 공직자등은 직무와 관련하여 대가성 여부를 불문하고 제1항에서 정한 금액 이하의 금품등을 받거나 요구 또는 약속해서는 아니 된다.

③ 제10조의 외부강의등에 관한 사례금 또는 다음 각 호의 어느 하나에 해당하는 금품등의 경우에는 제1항 또는 제2항에서 수수를 금지하는 금품등에 해당하지 아니한다.

2. 원활한 직무수행 또는 사교·의례 또는 부조의 목적으로 제공되는 음식물·경조사비·선물 등으로서 대통령령으로 정하는 가액 범위 안의 금품 등.

6. 공직자등의 직무와 관련된 공식적인 행사에서 주최자가 참석자에게 통상적인 범위에서 일률적으로 제공하는 교통, 숙박, 음식물 등의 금품 등.

Barney, 1999, p. 25). 물론 청탁금지법이 언론의 자유에 대한 과잉규제라는 인식도 있고, 관련 규정들이 자칫 법이 시행되기도 전에 위헌으로 폐지될 가능성도 있다는 시각도 존재하였다. 또한 시행된다 하더라도 우리 법원이 언론인을 형사적으로 처벌하는 판결을 내리기가 그리 쉽지는 않을 것으로 예상하기도 했다.

그럼에도 예상과는 달리 시행이 이루어졌고 실제로 청탁금지법이 시행된 2016년 9월부터 2020년 말까지 청탁금지법 위반으로 제재를 받은 사람은 1,025명이고 이 중 651명은 과태료, 236명은 징계부가금 처분을 받은 것으로 나타났다. 2016년 9월 이후 청탁금지법 위반 혐의로 정식 재판에 넘겨져 확정판결을 받은 93명(사건 수는 53개) 중에는 언론인과 교육종사자가 가장 많은 것으로 드러났는데, 기소된 언론인 24명 가운데 1명을 제외한 23명이 지방 언론사 소속으로 나타났다. 지방언론사의 경우 비방성 기사를 쓰지 않겠다는 것을 조건으로 지역업체를 대상으로 금품을 챙기는 경우가 많았던 것으로 보인다(윤태석, 2021.8.2.).

시행 초기 언론은 언론윤리법 파동 때와 마찬가지로 청탁금지법과 관련하여 어떠한 공동의 행보가 필요하다는 논의가 없지 않았다. 과거 언론인들이 하나가 되어 대통령과 담판을 벌이고 대통령을 설득하여 언론윤리법의 시행을 무기한 보류시킨 지혜와 힘을 발휘한 것과 같은 맥락에서 언론인 스스로 자율규제의 카드를 내보일 필요가 있다는 의견제시가 있었다. 그러나 예전과는 크게 달라진 미디어 환경에서 언론 전체의 이익을 위하여 공동으로 대응책을 모색하는 것이 현실적으로 어려워 보였다. 언론은 만일 자율적인 노력을 보여주지 못한다면 법적인 제재가 작용할 수 있다는 딜레마에 빠지게 되었다.

청탁금지법에 대해 언론인들의 의견은 분리되어 있었다. 법이 공직사회와 언론을 투명하게 만드는 장치가 될 수 있지만, 한편으론 언론인에 대한 사정기관의 '합법적인 사찰'을 가능케 함으로써 비판 언론을 옥죄는 언론탄압의 도구로 악용될 수 있다는 우려도 있었다. 그러나 찬성하는 의견과 반대하는 의견 공히 청탁금지법이 어떠한 식으로든지 '언론자유에 영향을 미칠 수 있다'고 이해하고 있다. 다시 말하자면 우리나라에 있어 지배적인 언론윤리 담론은 '외부의 압력은 언론자유에 대한 침해'로 인식되어 왔다는 것이다(신문윤리강령 제1조).

여기에서 언론인들 스스로의 언론윤리에 대한 인식을 엿볼 수 있다. 무엇보다 언론의 보도 내용을 분석한 김춘식(2015, 15-24쪽)의 연구를 통해서 전체적인 특성을 살펴보면 다음과 같다.[11] 관련 내용은 '사실보도'의 형식으로 가장 많이 보도되었고 신문보도가 방송보도보다 많은 것으로 나타났다. 보도의 논조를 살펴보면 신문과 방송 모두 부정적인 논조가 많았으며(신문 42.6%, 방송 50.4%) 신문과 방송 간의 차이는 없었다. 다음으로 중립적인 논조 그리고 이를 찬성하는 논조는 가장 적은 것으로 나타났다(신문 19.3%, 방송 11.1%). 즉 언론은 저자 구분에 상관없이 대체로 청탁금지법에 대해서 반대하는 글을 싣게 하고 있던 것을 알 수 있다.[12]

11 분석기간은 '서울시 공직자 혁신 대책' 실행을 계기로 청탁금지법 원안 성사에 미온적 태도를 보인 국회를 비판한 경향신문의 기사가 나온 2014년 10월 10일부터 2015년 4월 3일까지의 약 6개월간이다.

12 신문의 경우 조선, 중앙, 동아의 경우가 높았으며, 경향, 한겨레의 경우 찬성 논조의 기사를 게재하였다.

당시 조사결과에서 나타난 반대의견의 논리를 살펴보면 법자체의 문제점에 대해서 이의를 제기하고 있는 것이 대부분인데 '이해충돌 방지법안 누락(35%)', '사회단체의 이의 제기(35%)', '과잉 입법(25%)', '언론인 포함에 대한 문제 제기(5%)' 등인 것으로 나타났다. 반대의 근거로만 본다면 언론인을 처벌 대상에 포함시킨 것에 대한 직접적인 이의제기는 많지 않고 이에 대한 반대의견을 표명하는 다른 사회단체들이나 전문가들의 전문적 견해를 중심으로 우회적으로 비판을 하는 형식을 취하였다. 이는 언론인들의 경우에도 언론인들 스스로가 입법의 부당성에 대해 직접적으로 이의를 제기하기에는 부담을 안고 있음을 보여준다.

일부 시민단체와 언론학자, 언론노조의 주장은 법적 논리가 '도덕적'으로는 훌륭하기는 하지만 이러한 논리를 막무가내로 무조건적으로 밀어붙이는 경향을 띤다고 주장하였다. 즉 부정한 청탁을 하거나 부정한 금품을 받으면 자신을 처벌하는 법을 만들어야 한다고 주장하는 견해가 도덕적으로 보일 수 있으나 이러한 주장은 윤리와 법의 영역을 구분하지 못하고 '옳은 것을 하자는데 반대하는 건 나쁘다'는 단순 논리에 경도되어 있다는 것이다(김춘식, 2015).

이들은 계속해서 언론인이 부정한 청탁을 하거나 금품을 받고 과도한 대접을 받는 것은 논란의 여지없이 '나쁜 일'이며 각종 언론윤리강령에서도 이런 행위를 금지하고 있다는 것은 이를 인정하는 것이라고 전제한다. 그럼에도 이들은 언론이 윤리적이어야 한다는 요구는 윤리적 차원에서 관철되어야 하는 것이지 법으로 해결할 일이 아니며, 언론 행위는 본질적으로 헌법에 따른 시민의 기본권 행사에 속하는 것이지 의무 이행 행위가 아니라고 주장하였다(윤성한,

2015.2.9.).

좀 더 구체적으로 보도된 기사를 살펴보면, 반대의견의 경우에 〈중앙일보〉는 2015년 3월 4일자 사설에서 '국회 기능 스스로 포기한 김영란법 통과'라는 제목으로 금품수수와 직무 관련성을 연결시키지 않아 수사기관이 마음만 먹으면 처벌할 수 있다고 주장하였다. 흥미로운 점은 이러한 주장과 함께 명절 선물과 음주, 골프 접대도 사라지고 자영업계와 농수산업 등 1차 산업이 타격을 받을 것이라는 점을 우려했다는 것이다. 〈한국일보〉는 2015년 3월 2일자에서 형평성 문제를 지적하면서 공공성을 이유로 언론인을 법 적용 대상에 포함했다면 공적 성격을 띠는 다른 민간영역이 왜 제외되었는지 명확하게 설명이 있어야 한다고 지적했다. 유사하게 〈동아일보〉 논설위원은 한 세미나에서 "언론사는 신뢰를 상실하면 망할 위험에 처하는 등 자기책임의 원칙이 관철돼야 하는 사적 영역"이라면서 "시민단체 또한 사적 영역에 속하며 공적인 관심사를 다루고 있으므로, 언론이 법 적용대상이 된다면 시민단체도 똑같이 김영란법의 대상이 돼야 한다"며 언론을 청탁금지법으로 다뤄서는 안 된다고 주장했다(대한변협신문, 2015.4.27.).

윤성한(2015.2.20.)은 '공무원'과 '언론인'에게 적용되는 법적 책무가 다르다고 지적하는 건 애초에 법적 지위가 다르기 때문이라며 언론인은 공무원이 아니라고 강조했다. 〈조선일보〉(2015. 3. 3.)도 국회 법사위원장의 말을 빌려 법 적용 대상을 국회의원이나 행정부 고위공직자, 사법부 판검사 같은 고위 공직자로 축소해야 법의 실효성을 높일 수 있다고 보도했다. 또한 청탁금지법의 목적이 공직사회의 부정부패 척결과 공직사회의 공정성 확보란 점에서 당연히 그 대상은 공무원과 공직수행기관의 구성원으로 한정돼야 한다는 기존의 주장도 제기되었다.

유사하게 법률에 범죄와 형벌을 가능한 한 명확하게 규정해야 수사기관이나 법관의 자의적 판단을 막을 수 있다거나, 법적용 대상을 원칙 없이 확대하면 고소·고발이 증가하고, 검경의 업무가 지나치게 확대되면서 수사공화국이 될 가능성이 있다는 주장도 제기되었다(김상겸, 2015.3.12.). 즉 법의 적용 대상이 법의 목적에 부합되지 않는다면 과잉입법으로 결국 합목적성을 잃게 된다는 것이다.

한편, 이러한 반대 목소리와는 달리 언론이 언론인을 포함하는 청탁금지법에 대해서 긍정적인 보도를 한 경우, 그 근거로는 '취재과정에서 언론인들이 누린 특혜와 부적절한 뉴스 생산 및 광고 영업 관행 개선'의 취지가 강했다. 즉 이러한 기존의 잘못된 관행을 개선함으로써 언론의 '도덕적 우월성'을 확보할 수 있고 결과적으로 언론의 권력 감시 기능 또한 탄력을 받을 수 있다는 것이다(한겨레, 2017.9.27.). 이와 유사하게 청탁금지법이 언론의 감시 기능을 위축시킬 것이라는 시각에 대해서 국민들이 동의하지 않고 있다는 점을 언론이 직시해야 한다는 취지의 기사도 나타났다. 실제로 전술한 바와 같이 국민들의 경우 많은 사람들이 청탁금지법을 찬성하는 것으로 나타났다는데 이는 언론인들이 자신들이 윤리적인데도 불구하고 법이 만들어진 것은 부당하다는 언론인들 스스로의 자평이나 인식에 국민들이 동의를 하지 않는다는 점을 잘 보여준다.

또한 청탁금지법을 언론이 진정으로 독립된 주체로서 설 수 있는 기회가 될 수 있다고 보는 시각도 있다. 박기효, 홍성완 그리고 신태범(2017)의 조사에 따르면 청탁금지법이 '언론자유'를 위축시키는 것이 아니라 오히려 다른 유관단체나 기업이 행해 온 '언론관리' 관행이 사라지게 할 수 있다고 보았다. 예를 들어 청탁금지법이 시행되면 '출입처'를 가진 기자들에 대한 특혜로 '출입처'와 기자들이 유착되는 언론관행을 뿌리 뽑을 수 있을 것이며 이러한 특혜가 사라져야 비판적이고 독립된 시각을 갖출 수 있다는 것이다.

구체적으로 2015년 2월 17일자 〈한겨레〉는 언론학자와 언론인의 찬성과 반대 의견을 함께 전하면서, 모두가 국내 언론인의 윤리적 수준에 문제가 있다는 데 동의하지만, 언론인 포함이 윤리수준을 제고할 수 있는 있는 타당한 처방인지에 대해서는 의견이 엇갈리고 있다는 메시지를 전달하였다. 3월 17일자 〈한겨레〉 '미디어 전망대' 기사는 취재 과정에서 언론인들이 누린 특혜와 부적절한 뉴스 생산 및 광고영업 관행을 비판하면서 청탁금지법 적용대상에 언론인이 포함된다면 도덕적 우월성 확보가 가능하며 결과적으로 언론의 감시 기능 또한 탄력을 받을 수 있다고 강조했다. 3월 27일자 〈한겨레〉 오피니언에서는 청탁금지법이 언론이 감시 기능을 위축시킨다는 반대측 언론의 해석은 언론에 대한 시민의 부정적 인식으로 인해 받아들이기 어렵다는 내용을 담았다.

실제로 찬성측 의견을 보이는 언론인도 다양한 견해를 드러냈다. 언론인을 포함시키느냐 마느냐로 청탁금지법에 제동이 걸려서는 안 된다는 의견도 있고, 언론인들이 오히려 솔선수범해서 청탁금지법을 받아들여야 한다는 주장도 있었다. 떳떳하면 뭐가 문제냐는 입장을 취하기도 한다. 예를 들어 손석희 JTBC 보도부문 사장은 방송에서 "투명한 권력과 불가근 불가원의 원칙을 지키고 싶은 언론인들의 마지막 자존심"이라며 "언론인도 (김영란법에) 꼭 넣어주시기 바란다"

라고 밝혔다. 또한 최승호 PD(후에 MBC 사장)는 "뇌물 · 향응을 받을 자유를 언론자유와 혼동해서는 안 된다"라고 언급하였다. 이외에도 비록 청탁금지법이 과잉입법이라고 생각하면서도 언론계 내부가 자정작용을 기대하기 힘들 정도로 병든 상황에서 청탁금지법이 고질적인 기자사회 병폐를 바로잡을 수 있는 충격 효과가 되어줄 수 있다는 의견들이 제시되었다(윤성한, 2015.2.22.).

그러나 전체적으로 볼 때 언론계는 청탁금지법과 관련하여 반대 의견이 많았다. 즉 윤리적인 문제로 인한 법적인 처벌이 언론을 정화시키는 데 도움이 될 수 있을지 모르나, 이는 언론의 자유를 침해할 수 있으며 언론인에게 잘못된 윤리 관념을 심어줄 수 있다는 담론이 강하게 제시되었다. 윤리적인 문제를 법으로 만들어 시행하게 되면 다시 윤리적인 본원의 모습으로 환원하기가 어렵다는 걱정이 많았다. 그러나 이러한 언론의 반대견해는 국민, 특히 언론수용자들의 지지를 받지 못했다. 오히려 청탁금지법 도입 이후 많은 언론사들은 자사 언론인들을 대상으로 관련 교육을 시행하였고, 적지 않은 언론인들이 청탁금지법에 대한 교육을 수습기자 연수 이후 처음 받아본 교육이라고 기억하고 있었으며, 아이러니하게도 소속사의 윤리강령에 대해서는 대부분 알지 못하고 있었다(구교태 · 조소영 · 이영희, 2022).

이는 법적제재 우려가 없을 당시에는 언론인으로 갖춰야 할 윤리에 대한 교육이 도외시되었으나, 법적 처벌 가능성이 발생하자 부랴부랴 교육이 시행되었다고 할 수 있다. 이는 언론윤리와 관련된 법의 시행이 체계적으로 내면화된 언론인들의 윤리규범에 생채기를 낸 것이라기보다는, 윤리보다는 법적제재 여부가 취재와 보도 행위의 기준으로 이미 작동하고 있었던 것은 아닌지 의문이 들게 한다. 즉 언론자유를 위해 언론윤리법제정에 저항하면서 생성되었던 한국의 언론윤리 담론이 사회적 공기로서의 책임의식과 높은 도덕성으로 발전하기보다는 외부 간섭을 용납하지 않는 윤리규범의 관념으로 자리잡은 것은 아닌가 하는 생각이 든다.

정리하자면 우리나라에서 언론윤리 담론은 스스로의 자생적인 노력에 의해서 형성되었다기보다는 정부 등 외적인 압력과 '법의 제정'을 통해 형성된 기형적인 모습으로 탄생하게 되었다고 할 수 있다. 미국의 경우처럼 대학의 저널리즘 학문적 발전을 배경으로 점차 전문직으로서의 윤리규범을 만들어 가는 것과는 다른 윤리규범의 담론이 형성된 것이다. 그렇다 보니 미국이나 영국 등과 달리 한국기자협회를 비롯해 대다수의 언론사 윤리강령의 제1조는 한결같이 '언론의 자유'이다.[13] 미국기자협회(SPJ) 윤리강령[14]의 첫 항목은 '진실추구보도(Seek Truth and Report It)'이며, 영국의 독립언론표준기구(IPSO) 편집자 윤리강령[15] 경우도 '정확성(Accuracy)'이 첫 번째로 언급되고 있고, 두 곳 모두 '언론의 자유'를 윤리강령 첫 번째 항목으로 직접 내세우고 있지 않다. 이에 한국의 다양한 언론윤리강령 제1조도 '언론의 책임'으로 바뀌어야 한다는 주장도 있다(이재진·이영희, 2024).

13 조소영(2022)에 의하면, 국내 대표 언론사 16개 윤리강령을 조사한 결과, 대부분의 윤리강령들이 처음에 '언론의 자유 수호'를 규정하고 있다.

14 미국기자협회 윤리강령 URL: https://www.spj.org/ethicscode.asp (최종검색: 2024.02.29)

15 영국 독립언론표준기구 URL: https://www.ipso.co.uk/editors-code-of-practice/ (최종검색: 2024.02.29)

문제는 한국의 특유한 윤리 담론 형성의 배경을 통해, 우리 언론은 스스로 언론윤리를 자유와 등치시키며, 정작 책임이 뒤따르는 윤리규범에 집중하고자 하는 노력에는 소홀했다는 사실이다. 한국 언론이 번성기를 구가했던 1990년에서 2000년대 초반까지 언론 전체 차원에서 앞장서서 언론윤리에 대한 깊은 성찰과 체계화에 고민하고 실천했다면 세월호 참사 이후 붙여진 '기레기'라는 멸칭은 얻지 않았을 것으로 판단된다.

3

언론윤리에 대한 시각 차이

1. 법원의 인식

윤리는 법보다 넓은 범주로 법을 포용하는 존재이다. 미국 연방대법원장을 지낸 사뮤엘 워렌(S. Warren)은 법이란 윤리의 바다에 떠있는 섬과 같아서, 윤리가 없으면 법이 존재할 수 없다고 하였다(유일상, 2001; 최종고, 2000). 언론 관련 법 역시, 언론윤리를 지키지 않아 결국 불법이나 위법한 경우가 발생한다면 이에 대한 법적 책임을 지게 된다. 하지만 비윤리적인 영역과 불법적 영역의 경계를 명확히 구분하기 어려우며, 사건이 발생하는 경우 그 경계에 대한 판단은 법원에게 맡겨진다. 따라서 법원은 윤리적인 언론이란 어떠해야 하는가에 대해 나름대로의 이해를 가지고 있다고 하겠다(이재진, 2005). 합법인지 아닌지, 그리고 합법이기는 하지만 비윤리적일 수 있는 사례는 어떠한 것인지 등을 판단하는데 있어 우리나라 법원은 어떠한 결정의 기준을 가지고 있을 수 있다는 것이다. 그렇다면 법원과 언론인, 그리고 언론수용자의 언론윤리에 대한 인식에 어떤 공통점과 차이점이 있는지 알아볼 수 있을 것이다. 전술한 바와 같이 법을 넘어서는 윤리적 판단은 대단히 상대적이라는 점에서, 언론윤리에 대한 언론과 법원의 인식은 차이가 있을 것으로 예상된다.

이재진(2005)은 국내 판결에서 언론윤리에 대하여 첫 언급이 나왔던 1993년 이후 2004년까지의 법원 판사들의 시각을 살펴본 바 있다. 이번 장에서는 기존 연구에 더하여 2005년부터 현재까지의 판례분석을 시행하였다. 판례 검색을 위하여 로앤비(www.lawnb.com) 사이트를 검색에 이용하였다. 이 검색사이트에 '윤리', '언론윤리', '언론 윤리', '직업윤리', '직업 윤리', '미디어 윤리' 등의 키워드를 입력하여 관련 판례를 찾았다. 검색은 기존 연구 이후 2005년부터 2023년까지 18년 동안 몇 건의 판결이 나왔는지에 집중하였다.

이재진(2005)에 따르면, 2004년까지 언론윤리를 직접적으로 다루고 있는 판결은 총 2건 만이 발견되었으며, 간접적으로 언론윤리를 논의하는 판결이 3건으로 나타났다. 그러나 2005년부터 검색한 이번 조사에서는 언론윤리에 대한 법원의 인식을 알 수 있는 직접적인 판례가 도출되지 않았고, 간접적으로 법원 판사들의 윤리에 대한 인식을 추측할 수 있는 판결 5건이 추가되었다.

이처럼 18년 동안이나 법원의 판결문에서 언론윤리에 대한 언급이 거의 없다는 사실은 언론윤리가 개별적이고 자율적인 명제라는 것을 의미하는 것이라 판단할 수 있다. 많지는 않으나, 우리나라 법원의 언론윤리 인식을 파악할 수 있을 만큼 문장으로 드러나 있는 판결을 정리하면, 〈표 4-1〉에서 보는 바와 같이 총 7건의 사건이며 하급심을 포함하여 판례는 10건으로 나타났다.

표 4-1 언론윤리관련 국내 판결례

번호	판례번호	판결의 성격	판결요지	비고
1	서울지방법원 1993. 9. 6. 선고 93카합792 판결	직접/ 노력해야 할 직업윤리상의 의무	언론은 공정하고 올바른 여론 형성을 위하여 노력해야 할 **직업윤리상의 의무**가 있으므로 가능한 한 진실한 보도를 추구하여야 할 뿐만 아니라, 진실하지 아니한 정보의 전파는 사회 공익에도 반하므로 이를 억제할 필요가 있다	윤리 관련 최초 판결
2	서울지방법원 1993. 10. 8. 선고 92가합16462 판결	간접/ 비속한 표현의 사용	타인의 주장 또는 풍문을 이용하는 형식을 취했지만 구체적인 사실을 비속한 표현을 사용하여 적시하는 경우에는 **사회적 윤리를 침해하는 비윤리적 행동**일 뿐만 아니라 명예훼손죄에 해당한다	
3	서울형사지법 1994.10.14 선고	간접/ 기자의 신분사칭	기자가 **검찰공무원 등을 사칭하는 것은 비윤리적**일 뿐만 아니라 공무원 사칭혐의 등으로 위법적 행위가 된다	
4	대법원 1998. 7. 14. 선고 96다17257 판결	직접/ 언론윤리를 정의	**언론의 직업윤리인 건전한 여론 형성**에 범죄사건 보도가 포함된다고 적시한 바 있다	
5	서울고법 2001. 1. 11 선고	간접/ 기자의 경찰 동행 취재	사적공간에 경찰과 동행하여 취재하는 것은 **비윤리적인 불법행위**	
6-1	서울중앙지방법원 2005. 10. 21. 선고 2004가합30267 판결	간접/ 내용의 왜곡 편집 및 발췌	원고는 피고들이 강연회 내용 중 일부를 의도적으로 왜곡 편집, 발췌하여 특히 **언론인으로서의 기본적인 직업윤리**와 사회적 명예에 직결되는 내용에 관하여 하지도 않은 강연 내용을 했다는 취지로 이 사건 보도를 하였다고 주장함. 법원은 판결에서 이를 고려하지 않음.	고법 원고 일부 승소/ 대법 파기환송

<table>
<tr><th>번호</th><th>판례번호</th><th>판결의 성격</th><th>판결요지</th><th>비고</th></tr>
<tr><td>6-2</td><td>서울고등법원
2006. 7. 19. 선고
2005나102241 판결</td><td rowspan="2">간접/
내용의 왜곡
편집 및 발췌</td><td rowspan="2">원고는 피고들이 강연회 내용 중 일부를 의도적으로 왜곡 편집, 발췌하여 특히 언론인으로서의 기본적인 직업윤리와 사회적 명예에 직결되는 내용에 관하여 하지도 않은 강연 내용을 했다는 취지로 이 사건 보도를 하였다고 주장함. 법원은 판결에서 이를 고려하지 않음.</td><td rowspan="2">고법 원고
일부 승소/
대법
파기환송</td></tr>
<tr><td>6-3</td><td>대법원
2008. 4. 24. 선고
2006다53214 판결</td></tr>
<tr><td>7-1</td><td>서울중앙지방법원
2021. 7. 15. 선고
2020고단5321 판결</td><td rowspan="2">취재원에
대한 협박과
회유 여부/
직장에서의
사직</td><td rowspan="2">재판부는 이기자의 취재원 회유와 검찰 고위 간부 등을 통한 네트워크 동원 암시 등의 경우에는 법적인 위반으로 기보다는 언론윤리의 틀에서 판단하고 있음</td><td rowspan="2"></td></tr>
<tr><td>7-2</td><td>서울중앙지방법원
2023. 1. 20. 선고
2022노2532 판결</td></tr>
</table>

관련 판례를 전체적으로 살펴보면, 가장 최근의 판결을 제외하고 법원은 '언론윤리'라는 용어보다는 '직업윤리'라는 용어를 사용함으로써 기자라는 직업을 선택한 사람이라면 준수해야 하는 윤리적 규범으로 보는 경향이 나타났다.

먼저 법원이 언론윤리가 무엇인가를 직접적으로 언급한 판례부터 보면, 언론윤리에 대해 최초로 언급한 서울지방법원 1993. 9. 6. 선고 93카합792 판결에서 법원은 "언론은 공정하고 올바른 여론 형성을 위하여 노력해야 할 직업윤리상의 의무가 있으므로 가능한 한 진실한 보도를 추구하여야 할 뿐만 아니라, 진실하지 아니한 정보의 전파는 사회 공익에도 반하므로 이를 억제할 필요가 있다"고 판시하였다. 이는 언론윤리를 '공정하고 올바른 여론 형성을 위한 노력'으로 판단하고 있으며, 언론윤리의 실천 방법은 '진실한 보도'라고 해석할 수 있다.

다음으로 서울지방법원 1993. 10. 8. 선고 92가합16462 판결에서 법원은 언론윤리에 대해 앞서 93카합792 판결과 동일하게 설시하여 '언론윤리는 공정하고 올바른 여론 형성을 위해 진실을 보도하는 것'으로 똑같이 인식하고 있었다. 한편, 언론윤리에 관해 간접적으로 고려한 판례들을 살펴보면, 대법원 1998.7.14. 선고 96다17257 판결은 "일반적으로 범죄사건 보도는 범죄 형태를 비판적으로 조명하고 사회적 규범이 어떠한 내용을 가지고 있고, 그것을 위반하는 경우 그에 대한 법적제재가 어떻게, 어떠한 내용으로 실현되는가를 알리고 나아가 범죄의 사회문화적 여건을 밝히고 그에 대한 사회적 대책을 강구하는 등 여론형성에 필요한 정보를 제공하는 역할을 하는 것으로 믿어지고 따라서 대중매체의 범죄사건 보도는 공공성이 있는 것으로 취급할 수 있을 것"이라고 피력했다. 다시 말하자면, 이 판결에서도 언론의 주요 역할을 '여론 형성에 필요한 정보를 제공하는 것'으로 봄으로써 대법원 역시 앞서 언론의 직업윤리를 언급한 법원들과 유사한 관점을 지닌 것으로 유추된다.

또한 유방수술이라는 개인의 사생활 공개와 관련된 손해배상 판결에서, 대법원은 헌법 제21조 제4항을 인용하며 언론자유도 중요하지만 무분별한 보도를 통해서 공중도덕이나 사회윤리를 침해서는 안 된다고 설시하였다. 이는 언론이 개인의 사생활을 부당하게 공개하는 것은 비윤리적인 행위이며 곧 '사회윤리'를 침해하는 것으로 판단하고 있음을 알 수 있다. 다시 말해, 법원은 언론윤리를 사회적 윤리와 유사하게 이해하고 있는 것으로 추정할 수 있다.

언론윤리를 사회윤리로 이해하는 법리는 다른 판결에서도 발견되는데, 타인의 주장 또는 풍문을 이용하는 형식을 취했지만 언론이 구체적인 사실을 비속한 표현을 사용하여 적시하는 경우에는 사회적 윤리를 침해하는 비윤리적 행동일 뿐만 아니라 명예훼손죄에 해당한다고 인정한 판례도 있다.[16] 아울러 취재 과정에서의 행위에 관해 윤리성을 언급한 판례가 있는데, 여기서 법원은 기자가 검찰공무원 등을 사칭하는 것은 비윤리적일 뿐만 아니라 공무원 사칭 혐의 등으로 위법적 행위가 된다고 보았으며,[17] 사적공간에 경찰과 함께 언론이 동행 취재하는 것은 윤리적이지 못한 불법행위라고 인정한 바 있다.[18]

지금까지 살펴본 판례를 일단 정리하면, 우리 법원은 언론윤리를 첫째 공정하고 올바른 여론 형성을 위해 진실을 보도하는 것이며, 둘째 사회윤리와 같은 것이며, 셋째 정당한 방법으로 정보를 수집해야 하는 것으로 인식한다고 요약할 수 있겠다.

한편, 언론인의 직업윤리가 판례에서 언급된 서울고등법원 2006. 7. 19. 선고 2005나102241 판결을 보면, 법원은 피고 언론사가 원고 언론사가 하지도 않은 얘기를 했다고 보도한 것은 원고의 명예를 훼손한 것이라고 판결하였는데, 이 과정에서 원고는 피고의 행위를 언론인으로서의 직업윤리를 위배하는 행위라고 주장하였다. 해당 사

16 서울지방법원 1998. 8. 19. 선고 97가합93499 판결.

17 서울형사지법 1994. 10. 14. 선고.

18 서울고법 2001. 1. 11. 선고.

건의 고등법원과 대법원[19]은 이 주장을 인용하지는 않았으나 직업윤리를 강조하는 원고의 주장을 배척하거나 부인하는 결론에 도달하지도 않았다.

가장 최근의 언론윤리 관련 판례는 일명 〈채널A〉 사건과 관련이 있다.[20] 사건의 개요를 간단히 설명하면, 〈채널A〉 소속 이모 기자(이하 이기자)가 소위 신라젠 사태의 주범 중 한 사람으로 수감 중인 밸류인베스트먼트 ○○○ 대표(이하 ○○○)에게 편지를 쓰면서부터 이 사건이 시작된다. 이기자는 ○○○에게 검찰이 세게 구형해서 독박을 쓸 수 있다고 하면서 라임 사태와 관련된 현재의 상황을 검찰측과 연결해서 감형을 구할 수 있다는 회유 목적의 편지를 여러 차례 보낸다. 그런데 정작 ○○○ 본인은 이에 대해 직접 응답하지 않고 그를 대변한다고 하는 김모씨(이하 취재원 A)가 이기자 측에 연락을 취한다.

이기자는 취재원 A가 누구인지, 어떤 의도인지도 명확하지 않은 상황임에도 의심을 품지 않은 채 취재원 A를 만났으며 그 자리에는 이기자의 후배 P기자도 있었다. 그 자리에서 취재원 A는 이기자가 보여주는 통화내용 녹취록을 약간 소리 내서 읽으면서 이를 자신의 스마트폰에 몰래 녹음하였다. 그리고 그 내용을 MBC에 제보하고 나

19 대법원 2008. 4. 24. 선고 2006다53214 판결.

20 미국의 경우 1970년대 이후부터 자신이 직접 탐사한 사실과 결합되지 않은 취재원의 주장을 토대로 쓴 기사들이 늘어나게 되었다. 이후 이름이 없는 취재원과 익명 취재원의 이용이 전체에서 차지하는 비율이 점점 더 커지고, 이는 전 대통령인 빌 클린턴이 연루된 르윈스키 스캔들에서 정점에 달한다(이재경, 2020; 김송옥, 이인호, 2022). 우리나라에서도 2020년 언론계와 관련된 다양한 이슈들 중에서 최근 쟁점화된 언론윤리를 다시 한번 심각하게 생각하는 사건이 있었으니 바로 소위 '〈채널A〉 사건'이다.

중에 MBC가 이를 보도하면서 사건이 드러나게 된다.[21]

결국 이 사건은 법원으로 가게 된다. 검찰은 이기자가 검찰이 강도 높은 수사를 진행할 것이라는 취지의 편지를 전하면서 ○○○ 대표가 취재에 응하도록 강요했다고 보았다. 그러나 2022년 7월 1심 재판부는 "처벌 가능성이 있다고 인식해도 피고인들의 인식이나 중간 전달자에 의해 왜곡돼 전달된 결과에 따른 것이라서 강요미수의 책임을 물을 수 없다"며 이기자 등에게 무죄를 선고했다. 당시 1심 재판부는 이기자와 관련한 개별 행위 모두에 대해 강요미수가 성립할 요건을 충족하지 못했다고 보았다. 다만 법원은 당시 판결에 기재하지 않았지만 "특종 취재에 대한 과도한 욕심으로 중형을 선고 받아 수감 중인 피해자를 압박하고 가족의 처벌 가능성까지 운운하며 취재에 필요한 정보를 얻으려고 했다"며, "검찰 고위 간부를 통한 선처

21 이 사건이 발생한 이후 한국기자협회 〈채널A〉지회는 "소속 기자가 취재 윤리를 위반한 것에 대해 동료로서 깊은 책임을 통감한다"며 "그동안 취재 관행을 되돌아보는 계기로 삼아 이슈 선정, 인터뷰, 보도 방식 등 전 과정을 개혁할 것"이라고 밝혔다. 〈채널A〉지회는 회사의 '신라젠 사건 정관계 로비 의혹 취재 과정에 대한 진상조사 보고서' 공개와 관련해 성명을 내고 "이번 사태가 특종과 단독 보도에 대한 심리적 압박 속에서 발생했다는 구조적인 문제를 깊이 있게 점검해야 한다고 판단하며, 단순한 개인의 일탈로 규정지으려는 움직임도 경계할 것"이라고 했다. 〈채널A〉는 자사 홈페이지에 올린 '신라젠 사건 정관계 로비 의혹 취재 과정에 대한 진상조사 보고서'에서 이기자가 전 신라젠 대주주 ○○○ 전 밸류인베스트먼트 대표를 설득하는 과정에서 '과도한 수사', '가족 수사' 등을 언급했고 검찰 고위 관계자와의 친분을 강조하며 취재원의 음성을 녹음해 들려주는 등 부적절한 취재를 했고, 녹음파일 또는 녹취록을 조작해 취재에 사용했을 가능성이 있다면서 취재윤리 위반을 인정했다. 그러나 검언유착 의혹과 관련해선 이기자가 취재 과정에서 검찰 관계자와 사전에 논의했다고 볼 만한 근거를 확인하지 못했고, 이기자가 휴대전화와 노트북, 카카오톡 계정에 들어 있는 데이터를 삭제해 녹취록과 녹음파일에 등장하는 검찰 고위 관계자가 누구인지 증거를 확보하지 못했다고 밝혔다. 이에 대해 시민단체 등으로부터 기자가 진상조사 전에 휴대전화와 노트북 피시에 담긴 데이터를 삭제해 진상 파악이 어려웠다고 밝혀 '진상 은폐 보고서'라는 비판을 받는다.

가능성 등을 거론하며 취재원을 회유하려 한 행위는 명백히 기자로서 취재 윤리를 위반한 것"이라고 판시했다.[22]

이러한 1심 판결에 불복해 항소를 제기한 검찰은 결심공판에서 이기자에게 원심과 마찬가지로 징역 1년 6개월을, 후배 P기자에 대해서도 원심 구형과 동일한 징역 10개월을 내려달라고 요청한 바 있다. 이에 대해 2심 재판부인 서울중앙지법 형사항소9부(부장판사 양경승)는 2023년 1월 19일 이기자 등의 항소심 선고기일을 열고 무죄를 선고한 원심을 유지한다고 판결했다. 이기자와 함께 기소된 후배 P기자에 대해서도 원심과 같이 무죄를 선고했다. 재판부는 먼저 "피고인들의 협의가 성립되려면 객관적으로 피고인들의 행동을 봤을 때 피해자가 '충분히 (불리한 상황이) 일어날 수 있겠구나'라고 인식했어야 한다"고 전제했다. 이어 "제3자가 봤을 때 피고인들이 중간자와의 만남이나 서신을 통해 검찰에 영향력을 행사할 수 있다는 정도까지 (협박을) 했다고 평가되지는 않는다"며 "각각을 협박으로 볼 수 있지만 해악을 가하는 검사를 임의로 조종하거나 영향력을 행사할 정도라고 평가하기 어려워 협박과 강요미수는 성립되지 않는다"고 판단했다. 이 사건은 결국 대법원에 까지 이르게 된다. 대법원 민사1부(주심 김선수 대법관)는 2023년 12월 25일 이기자가 〈채널A〉를 상대로 낸 '해고 무효 확인 소송' 상고심에서 원고 패소 판결을 확정했다.

검찰은 2020년 8월 이기자를 구속 기소했으나 1·2심 법원에서 모두 무죄가 선고됐고 판결이 그대로 확정됐다. 〈채널A〉는 이기자가

22 서울중앙지방법원 2021. 7. 15. 선고 2020고단5321 판결.

취재 윤리를 위반했으며 이 같은 사실이 알려져 회사의 명예를 크게 실추했고 회사의 진상조사를 방해했다는 이유로 2020년 6월 그를 해임했다. 이에 이기자는 해고가 부당하다며 2020년 11월 회사를 상대로 소송을 냈다. 그러나 형사재판과 별개로, 징계 조치에 대해 법원은 하급심에 이어 대법원까지 〈채널A〉의 손을 들어주었다. 이기자가 해고 사유에 해당하는 '취재윤리 위반' 행위를 한 건 맞다는 취지였다. 1심 법원은 "이기자가 ○○○에게 가족에 대한 수사가 진행될 수 있다거나 검찰 고위 관계자와 친분으로 이 전 대표의 수사와 재판에 영향력을 줄 수 있는 것처럼 해 취재정보를 얻으려고 한 것은 취재 윤리를 벗어난 것"이라며 해고 징계가 적절하다고 판결했으며, 상급 법원도 이기자의 항소를 기각했다.

위의 판결들을 통해 국내 법원은 검찰 고위 간부 등 네트워크 동원 등을 암시하여 취재원을 회유하고 정보를 얻으려 한 행위를 법률 위반으로 보기보다는 언론윤리의 틀에서 판단하고 있음을 알 수 있다.[23] 이는 앞서 우리 법원이 정당한 방법으로 정보를 수집해야 하는 것을 언론윤리로 인식했던 판결들과 맥을 같이한다고 하겠다.[24]

이와 같이 여러 관련 판례의 분석 결과 몇 가지 사실을 추정할 수 있다. 첫째, 우리 법원은 언론윤리에 대해서 구체적인 행위로서보다는 추상적이고 광범위한 행위 유형으로 인식하는 경향이 있다. 다시

23 서울중앙지방법원 2023. 1. 20. 선고 2022노2532 판결.

24 다만 이러한 사건이 다시 발생하게 된다면 이는 언론윤리적인 측면에서만 판단하지 않을 가능성이 크다고 보인다. 또한 비윤리적인 행위가 법적인 문제로 비화할 수 있으며, 해고 사유가 될 수 있다는 사례로 언론인들에게 시사하는 바가 크다고 하겠다.

말하자면 한국 법원은 언론윤리가 무엇인가에 대한 구체적인 정의를 내리기보다는 '공정하고 올바른 여론 형성'이라는 의무규정을 윤리의 조건으로 판단하고 있는 것으로 보인다. 그러나 법원은 무엇이 공정한 것이고 무엇이 올바른 여론인가에 대해서는 아직 아무런 언급을 하지 않고 있다.

둘째, 법원은 언론윤리가 공중의 이익을 위해서 존재하는 것이라는 인식을 가지고 있으며, 언론윤리가 잘 지켜지지 않으면 사회윤리가 훼손되는 것으로 판단하고 있다. 즉 언론윤리를 지키는 것이 전반적인 사회적 윤리를 지키는 요건으로 인식하고 있다는 것이다.

셋째, 비록 법원이 '정당한 방법으로 정보를 수집해야 한다'는 표현을 직접적으로 사용하지는 않았으나, 판례에서 나타난 기자의 검찰공무원 사칭, 경찰과 동행한 사적공간의 취재, 검찰 고위 간부와의 친분을 동원한 취재원 회유 시도 등은 모두 정당하지 않은 방식으로 기삿거리를 얻으려는 행위였으며 법원은 이를 비윤리적이며 취재 윤리를 벗어난 행동으로 판단하고 있다는 것을 알 수 있다.

지금까지의 분석을 큰 틀에서 볼 때, 우리 법원은 우선 언론의 사회적 기능 측면에서 언론윤리를 판단하는 경향을 나타내고 있다. 즉 여론 형성을 위한 진실 보도라는 언론의 사회적인 기능 측면에서 언론이 윤리적일 필요가 있다고 피력하고 있다. 그리고 상세하거나 구체적이지는 않으나, 취재·보도상의 행위에서 정당하지 않은 방식이 동원되는 경우 취재윤리에 벗어난다고 언급한 것을 볼 때 언론인이 어떻게 행동해야 하는가에 대한 내용도 언론윤리에 일부 포함하여 인식하고 있는 것으로 판단된다.

판례분석에서 나타난 언론윤리에 대한 법원의 인식은 윤리적 문제에 대해 법적 구제를 추구하려는 사건들에 대한 판결에 영향을 미칠 수 있을 것으로 보인다. 언론윤리와 직접 연관된 것은 아니지만 이와 유사한 인식을 2014년 3월 27일 헌법재판소가 내린 결정에서 엿볼 수 있다. 이 결정에서 헌법재판소는 범죄혐의자가 수사 받는 장면을 언론에게 보도하도록 한 경찰의 조치를 위헌이라고 판단하면서, 이를 방송한 언론의 보도에 대해 사건의 사실감과 구체성을 추구하고 범죄 정보를 좀 더 실감나게 제공하려는 목적 외에는 어떠한 공익도 없다고 판시하여 언론의 비윤리적인 취재행위에 대한 인식을 간접적으로 드러냈다.[25] 즉 헌법재판소 역시 언론윤리는 공익을 위해 존재한다는 기존 판결에서 나타난 인식과 같은 입장이며, 우리 법원은 공익추구라는 추상적이면서도 높은 수준의 언론윤리 규범을 요구하고 있다고 할 것이다.

2. 언론수용자의 인식

언론수용자(언론전문가 포함)들은 언론윤리를 준수해야 할, 상당히 고도의 규범으로 인식해 왔다. 특히 언론이 사회를 감시·비판하고 국민의 알권리를 충족시켜야 하는 등 공익적인 역할을 하기 때문에 윤리를 잘 지켜야 한다는 인식을 지니고 있다. 실제로 언론은 공적 비리를 파헤치고 보도할 수 있는 유일한 사적 존재(Blasi, 1977)라는 점에서 헌법의 보호를 받는 만큼 윤리적 의무에 충실해야 한다. 언

25 헌법재판소 2014. 3. 27. 선고 2012헌마652 결정.

론윤리가 여타의 윤리보다 더욱 엄격히 지켜져야 한다는 당위성이 여기에 존재한다. 그럼에도 언론윤리는 그 사회적 구속력을 강하게 발휘하지 못하는 한계가 있다. 김옥조(2004)는 왜 언론윤리가 꼭 지켜져야 하는가를 '가치실현', '환경감시의무', '비판기능수행', '사회적 영향력', '외압으로부터의 자유'로 설명한다. 이는 특히 품격 저널리즘과 연결해서 살펴보면 대단히 핵심적인 지적이라고 할 수 있다.

첫째, 미디어는 기본적인 가치의 실현을 위해 존재한다. 저널리즘이 추구하는 가치가 인권, 자유, 정의, 민주와 같은 개념이므로 언론은 윤리적이어야 한다. 또한 여론 형성을 돕고 국민의 알권리를 충족시켜야 하기 때문에 언론은 윤리적이어야 한다. 이때 무엇이 공중의 정당한 관심사인가를 끊임없이 추구하는 것이야말로 언론윤리의 핵심이다.

둘째, 언론은 국민을 대신해서 환경을 감시하는 의무를 진다. 이러한 환경 감시 기능을 수행하기 위해서는 피감시자보다 도덕적 우위에 있어야 한다. 같은 맥락에서 권력의 감시와 견제의 기능을 갖는 미디어가 국민의 신뢰를 받으며 공적인 책임을 다하기 위해서는 윤리적이어야 한다.

셋째, 언론의 비판적 기능을 수행할 수 있도록 법적·제도적 배려가 요구되며 이러한 요구에 상응해 언론은 윤리적 책임을 다해야 한다. 언론이 누리는 다양한 특혜는 언론의 사회적 책임을 다하라는 측면에서 인정되는 것이다.

넷째, 언론의 사회적 영향력이 대단히 크다. 이는 특히 광파성과 의제설정 기능에서 기인한다. 그러나 헌법 제21조 제4항에서 적시하듯이 '언론이 타인의 명예나 권리' 등을 침해해서는 안 된다는 측면에서 윤리적이어야 한다.

다섯째, 국가권력에 맞서 싸우고 국민이 꼭 알아야 할 일을 제대로 전달하기 위해서는 외압으로부터 자유로워야 한다. 이를 위해서는 언론이 우선적으로 윤리적이어야 한다.

언론윤리를 왜 꼭 지켜야 하는가에 대해 일본의 동경대 총장을 지낸 하마다 준이치(濱田純一, 1995)는 자율규제 또는 윤리라는 것이 법 자체는 아니지만 대중매체와 관련된 법 시스템이 원활히 기능하기 위해서는 필수 불가결한 요소라고 보았다. 즉 윤리를 잘 지킴으로써 궁극적으로 법적 제약은 물론이고 정치적 제약에서 자유로울 수 있다는 것이다. 전술한 바와 같이 언론인은 대개 윤리적으로 보도하기 위해서 노력한다고 주장한다. 원칙적으로는 언론인은 언론인으로서 언론윤리를 잘 지켜야 하지만 실제로는 사회에 발을 내딛는 언론인 대다수가 언론직이 언론윤리를 잘 지켜야 하는 직업적 특성을 가진다는 데에는 현실적인 지식이 부족한 것으로 나타났다(이재진 · 이영희, 2024). 아울러 언론에 대한 국민의 태도나 견해가 이전과는 많이 달라졌다는 점을 언론사는 잘 알지 못한다. 우리 사회에서는 1990년대부터 일탈적이고 선정적인 언론보도에 대한 국민적 거부감이 점차 커지고, 동시에 인격권에 대한 보호의식이 크게 신장되어 잘못된 언론에 대해 집단적이고 조직적인 저항이 발생하고 있다(조준원, 2001; 박용상, 1997).

청탁금지법이 국회 본회의를 통과한 2015년 3월 3일 JTBC '뉴스룸'이 리얼미터에 의뢰해 실시한 여론조사에서 법 적용 대상을 사립학교 교직원과 언론인 등으로 넓힌 데 대해 응답자의 69.8%가 바람직하다고 응답하였다. 언론수용자들의 경우 언론인이 청탁금지법에 포함되어 형사처벌의 대상이 될 수 있음에 대해 찬성하는 의견이 훨씬 많았다. 즉 언론에 대해서는 윤리적 측면에 있어서 무엇인가 상당히 문제가 있다고 인식하고 있다는 것이다. 이처럼 언론의 윤리적 문제에 대해서 긍정적인 인식보다는 부정적인 인식을 하고 있다는 것을 언론은 잘 모르거나 또는 애써 관심을 보이고 있지 않는다는 지적이 있다(이재진, 2006).

그렇다면 실제로 언론수용자들은 언론인의 윤리성 또는 도덕성에 대해서 어떠한 인식을 갖고 있을까? 한국언론진흥재단은 언론수용자의 미디어 이용 행태와 언론에 대한 인식, 미디어의 보도에 대한 평가 등을 파악하고 이에 대한 추이를 알아보기 위해 1984년부터 〈언론수용자 의식조사〉를 실시하고 있다. 해당 조사는 2008년까지 격년으로 수행되다가 2010년 이후 매년 이뤄지고 있으며 2023년까지 총 28회 실시되었다. 매 조사마다 수천 명의 언론수용자를 대상으로 언론과 언론인 전반에 대한 태도와 인식을 파악한다는 점에서 신뢰도가 상당히 높은 조사라 할 수 있다.

여기서는 언론수용자들의 언론윤리에 대한 인식을 파악하는 자료로 해당 보고서들의 통계 결과를 활용하였다. 언론인의 윤리에 대한 언론수용자의 인식을 볼 수 있는 부분은 특히 '도덕성'과 '신뢰성'에 대한 조사 결과이다. 언론인의 도덕성과 신뢰성 등에 대한 수용자의 견해를 조사함으로써 언론인의 윤리에 대해서 언론수용자들이 어떻게 바라보고 있는가를 간접적으로 볼 수 있을 것이다.

여기서는 근래의 추이를 알아보기 위해 2000년 이후의 조사를 집중적으로 살펴보았다. 우선 한국언론재단이 2000년 7월 18-65세의 전국 1,200명을 대상으로 조사한 〈수용자 의식조사〉에 따르면 기자의 윤리의식[26]에 대한 평가가 4점 만점에 2.45로, 1994년 이후 계속 하강곡선을 그리고 있는 것으로 나타났는데, 구체적으로 1994년의 경우 2.69, 1996년 2.62, 1998년 2.50점을 기록하였다(한국언론재단, 2000, 109-110쪽). 이러한 점은 당시 한국의 언론이 윤리적인 측면에서는 언론수용자들로부터 좋은 평가를 받지 못했다는 것을 반영한다고 할 수 있다.[27]

이후에도 이러한 낮은 평가는 향상되지 못한 것으로 나타났다. 2004년 한국언론재단의 〈언론수용자 의식조사〉에서 언론인의 윤리의식에 대한 조사보다는 언론수용자들은 '언론의 도덕성'에 대해서 조사했는데 여기서 10점 만점에 4.8점을 기록해서 여전히 언론의 윤리성에 대해서는 확신하지 못하는 모습을 보인다. 특히 여성보다는 남성이, 학력이 낮은 사람이 높은 사람보다 언론의 도덕성을 낮게 평가한 것으로 나타났다(136쪽). 그러나 2002년도 조사 때와 비교할 때 조금은 나아진 모습을 보였다. 2002년 조사의 경우 언론의 도덕성 점수는 10점 만점에 4.48점을 기록, 2004년 기록이 약간 높음을 알 수 있다. 이때에도 역시 여성보다는 남성이, 학력이 낮은 사람이 높은 사람보다 소득이 낮은 사람이 높은 사람보다 도덕성을 낮게 평가하는 경향이 있었다.

2008년부터 2023년 최근 조사까지는 10점 만점이 아닌 5점 척도

26 2000년 조사에서는 언론인의 도덕성이 아닌, 언론인의 윤리의식을 알아보는 질문으로 구성되었다.

27 미국의 경우에도 언론재단의 결과와 유사한 결과를 보인 조사가 있었는데 미국 미디어 스터디 센타(Media Study Center)가 1998년 9월 전국 1,016명을 대상으로 여론조사한 결과 88%에 이르는 많은 국민들이 기자가 취재를 위해 비윤리적이거나 불법적인 방법을 사용하는 일이 종종 있다고 믿는 것으로 나타났다.

를 사용하였다.[28] 10점 만점 기준과 직접적인 비교는 어려울 것으로 보이나, 여타 변수인 사회적 영향력, 전문성, 사회적 기여의 경우와 비교하여 볼 때에도 15년 동안 변함없이 도덕성 점수가 다른 변수에 비해 가장 낮은 것으로 나타났다. 아래 〈그림 4-1〉은 네 가지 변수의 점수 변화를 잘 보여주고 있다.

그림 4-1 부분별 언론인 평가 추이(2008-2023년)

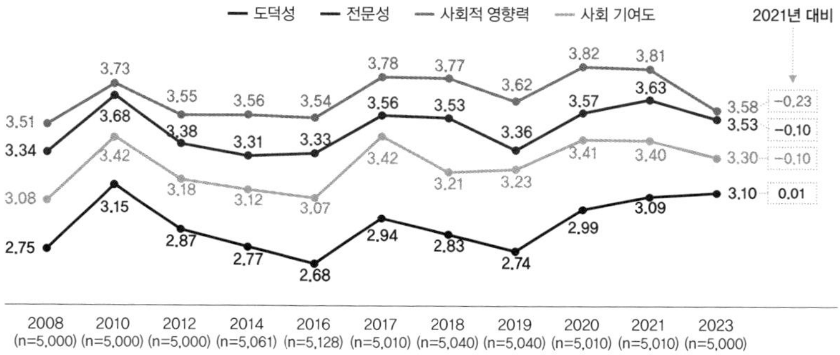

출처: 〈2023 언론수용자 조사〉, 147쪽.

흥미로운 점은 2010년 이후 급격히 하락하던 언론인에 대한 도덕성 점수가 2016년 이후 회복세를 보였고 약간의 하락과 상승의 부침은 있었으나, 2023년 기준으로 도덕성 점수가 크게 향상되었다는 것이다. 2016년 청탁금지법이 시행된 후 평균적으로 도덕성 점수가 상승하고 있는 것인데, 이는 청탁금지법이 언론인에 대한 도덕성 인식

28 언론인에 대한 평가를 도덕성, 전문성, 사회적 영향력, 사회 기여도로 나누어 5점 척도(매우 낮다 1점, 대체로 낮다 2점, 중간이다 3점, 대체로 높다 4점, 매우 높다 5점)로 질문하였다.

에 상당히 긍정적인 효과를 거두고 있다는 점을 시사한다.

한편, 신뢰도 조사 결과의 경우 아래 〈그림 4-2〉에서 볼 수 있듯이 2006년부터 시작된 조사에서 2010년에 언론인 신뢰도가 가장 높게 나타났으나(3.22) 이후 점차 하락 2014년의 경우 가장 낮은 점수(2.68)를 기록했다. 이는 2006년보다도 0.32%p 더 낮은 점수이다.

그림 4-2 연도별 언론인 신뢰도 추이(2006-2023년)

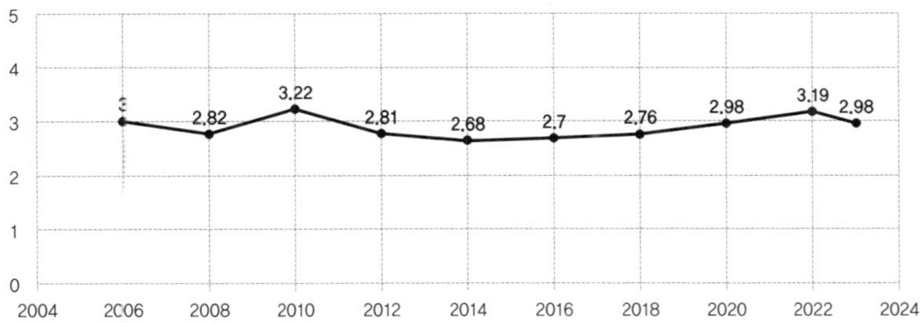

출처: 〈2023 언론수용자 조사〉

신뢰도 측정을 위해 언론인에 대한 신뢰도를 5점 척도(매우 낮다 1점, 대체로 낮다 2점, 중간이다 3점, 대체로 높다 4점, 매우 높다 5점)로 질문한 결과 지난 17년 동안 2.68점과 3.22점 사이에서 신뢰도가 머물고 있음을 알 수 있다. 2014년이 가장 낮게 나온 것은 당시 '세월호 참사'의 영향으로 추정된다. 주지하듯이 당시 언론은 취재보도윤리 문제로 '기레기'라는 멸칭을 얻게 된다. 2010년 이후 언론인에 대한 신뢰도는 하락 추세를 보이다가 2014년에 최악의 신뢰도 위기를 맞게 되었다고 할 수 있다. 이후 2022년에는 두 번째로 높은 신뢰도 점수(3.19)를 얻게 되는데 이는 '코비드19' 위기상황에서 언론이 보도를 신중하게 하려는 노력이 인정받은 이유라고 추정된다. 그러나

2023년에는 다시 하락하였고, 전체적으로 볼 때 언론의 신뢰도는 제자리걸음을 반복하면서 하향 추세를 보인다고 할 수 있다. 이러한 언론인의 신뢰도 하락은 기존 언론에 대한 신뢰도 추락에 따른 기사에 대한 신뢰도 하락과 밀접한 관계가 있는 것으로 판단된다.

그러나 언론은 이처럼 국민들의 신뢰를 잃고 있지만, 여전히 정파성, 선정성, 자사이기주의, 그리고 상업적 성격을 벗어나지 못하고 있다는 지적들이 있다(임종섭, 2015). 실제로 〈2014년 수용자 의식조사〉에서는 언론사가 국민들을 위해 존재하기보다는 자기 회사의 이익을 우선하거나 자사의 이익을 위해 존재한다고 인식하는 것으로 나타났다. 이러한 상황에서 언론에의 신뢰도 하락은 너무나 당연한 결과로 보인다. 다른 사회적(직업별) 집단들과의 신뢰도를 비교해 보면 9개 직업군(정치인, 고위공직자, 경제인, 법조인, 언론인, 교육자, 종교인, 의료인, 연예인) 중 6위를 차지하여 언론인에 대한 신뢰도(2.98)는 다른 직업군에 비해 상대적으로 낮은 것으로 나타났다.[29]

언론수용자들의 언론인 인식 결과를 종합하면, 하락세를 보이던 '도덕성'에 대한 인식은 청탁금지법 도입 이후 상승 추세를 나타내고 있으나, 하락한 '신뢰도'는 회복하지 못하고 있다고 할 것이다. 모순되게도 한국 언론인들에 대한 도덕성 상승 인식은 언론인들 스스로 노력한 결과라기보다는 외부에서 시행된 법적 제재 장치에 의한 것이며, 그러한 장치가 없는 언론의 신뢰도는 여전히 답보상태라 볼 수 있다. 그렇다면 언론수용자들은 언론이 신뢰도를 회복하기 위해서

29 가장 높은 신뢰도 점수를 보인 직업군은 의료인(3.59)으로 나타났고 신뢰도가 가장 낮은 직업군은 정치인(2.39)으로 나타났다.

는 외부의 정책이나 법제도가 필요하다고 인식할 가능성이 높다. 따라서 그 이전에 언론인 스스로 신뢰도 수준을 높일 방안을 찾아야 할 것이다.

언론의 윤리를 제고하기 위해서는 언론윤리교육이 강화되어야 한다고 지적하는 사람들이 많다(이재진, 2023b; 조소영, 2022; 김옥조, 2004 외). 호지스(Hodges, 1994)는 정규언론교육의 장기적인 이점을 설명하면서 세심하고 조직적인 학교 윤리교육이 도움이 될 수 있다고 말했다. 실제 언론인들을 대상으로 한 조사에서 학교에서 언론윤리법제 관련 강의를 수강한 경험이 있는 기자들이 그렇지 않은 기자들보다 언론윤리에 대해서 상급자나 데스크와 더 많은 대화를 하는 것으로 나타났다(김영욱, 2004a). 학교 교육뿐만 아니라 언론인들을 상대로 한 언론인 윤리 재교육의 중요성에 대한 인식도 높아지고 있다(김호성, 2015).

언론진흥재단에서 실시하는 언론인 기본연수에서 기자윤리를 오랫동안 강의한 박수택(2003)은 언론이 윤리에서 벗어나면 탈선·사이비 언론인이 될 수밖에 없으며 이제 언론윤리를 선언적 측면에서만 바라보지 말고 실천해야 할 것이라고 전제하면서 이를 위해서는 언론인들에 대한 시의적절한 윤리교육이 필요하다고 주장한다. 유사하게 박선영(2002)도 언론인들이 제대로 언론윤리를 실천하기 위해서는 적어도 3년에 한번 일정기간 동안 언론윤리에 대한 끊임없는 재교육이 필요하다고 피력했다. 다시 말하자면 언론윤리의 핵심은 실천이고 실천을 위해서는 지속적으로 언론인들을 일깨워 주어야 한다는 것이다. 최근 연구들에서도 언론윤리교육의 부족함을 지적하고 가능한 한 자주, 정기적으로, 그리고 데스크(간부 언론인)까지도 교육을 받도록 해야 한다고 지적하고 있다(이재진, 2023b; 구교태 · 조소영 · 이영희, 2022; 김민정, 2022; 김호성, 2015 등).

더 나아가 언론인뿐만 아니라 언론수용자에게도 언론윤리 교육이 필요하다는 주장도 있다(김옥조, 2004). 언론이 제대로 된 사회적 기능을 발휘하기 위해서는 수용자들도 책임 있고 신뢰할 만한 매체를 선택하고 그것이 제대로 정보를 전달하고 있는지를 비판적인 안목으로 판단할 수 있어야 한다. 즉 언론수용자들도 언론이 도덕적으로 건전하게 기능할 수 있도록 관찰하고 입력과 영향력을 행사할 수 있어야 한다는 것이다(핑크, 1995).

결론적으로 언론수용자들의 인식조사에서 나타난 언론인들에 대한 도덕성, 신뢰성 등에 대한 조사결과를 토대로 판단컨대 윤리적인 측면에서 언론수용자들은 언론과 언론인을 높게 평가하고 있지는 않은 것으로 나타났다. 이는 후술하는 언론인들 스스로의 언론윤리 평가 결과와 다소 대치되는 점이라 여겨진다. 이러한 언론인들에 대한 평가는 2014년 세월호 참사 여파가 더해져서 나타난 결과로 보인다. 그러한 점을 감안한다고 하더라도 언론수용자들 또한 언론인들이 생각하는 차원의 언론윤리와는 한 단계 높고 도덕적으로 우월한 형태의 윤리의식을 언론인에게 요구하고 있는 것이라 여겨진다.

3. 언론인 스스로의 인식

남재일(2010)은 한국 기자들의 직업적 위치 변화 추이와 언론윤리 담론의 전개양상을 분석하여, 한국의 언론윤리 담론은 윤리의 전제가 되는 직업적 자율성이 확보되지 않은 상태에서 외부의 압력에 대응하는 도구적이고 수사적인 방편으로 이용되었다고 밝혔다. 그는 이러한 이유로 인하여 한국 언론윤리의 성격은 언론윤리 강령의 수사적 성격, 구조화된 인식과 실천의 괴리, 책임과 윤리의 개념적 혼동 등의 문제를 노정하고 있다고 보았다. 즉 직업이데올로기로서 언론윤리의 정립을 위해서는 윤리에 접근하는 기자 집단 내부의 방식이나 사회적 논의의 양상이 기자의 직업적 현실에 충실해야 한다는 것이다.

이러한 연구 결과에 대해서 언론인들은 반신반의하는 경향이 있다. 조사에 의하면 언론은 스스로의 기준에서 언론윤리를 나름대로 준수하고 있다고 자임해 왔다(이재진, 2015). 비록 사회적 문제로 부상하는 경우가 종종 발생하기는 하나 이는 언론 전체의 문제라기보다는 개인적 차원의 문제 또는 특정 언론사의 윤리적 문제로 인식되어 왔다. 이러한 언론윤리의 문제를 예방하고 해결하기 위하여 신문윤리강령과 실천요강, 그리고 각 사별로 언론윤리강령이 제정되어 있다. 그러나 언론의 자율규제는 스스로 윤리를 지키려는 언론인들의 자발적인 노력 없이는 실천이 매우 힘들다.

그런데 윤리강령의 준수를 강제하거나 이를 어겼을 때 제재를 가할 수 있는 방법이 마땅치 않다. 따라서 언론인들은 언론윤리강령이 있다는 사실을 인지하고 있으며 강령을 준수해야 한다고 생각하면서도, 이는 법적 문제가 아닌 윤리적 문제이며 동시에 이를 어겼을 때 누가, 어떻게 제재를 할 것인가가 명확하지 않기 때문에 윤리강령을 무시하는 행위들을 종종 행하기도 한다고 알려져 있다(이승선, 2006; 굿윈, 1997; 핑크, 1995).

한 조사에 따르면 우리나라 언론인들의 스스로의 윤리의식 수준은 중상(中上) 수준으로 다소 높은 것으로 나타났다(이은택, 2004). 꽤 오래된 조사이기는 하나 이 연구에 따르면 우리나라 언론인들은 자신들이 스스로 윤리를 잘 지킨다고 평가하는 경향이 큰 것으로 보인다. 그러나 이러한 이론적인 조사결과와 달리 실제적인 측면에서의 언론인들의 윤리준수와 관련된 현실은 괴리가 꽤 있는 듯하다(이승선, 2001).

총 11권의 언론인들의 저작물을 분석한 이승선(2001)에 따르면, 언론인들의 저작물에 위법 가능성이 있는 비윤리적 취재 행위가 46건 발견되었다. 언론인들은 때로 비윤리적 또는 위법적인 취재방식을 동원한다는 사실을 자신의 저작물에 기재한 것이다. 그중 가장 높은 빈도를 나타낸 것은 '신분을 위장하여 현장에 접근한 후 몰래 촬영하거나 거짓말로 취재한 경우'였다. 언론인들의 솔직한 모습을 엿볼 수 있는 이 연구를 보았을 때, 취재나 보도 과정에서 불법적이거나 비윤리적인 행위들이 발생하고 있음을 알 수 있다(Fedler, 1989).[30] 그럼에도 언론인들은 언론인의 비윤리적 행위가 사회적으로 문제가 되는 경우, 대부분 일부 소수의 비윤리적인 언론인들 때문에 발생한 사건이라고 생각하는 경향이 있다(강내원 외, 2024). 그렇다면 실제로 언론인들이 취재와 보도를 하는 직업적 윤리 측면에서 어떤 관념을 가지고 있는지 짐작할 수 있는 자료를 살펴볼 필요가 있을 것이다.

30 페들러(Fedler, 1989)는 저널리즘 역사상 가장 성공적이었던 속임수(hoaxes)를 역사적으로 다루면서 저널리즘 주제(themes)별로 속임수가 어떠한 내용인가를 분류하였다.

취재방식의 정당성에 대한 인식

언론진흥재단에서 실시하는 언론인 의식조사는 지난 1989년 이래 정례적으로 실시하고 있는 조사연구이며 2023년까지 총 16회를 진행하였다. 각 매체 유형별, 소속 매체별, 직급별로 세분화해서 측정하여 언론인 스스로의 윤리의식을 알아보는 기초자료로 활용도가 뛰어나다. 여기서는 언론인 인식조사도 앞서 언론수용자 조사와 마찬가지로 2000년대부터 2023년까지의 조사보고서를 면밀히 살펴보고자 하였다. 2001년부터 격년으로 홀수년도에 조사하여 2023년까지 발간된 보고서는 총 10권이다. 언론인 인식조사는 매우 다양한 질문으로 이루어져 있는데, 그 가운데 '취재방식의 정당성 평가'와 '촌지수수 경험' 항목이 여기에서 주요하게 살펴보고자하는 한국 언론인들이 갖는 직업윤리 문제에 대한 중요한 통계치를 제시하고 있다.

그렇다면 우선 언론인들의 '취재방식의 정당성 평가'를 통해 직업적 윤리의식을 알아볼 필요가 있다. 아래의 〈표 4-2〉에서 보는 바와 같이, 해당 기간 중 '취재방식의 정당성 평가' 조사를 실시한 보고서는 총 8권이다.[31]

31 2001년부터 2023년까지 발행된 총 10개의 언론인 인식조사 보고서 가운데, '취재방식의 정당성 평가'조사를 시행하지 않은 2001년(7회)과 2021년(15회) 언론인조사 보고서는 제외하고 8개의 보고서 결과를 분석하였다.

표 4-2 언론인들의 취재방식 정당성 평가(2003-2023)

구분	정당함							
	2003	2005	2007	2009	2013	2017	2019	2023
편지·사진 등 사적 문서를 허가 없이 사용하는 행위	19.4	18.2 (14.7)	17.2 (14.7)	15.9 (22.9)	17.9	22.5	17.1	22.7
기업·정부 등 비밀문서를 허가 없이 사용하는 행위	47.3	43.9 (53.9)	46.7 (56.7)	48.8 (45.7)	51.9	48.2	35.5	42.5
비밀 정보를 얻기 위해 돈을 주는 행위	17.5	17.7 (11.8)	17.2 (20.0)	15.9 (22.9)	19.1	11.5	9.2	11.4
내부 정보를 얻기 위해 위장 취업하는 행위	25.2	35.9 (39.2)	31.2 (33.3)	33.6 (17.1)	40.4	40.8	33.3	35.9
기사작성을 위해 취재원이 귀찮아하더라도 계속 취재하는 행위	63.8	65.8 (73.5)	64.4 (76.7)	66.2 (72.9)	68.0	51.6	42.6	45.2
심리적으로 힘든 상황에 있는 피해자 또는 유가족에게 계속 취재하는 행위	–	–	–	–	–	–	–	7.0
상대방(취재원)에게 자신의 신분을 감추는 행위	39.1	43.2 (39.2)	32.2 (46.7)	44.2 (41.4)	47.0	28.5	24.1	20.9
비밀(오프더레코드)을 약속하고 이행하지 않는 행위	13.7	12.9 (19.6)	11.7 (16.7)	15.1 (17.1)	16.8	8.1	5.9	7.1
취재원과 합의된 보도시점(엠바고)을 지키지 않는 행위	–	–	–	–	–	6.4	5.1	7.2

※ ( )는 온라인 매체 기자.
※ 과거에는 없다가 생성된 항목은 '–'으로 표기함

언론진흥재단 2003년 보고서에서 "언론인의 윤리강령에는 언론인의 '공명정대한 행위'를 강조하면서 '정보수집이나 뉴스전달을 위해 접촉한 사람의 품위, 사생활, 권리 안녕을 항상 존중해야 한다'고 되어 있다"라고 전제(한국언론진흥재단, 2003)하면서, 언론인들의 직업적 윤리의식을 알아보기 위해 2023년 기준으로 총 아홉 가지의 취재방식을 제시하고 정당하다고 생각하는지, 정당하지 않다고 생각하는지를 물었다(〈표 4-2〉 참고).[32] 2000년대 초반에는 총 일곱 가지 취재방식을 제시하였고, 2017년에는 엠바고를 어기는 행위에 대한 질문이, 2023년에는 피해자 또는 유가족 취재행위가 추가되었다.

취재방식과 관련해서는 〈표 4-2〉에서 확인할 수 있는 바와 같이, '기사를 작성하기 위하여 취재원이 귀찮아하더라도 계속 취재를 하는 행위'나 '기업이나 정부의 비밀문서를 허가 없이 사용하는 행위'는 적극적인 취재활동을 하는 과정에서 정당화될 수 있다고 생각하는 비율이 높은 경향을 보였다. 한편, 상대방(취재원)에게 자신의 신분을 속이는 행위를 정당하다고 믿는 비율은 2010년대 초반까지 높은 비율을 보이다가, 2017년 조사부터 급격히 하락한 것을 볼 수 있다. 이러한 현상의 원인은 물론 정밀한 조사가 뒷받침되어야 하겠으나, 적어도 두 가지의 요인이 작용했을 것으로 추측된다.

첫째는 2014년 세월호 참사이후 '기레기'라는 멸칭까지 얻게 된 언론인들이 스스로 윤리의식의 문제를 자각하고 변화를 꾀하려는 노력을 한 결과로 볼 수 있을 것이며, 둘째는 2016년 청탁금지법 시행을 계기로 다수의 언론사들이 자사 언론인들을 대상으로 윤리교육을 진행하였고, 그 과정에서 취재윤리에 대한 인식이 다소 높아진

32 연도에 따라 질문의 척도는 약간씩 달랐다. 예를 들어, 2003년에는 총 7가지 질문에 대해 '정당화 될 수 있음', '정당화 될 수 없음', '모르겠음' 중에 선택하도록 하였고, 2023년에는 총 9가지 질문에 '매우 정당하다', '약간 정당하다', '보통이다', '별로 정당하지 않다', '전혀 정당하지 않다'의 5점 척도 가운데 선택하도록 질문하였다. 5점 척도의 경우, '매우 정당하다'와 '약간 정당하다'의 답변을 '정당함' 범주에 넣어 분석하였다.

것은 아닐지 추측해 볼 수 있다.

앞서 법원은 이미 1994년 판결[33]에서 기자가 검찰공무원 등을 사칭하는 것은 비윤리적일 뿐만 아니라 공무원 사칭 혐의 등으로 위법적 행위가 된다고 명시한 바 있다. 그러나 이러한 인식은 해당 판결 이후에도 20년 넘도록 크게 인식이 바뀌지 않은 채 지속되어 오다가[34] 청탁금지법의 도입으로 대대적인 언론인 교육이 시행되었고, 결과적으로 전반적인 윤리의식에 영향을 주었다고 유추해볼 수 있겠다. 이 두 가지 측면의 해석은 2019년까지 모든 항목에서 정당하지 않다고 판단하는 비율이 증가하고 있는 현상에 대한 원인 설명으로도 가능할 것으로 판단된다.

그러나 4년이 지난 2023년 조사결과를 보면 정당하다고 생각하는 비율이 신분사칭(20.9%)을 제외한 모든 항목에서 높아진 것을 알 수 있다. 이렇게 윤리에 대한 전반적인 인식이 다시 회귀한 데에는 여러 가지 원인을 찾을 수 있겠으나, 시일이 지나며 기자들이 '기레기'라는 멸칭에 스스로 무감각해지는 것과 동시에, 청탁금지법에 점차 익숙해진 것도 요인이 될 것으로 보인다. 이러한 점은 인터넷 매체 기자들의 응답 결과에서도 엿볼 수 있는데, 2005년부터 2009년까지 온라인과 오프라인 매체의 기자인식을 나누어 조사한 결과, 온라인 매체의 기자들이 정당화될 수 있다고 답변한 비율이 상대적으로 높았다(〈표 4-2〉 참고). 이는 전통적인 매체와 경쟁을 벌여야 하는 신생

33 서울형사지법 1994. 10. 14. 선고.

34 이승선(2001) 연구에서도 신분을 위장해 현장에 접근하는 취재방식에 대해 열 명 중에 네 명은 해도 괜찮다고 생각하는 것으로 나타났었다.

매체의 기자로서 특종과 속보 경쟁에 더 큰 압박감을 받고 있어, 비윤리적 행위까지 넘나드는 공격적인 취재를 해야 한다고 생각했기 때문인 것으로 판단된다.[35]

따라서 포털사이트에서 대부분의 뉴스가 소비되는 현재 한국의 언론환경이 기자들에게 속보와 특종의 압박을 강화하며 결과적으로 언론윤리의식 저하에 영향을 미치는 요인으로 작용하는 것은 아닐지 생각된다. 실제로 언론 보도로 인해 인격권 침해가 발생하는 원인으로 매년 동일하게 언론사 간의 특종 및 속보 경쟁이 1순위를 차지하고 있다. 2017년에는 34.2%, 2019년에는 40.6%, 2021년에는 35.0%, 2023년에는 33.7%로 높은 수치를 유지했다.

언론인들의 취재방식 정당성 평가의 추이 분석을 정리하면, 2010년대 중반까지도 취재를 위해 정당화 될 수 있다고 생각하는 행위의 정도와 폭은 넓어지고 있던 추세였으나, 세월호 참사의 여파와 청탁금지법 시행을 계기로 언론인들의 직업적 윤리의식은 전환기를 맞이했다. 하지만 최근 조사결과를 볼 때, 속보와 특종 경쟁에 내몰린 언론환경에서 언론인들의 윤리의식은 다시 희미해져가는 상황이라고 조심스럽게 해석할 수 있을 것이다.

35 최근에 실시한 100여 명의 인터넷신문 기자들을 대상으로 한 설문조사에 있어서 이들 인터넷신문 기자들의 윤리의식은 낮은 것으로 나타났다(유홍식, 2024).

촌지 수수에 대한 인식

다음으로는 현직 기자들의 촌지수수 경험 및 인식에 대한 조사 결과를 통해 언론인들의 윤리의식을 살펴보았다. 2001년부터 2023년까지 23년간 발간된 10권의 보고서 가운데, '촌지 수수 경험' 또는 '일반적인 촌지 수수 정도'에 관해 조사한 7권의 보고서를 분석의 근거로 삼았다.[36] 촌지 수수 항목은 유형별로 보면 무료티켓, 향응이나 접대, 선물, 취재 관련 무료여행, 금전, 취재와 관련 없는 외유성 취재여행 등으로 다양하게 제시되었다. 질문의 형태는 2013년에 크게 바뀌었는데, 2001년부터 2009년까지의 조사에서는 "최근 2년(또는 1년) 동안 취재원으로부터 촌지를 제공받은 경험이 있는지"를 물어본 것과 달리, 2013년부터는 촌지 수수 경험을 묻는 형식이 아닌 "언론계에서 촌지가 어느 정도 수수되고 있다고 생각하는지"를 질문하여 언론계 전체에 걸친 일반적인 수수 정도를 측정했다. 또한 질문 문항은 2013년 이후 차차로 줄어 2019년부터는 세 가지 유형으로 단순화되었다.

36 2001년부터 2023년까지 발행된 총 10개의 보고서 가운데, 촌지수수와 관련한 조사를 시행하지 않은 2021년(15회) 언론인조사 보고서를 제외하고 9개의 보고서 결과를 분석하였다.

표 4-3 촌지수수 경험 및 인식(2001-2023)

구분	수수 받은 촌지 유형 (2001-2009)					일반적인 수수정도 (2013-2023)			
	2001	2003	2005	2007	2009	2013	2017	2019	2023
금전 (상품권, 주식/채권 포함)	28.3	19.6	11.3 (4.9)	8.2 (13.3)	5.6 (2.9)	18.4	13.4	21.8*	18.8*
선물	30.0	30.0	35.4 (24.5)	27.7 (41.7)	35.4 (32.9)	54.6	37.7	35.5	42.5
향응이나 접대	33.8	24.7	17.9 (12.7)	14.0 (16.7)	10.2 (8.6)	53.1	50.5	45.7	38.7
무료티켓	16.9	16.0	20.9 (17.6)	20.2 (35.0)	24.0 (32.9)	54.6	39.1	–	–
취재관련 무료여행 (취재원이 경비를 부담하는 국내외 출장)	13.5	9.7	11.6 (9.8)	7.4 (15.0)	6.7 (8.6)	44.6	31.7	33.6	27.2
취재와 관련 없는 외유성 취재여행	3.2	1.3	1.2 (1.0)	0.9 (0.0)	0.4 (0.0)	21.7	–	–	–
없다	–	40.1	41.1 (53.9)	49.6 (40.0)	47.0 (45.7)	–	–	–	–
기타	–	–	0.9 (5.9)	1.9 (5.0)	0.5 (0.0)	–	–	–	–
모름/무응답	–	–	0.5 (0.0)	0.3 ( )	0.0 (0.0)	–	–	–	–

※ ( )은 온라인 매체 기자.
※ 과거에는 없거나, 생겼다 없어진 항목은 '–'으로 표기함
*2019년과 2023년 조사는 '선물 및 금전 수수'로 합하여 질문하였음.

우선 촌지수수 경험을 알아본 2001~2009년의 결과를 보면, 2000년대 초반에 비해 후반으로 갈수록 접대나 금전, 무료여행 등 고가의 촌지는 미세하게나마 그 수치가 하락해왔던 것을 알 수 있다. 반면, 선물과 무료티켓은 반대로 증가하는 추세를 보였다.

그러나 〈표 4-3〉에서 보는 바와 같이, 촌지수수 경험을 질문했을 때보다, 일반적인 수수정도를 알아본 2013년 조사 이후 수치가 크게 올라간 것을 알 수 있다. 2013년 언론인 의식조사 결과를 보면, 부정청탁이나 '향응 및 접대'의 대상이 되는 기자들이 '일부'에 국한된 것으로 인식하지 않고 있었다. 특히 무료티켓과 향응이나 접대, 선물을 '자주 혹은 매우 자주 수수한다'고 인식하는 언론인들의 비율이 절반 이상으로 나타났다. 자신의 촌지수수 경험에 비하여 언론계의 전반적인 촌지수수 행위가 자주 일어나고 있다고 인식하는 것은 촌지수수 관행이 언론계에 여전히 넓게 퍼져 있으며, 상황적으로 적절히 행동하고 처리하면 촌지수수는 윤리적으로 크게 문제되지 않는다는 인식도 함께 존재하는 것으로 해석된다. 이는 언론인 스스로가 이러한 행위들에 개입되어 있으나 자신들의 잘못보다는 이를 상황적, 관행적인 이유로 돌리는 경향이 있다는 것을 반증한다.

그런데 일반적인 촌지수수의 정도가 높게 나타난 2013년과 달리, 그 다음 조사인 2017년 수치를 보면 전체적으로 감소한 것을 알 수 있다. 촌지 수수 및 접대 관행에 있어서도 앞서 취재방식의 정당성 평가와 마찬가지로 김영란 법 시행 이후 상당히 큰 변화가 있었으며 기자들 스스로도 언론계 수수관행이 줄어들었다고 인식하는 것으로 해석된다. 그 이후 2019년과 2023년의 결과를 보면, 이전보다 촌지 수수의 정도는 낮아지는 추세로 읽힌다. 그러나 수치는 조금 내려갔다고 하더라도, 향응과 접대수수는 여전히 40% 정도는 일상적으로 발생하고 있다고 생각하고 있어, 촌지수수의 관행을 변화시킬 필요는 충분하다고 할 것이다.

더구나 2013년 조사에서 40.3%의 응답자들이 촌지 수수가 기사의 선택이나 내용에 영향을 미친다는 답변을 하였기에 이는 언론윤리의 준수 필요성을 기자 스스로도 인정하고 있는 것이라고 볼 수 있을 것이다.

언론인들의 촌지수수 경험이나 일반적 수수정도에 대한 인식을 통해 언론인들의 스스로의 윤리의식을 정리해보면, 청탁금지법을 계기로 전반적인 수수 행위가 줄어들었다고 인식하는 것으로 파악된다. 실제로 2017년과 2019년 조사에서 청탁금지법 시행 이후 언론계 촌지 수수 및 접대 관행에 있어 상당한 변화가 있다고 여기는 것으로 나타났다. 2017년에는 85.0%, 2019년에는 83.7%의 언론인들이 청탁금지법 시행 이후 언론계 수수 관행이 전보다 줄어든 것으로 인식하고 있었다. 그런데 같은 시기(2017), 향응이나 접대가 일반적으로 발생하고 있다는 답변이 절반을 차지하고 있음에도, '김영란 법의 적용 대상에 언론인이 포함되는 것이 적절하다고 생각한다'는 질문에 대해 '약간 혹은 매우 그렇다'라고 응답한 비율은 43.5%였으며, 반대로 '전혀 혹은 별로 그렇지 않다'라고 응답한 비율은 39.2%로 엇비슷하게 나타나, 언론인이 받은 향응이나 접대는 크게 문제되지 않는 관행이며, 법의 잣대로 처벌받을 행위가 아니라는 인식이 저변에 깔려 있다는 것을 알 수 있었다.

언론윤리와 관련하여 언론인들은 나름대로 억울함을 호소한다. 특히 영향력이 큰 매체일수록 자신들이 나름대로 윤리를 잘 지키고 제대로 된 취재보도를 하기 위해서 노력을 기울이고 있다고 피력하고 있다(이은택, 2004). 그러나 전술한대로 언론이 스스로 느끼는 윤리성에 대한 인식과 언론수용자나 법원에서 인식하는 윤리성과는 상당한 괴리가 있으며 언론인들 스스로 윤리적인 측면에 대한 문제점을 제기하기도 한다는 점에서 볼 때 여전히 언론윤리에 대한 논란은 진행 중 이라는 점을 알 수 있다. 이와 관련 전문가들은 언론인이 언론윤리를 지키게 하기 위해서는 무엇보다 '언론자유의 보장 이유'에 대한 인식을 강화해야 한다고 지적한다(이재진, 2006; 장호순, 2004). 즉 왜 언론에게 헌법적인 권리를 부여하는지를 명확하게 인식하게 하도록 해야 한다는 것이다. 아울러 사람들이 도덕적 헌신감 때문에 정직해지는 것이 아니라 지적당하는 두려움 때문에 윤리적으로 되는 경향이 강하므로 어떤 방식으로든 강제적 규정을 마련하는 것이 필요하다는 지적도 적극 고려할 필요가 있을 것으로 보인다(굿윈, 1997).

4

결론 및 논의

이번 장에서는 우리나라의 언론윤리 담론이 어떻게 생성되고 발전해 왔는지를 언론윤리법과 청탁금지법에 대한 논의를 중심으로 살펴보고, 이러한 상황에서 언론윤리에 대해서 언론인과 언론수용자 그리고 법원이 어떻게 다른 시각을 가지고 있으며 이러한 차이를 어떻게 해결하는 것이 바람직한가를 살펴보고자 하였다. 언론인과 언론수용자 그리고 법원의 인식차를 조사하기 위하여 법원 판결에서 나타난 언론윤리에 대한 직·간접적인 견해를 분석했으며, 언론인과 언론수용자의 언론윤리에 대한 인식을 파악하기 위해 한국언론진흥재단 발간 보고서인 〈언론수용자 조사〉와 〈한국의 언론인〉을 수집하여 해당 부분들을 분석하였다.

결과를 요약하면, 한국의 언론윤리 담론은 자생적인 노력으로 형성되었다기보다는 정부 등 외부의 압박과 법의 제정을 통해 형성되었으며, 그로 인해 외부로부터의 압력에 저항하는 기제가 강하게 작용하여 책임이 선행되는 언론윤리 담론이 아닌, 간섭에 저항하는 언론의 자유가 윤리의 담론으로 자리 잡아 왔다고 할 것이다. 한편, 우리 법원은 여론 형성을 위한 진실 보도라는 언론의 사회적인 기능 측면에서 언론윤리를 판단하는 경향을 보였고, 공익추구라는 추상적이면서도 높은 수준의 언론윤리 규범을 요구하고 있었다.

언론수용자와 언론인 간의 인식 차이도 컸는데, 2016년 청탁금지법이 시행된 후 평균적으로 언론인의 도덕성이 그 이전보다 향상되었다고 생각하는데 있어서는 인식이 유사했으나 그 정도에는 차이가 있었다. 언론수용자는 지난 15년 이상 언론인의 도덕성이 사회적 영향력, 전문성, 사회 기여도 등 여러 지표 중에 가장 낮다고 생각하고 있는 데 반해, 언론인 스스로는 80%를 상회하는 응답자가 청탁금지법 시행 이후 언론계의 촌지수수 관행이 줄어들었으며 윤리의식이 높아진 것으로 인식하고 있었다. 그럼에도 불구하고 일상적으로 향응이나 접대수수가 일어나고 있다는 답변이 여전히 절반가량을 차지하였고, 청탁금지법이 언론인에게 적용되는 것이 적절하지 않다고 생각하는 언론인의 비율이 40%에 육박하였다. 결론적으로 한국의 법원과 언론수용자는 언론에게 높은 수준의 윤리의식을 요구하고 있는 반면, 언론인들은 자신들 스스로에 대한 도덕성 잣대가 상대적으로 많이 느슨한 상태임을 알 수 있었다.

분석 결과를 바탕으로 여기서는 한국의 언론윤리와 관련하여 크게 두 가지 논의점을 찾을 수 있었다. 첫째, 현재의 언론 상황은 모든 측면에서 언론윤리법 파동 당시의 상황과 크게 다르다는 점이다. 언론윤리법 파동 당시에 언론인들은 언론계 전체 차원에서 '일치단결'하여 적극적으로 법의 집행을 막아보고자 노력하였다. '기자협회'도 이러한 선상에서 창립되었으며 언론윤리를 스스로 강화하려는 실질적인 노력을 기울였다. 아울러 언론의 윤리적인 문제는 언론인 스스로가 자율적으로 해결해야 한다는 인식이 지배적이었다. 언론윤리를 법적으로 규제하려던 정부의 시도는 언론의 자유에 대한 중대한 침해로 인식되었다. 비록 법이 국회를 통과했으나 언론의 자정적 정화노력에 대한 약속을 근거로 그 시행을 보류한 것도 언론윤리에 대한 외적 압력은 곧 언론자유에 대한 침해라는 사회적 담론이 작동했으며 효과를 발휘한 것으로 여겨진다.

이와는 달리 청탁금지법에 대한 언론의 반응은 이전에 비해 대단히 소극적일 뿐 아니라 안일하게 느껴진다. 단순히 청탁금지법의 법리적 잘못을 비판하고 지적하고 있을 뿐 자율적으로 윤리적인 자정을 선언하거나 하는 등의 적극적 방어 노력은 하고 있지 않다. 과거와는 상반되는 언론계의 이 같은 반응은 크게 달라진 언론환경에서 그 이유를 찾을 수 있다. 언론매체의 수와 종류가 엄청나게 증가하고 다양화되어 언론계가 한목소리를 내는 것은 물리적으로도, 심리적으로도 어려워졌으며,[37] 속보와 특종(단독) 경쟁에 내몰린 언론환경에서 윤리의식을 세심히 점검하고, 언론 스스로 자율적인 통제 시스템을 갖추는 것이 대단히 어렵게 되었다는 이유가 있다.

언론윤리법 파동 당시에는 언론의 수가 많지 않고 사회적 영향력이 큰 만큼 권력에 대한 감시비판자로서의 역할을 해왔으며 언론윤리

37 한국언론진흥재단에서 발행하는 〈2023 한국언론연감〉에 따르면 2022년 현재 정간간행물로 등록 되어 있는 매체는 전체 24,542개로 나타났다. 이중 인터넷신문은 10,983개로 조사되었다.

에 대한 법적 통제는 국가의 '언론자유에의 침해(침탈)'라는 담론이 작용하였다. 하지만 달라진 언론환경에서 제정된 청탁금지법에는 기존의 담론이 작동하기에는 상기한 여러 여건들로 인해 그 동력을 잃었다고 할 수 있다. 또한 세월호 참사 때 언론의 취재윤리가 문제되면서 우리 언론계는 자정적인 작용으로는 치유할 수 없는 윤리적 문제점을 드러내게 되었다. 거기에 청탁금지법이 도입되면서 이전에는 크게 문제되지 않는다고 여겨왔던 일들이 법적인 제약을 받게 되고 국민들은 언론계의 윤리의식이 정화되어야 한다는 인식을 공유하게 되었다.

둘째는, 언론윤리에 대한 언론인과 언론수용자, 그리고 법원의 인식 즉, 세 시각의 부조화 현상에서 발생하는 문제이다. 언론인의 언론윤리에 대한 인식과 달리 일반 수용자들과 법원은 언론이 공적 역할을 하기 때문에 전문직으로서의 직업윤리가 엄격하게 지켜져야 바람직하다고 바라본다. 특히 '공정하고 정확한 여론의 형성'을 위해서는 진실보도가 이루어져야 하며 진실보도를 하는데 위배되는 모든 행위들은 비윤리적인 것으로 인식한다. 즉 언론인들이 취재보도하는 과정에서 관행처럼 행하는 모든 일들이 언론인의 전문직 윤리에 위배되는 것일 수 있다. 이렇게 언론인의 전문직 윤리에 대한 위반이 곧 품격 저널리즘의 원칙을 벗어나게 되는 것이다.

관련 판결례들을 살펴보면, 와드(Ward)의 지적처럼 최근 우리 언론수용자들도 언론의 도덕적 해이함에 대해 법적인 구제를 추구하려는 경향이 커지고 있음을 알 수 있다. 이는 자율적인 윤리 시스템이 작동하지 못하는 사회, 환경에서 법적 강제 장치가 물리력을 발휘하게 된다는 기존의 연구 결과에 부합된다. 즉 언론이 윤리로써 규제해야 하는 영역이 제대로 작동하지 않을 때 법적 개입이 정당화될 수 있다는 것이다. 결국 언론윤리의 영역이 윤리적인 측면에서 자율적으로 해결할 수 있도록 하는 경우에만 외부의 개입으로부터 벗어날 수 있음을 알 수 있다. 즉 지금까지 적용되어 왔던 언론윤리 담론도 더 이상 적용되기 어려울 듯하다. 언론인들도 언론수용자나 법원이 더 이상 언론을 권력을 감시비판하고 진실추구에 앞장서던 지사적 모습으로 바라보지 않는다는 점을 인식해야 한다.

이러한 언론윤리에 대한 언론인과 언론수용자 그리고 법원의 인식 차이를 정리하면 아래 〈표 4-4〉와 같다.

표 4-4 언론윤리에 대한 인식의 차이

인식의 주체	언론윤리의 정의	언론윤리의 구성요소	문제 해결 방식	개선점
언론인	취재보도상의 구체적 행위, 준수의 정도	언론윤리강령, 비윤리적 행위의 부작위	자율성 확보, 윤리교육 강화	언론관행/ 비윤리성 구분 모호, 강제 규정이나 처벌 규정 없음
언론수용자	기자의식과 책임, 원칙, 자발성, 자율성	알권리와 충돌, 언론윤리 준수 법제도 및 기구 마련	윤리 점검 시스템, 윤리교육 확대, 보편적 가치관	언론에 대한 부정적 이미지
법원	언론의 사회적 기능, 추상적, 직업윤리	여론형성, 권력감시기능, 공정한 보도, 사회적 윤리	보도의 신중함, 진실한 보도	언론에 대한 부정적 이미지/ 실천 가능성 약함

출처: 이재진(2006), 364쪽 재구성.

〈표 4-4〉에서 보듯이 언론인들은 언론윤리를 본인이 처해 있는 상황에 대한 적절한 행위의 선택으로 이해하려는 경향이 강하다. 이

에 반해서 언론수용자와 법원은 좀 더 이상적인 직업윤리로서의 언론윤리를 요구하고 있는 것으로 보인다. 이러한 차이는 언론인들의 윤리관이 윤리강령의 규정과 일치할 수 없다는 연구들과 맥을 같이 하는 것으로 보인다. 예를 들어 데니스와 메릴(Dennis & Merrill, 2002)은 언론윤리의 경우 절대적인 법칙은 없고 많은 기본적인 실천이 있기 때문에 모든 상황에서 무엇이 언론인의 윤리적 행위를 구성하는가에 대해서는 거의 일치하지 않는다고 주장한다. 이는 진실을 추구하는 것이 대부분의 언론인에게는 '도덕적 동기'인 반면 대단히 윤리적인 언론인도 이른바 더 중요한 공익 때문에 거짓말을 하는 상황이 발생할 수 있기 때문이라는 것이다(p. 144). 이처럼 언론인들은 분석이나 조사의 시간을 거의 갖지 못한 채 절대적인 원칙이 없는 저널리즘 분야에서 윤리적인 행위와 비윤리적인 행위를 구분하는 독자적인 선택과 판단을 해 왔다는 점이 언론수용자들이나 법원과의 인식의 차이를 초래한 주요 요인으로 보인다(pp. 150-151).

결론적으로 언론이 과거부터 만들어 온 언론윤리 담론이 더 이상 설득력 있게 들리지 않을뿐더러 언론윤리에 대한 인식의 차이로 인하여 언론이 관행적으로 인식하는 윤리의 실천에 대해서 법원과 언론수용자는 동의하기가 힘든 상황이 되었다고 판단된다. 다시 말하자면 언론에 대해 윤리적인 실천을 강제화하는 것이 언론인들뿐 아니라 언론수용자나 법원에도 언론자유에의 침해라고 인식되어 왔으나 청탁금지법 이후 나타난 상황은 더 이상 이렇게 언론윤리의 강조가 언론자유의 침해라고 생각하기 어렵게 되었다. 또한 언론이 실천적 선택을 통하여 언론윤리를 지키고 있다고 응답한 것에 대해서 언론수용자와 법원은 쉽게 수용하기가 어려울 것으로 보인다. 이는 언론윤리의 준수를 심각하게 생각하지 않고 관행적으로 판단해 온 언론의 문제 중 하나로 판단된다. 언론의 신뢰도를 제고하기 위해서는 언론인들의 언론윤리의 의미에 대한 인식의 전환이 선행되어야 한다.

문제는 언론이 비윤리적인 문제가 발생하는 경우에 이를 스스로 규제하기 힘든 상황에 봉착하게 된다는 것이다. 윤리강령에 어느 정도의 강제성이 없다면 윤리강령에 위반이 된다고 해도 크게 개의치 않을 것이며 궁극적으로 윤리강령이 잘 지켜지지 못할 가능성이 크다. 이에 대해 굿윈(1997)은 사람들이 도덕적 헌신감 때문에 정직해지기보다는 지적당하는 두려움 때문에 윤리적으로 되는 경향이 많으므로 어떠한 방식으로든 강제적 규정을 두는 것이 좋다고 본다(pp. 29-30). 이번 장에서도 언론의 자율규제 강령 등에 이를 지키지 않았을 때 어떠한 징계를 받게 되는지를 포함시키는 것이 필요한 시점이 되었다고 판단된다. 일정 정도의 자율적인 강제성은 품격 있는 저널리즘의 실천을 위해서 꼭 필요하다고 하겠다. 현재 윤리강령에서 두고 있는 윤리위원회는 명목적인 의미가 강하기에 윤리준수를 어기는 경우에 이를 자체적으로 처벌할 수 있는 기구를 구성하는 것이 필요하다.

언론윤리를 지키기 위해서는 '작년의 미디어가 아니라 올해의 미디어'를 위해 재창조 작업이 필요하다는 말에 귀를 기울여야 한다(Ward, 2010). 현재까지 우리의 언론과 언론인들을 지배해 온 윤리담론, 즉 '언론윤리에 대한 외적 압력은 곧 언론의 자유 침해'라는 담론은 더 이상 언론인들의 방패막이 되지 못한다. 오히려 이를 과감히 버리고 윤리를 스스로 재발견해 나가야 하는데 이는 과거의 관행적 행위를 벗어나는 데서부터 시작되어야 한다. 이러한 점은 전문직 종사자들로서 언론인들이 그들의 윤리적 결정이 잘못된 것일 경우, 이에 대한 언론수용자의 반응이 매우 신속하고 치명적이라는 사실을 인정하는 것을 전제로 해야 한다(Patterson & Wilkins, 1998, pp. 1-2).

또한 문제가 윤리적으로 해결되지 않고 법정으로 이어지는 경우에 법원은 언론인들에게 더욱 엄격한 언론윤리의 실천을 요구하게 될 것이고 언론인들의 윤리성에 대한 항변이 쉽게 수용되기는 어려울 것이라는 점도 알아야 한다. 이러한 관행을 탈피하기 위해서는 무엇보다도 언론인들에 대한 윤리 및 전문 교육이 강화되어야 할 것이다. 달라진 언론환경에서 생활형 언론인으로 살아가기 바쁘다는 핑계는 언론을 더더욱 불신의 나락으로 떨어뜨릴 뿐이다. 수습기자 교육에 머무르고 있는 단발성 윤리교육을 이제는 데스크 및 고참 기자들을 포함한 언론사 전체를 상대로 한 주기적이고 의무적인 윤리교육으로 탈바꿈해야 한다. 동시에 품격 있는 저널리즘의 면모를 갖추려는 언론인들의 노력과 결과를 시민들에게 적극적으로 널리 알릴 필요가 있다.[38]

38 각 언론사별 윤리강령이나 보도준칙 등을 홈페이지에 게시하여 언론수용자들이 언제든지 열람할 수 있도록 하는 조처도 필요하다고 보인다.

제5장

논의:
품격 저널리즘의
일상적 실천을 위하여

1

언론윤리와 품격 저널리즘

2024년 2월 고(故) 이선균 사망 사건에 대한 보도행태에 대해서 많은 논란이 있었다. 정말로 국민의 알권리를 위한 보도를 한 것인가 또는 아직도 그런 선정적이고 비윤리적인 보도를 하고 있는가라는 성찰적 논의부터 우리나라의 거의 모든 매체가 유튜브화되었다는 비판적 목소리까지 다양한 의견이 쏟아져 나왔다(김나래, 2024). 심지어 이렇게 선정적인 기사에 대해 '모를 권리'가 필요하다는 주장도 제기 되었다(유용민, 2024).

역사적으로 볼 때 신문이 주요 매체였던 시절에 보도에 있어 큰 문제가 되었던 것이 바로 옐로우저널리즘(yellow journalism)이었다. 19세기 말과 20세기 초에 미국 언론에 만연했던 옐로우저널리즘은 재미 위주의 선정적인 보도가 대세를 이루었다. 옐로우저널리즘은 신문을 돈벌이를 위한 수단으로 인식했던 결과로 사실 검증이나 객관적인 보도와는 거리가 멀었다. 당시 대부분의 신문들이 선정주의적 보도를 하다 보니 선정주의보도가 마치 언론보도의 관행처럼 자리매김하게 되었다. 이러한 잘못된 보도 관행은 결국 미국과 스페인의 전쟁으로까지 비화되는 결과를 가져오기도 했다. 이에 대한 사회적 비판도 없지 않았고 소수의 언론은 이러한 보도행태를 지양하고자 하였으나 당시에는 언론수용자들로부터 그렇게 호응을 얻지 못했다(이재진, 2023a).

다시 말하자면 19세기 말엽까지 소비자들의 흥미본위의 취향에 부합하고자 하는 옐로우저널리즘이 대세였고 이는 관행이라는 이름으로 정당화되었다.[1] 실제로 저널리즘이 처음 등장한 17세기부터 19세기까지는 언론인은 전문직과는 거리가 멀었다. 그러나 20세기 초에 옐로우 저널리즘을 이끌었던 조셉 퓰리처(Joseph Pulitzer)는 자신의 재산을 컬럼비아대학(Columbia University)에 기부하고 1912년 저널리즘 스쿨을 열어서 제대로 된 신문을 만드는 데 앞장서게 된다(송의달, 2023.3.18.).

그는 저널리즘의 격(格)을 높이고 싶어 했다. 그는 저널리즘의 격을 높여 다른 학식 있는 전문직들과 어깨를 나란히 하고 공동체 구성원들로부터 공익에 기여하는 다른 전문직들이 받는 만큼의 존경을 받을 수 있는 직업으로 만들고 싶어 했다(박재영 외, 2013). 이러한

1 제1장에서 소개한 바와 같이 옐로저널리즘은 언론 윤리를 저버린 채 지나치게 자극적, 편향적, 선정적인 기사를 주로 작성하는 언론들의 보도경향을 일컫는 말이기도 하다. 사실 확인에 소홀할 뿐 아니라 사실이 아니거나 잘못된 정보가 있어도 뒤늦게 수정이 이루어지는 경우가 많아 문제가 심각하며, 언론수용자들의 시선을 끌기 위해 인간의 불건전한 감정을 자극하는 범죄·괴기 사건·성적 추문 등을 과대하게 취재·보도하는 경향을 보였다. 공익보다 경제적 이익을 위해 선정성 경쟁에 입각해 기사를 작성했다. 대중의 여론도 언론사의 이익과 입맛에 따라 조작하고, 그 나라의 정치, 경제, 사회를 지배한다는 비판을 받아왔다.

과정을 통해 기존에는 불명확했던 객관적인 글쓰기, 진실보도, 사실 확인, 공정한 글쓰기, 언론윤리 등의 원칙적인 중요성과 가치를 새롭게 정립하고 저널리즘의 관행으로 자리매김하는 데 크게 기여했다(김성해 · 반현, 2011).[2] 그로부터 110년이 지나면서 이러한 언론관행에 있어서도 또 다른 변화와 변혁을 필요로 하는 시대가 도래했고 그러한 점을 염두에 두고서 고려해야 될 새로운 가치들이 생겨나기 시작했다.

우리나라의 경우 최근에 논란이 되는 유튜브(YouTube)가 과거 '신문시대'의 황색지에 해당하지 않을까 생각된다. 과거 옐로우저널리즘 시대와 유사하거나 더 심한 상황에서 과연 이러한 새로운 가치의 저널리즘을 누가 먼저 실천하고 이것이 품격 저널리즘을 여는 기폭제가 될 것인가에 귀추가 주목된다.

다만, 우려스러운 것은 '굳이 그래야 할 필요가 있을까', '먹고 살기도 어려운데 누가 그런 걸 해', '클릭수를 올려서 광고를 받으려면 품격보다는 흥미와 선정성이지', '누가 품격 있는 기사를 읽는다고', '품격보다는 재미있는 것이 우선이 되어야 한다'는 등 여전히 언론계에 만연한 이러한 인식들을 어떻게 극복할 수 있는가 하는 점이다. 이러한 의식에 사로잡혀서는 품격 저널리즘의 실천은 거의 불가능하다. 이런 점에서 2000년 한국언론위원회가 천명했던 '윤리적인 언론이 더 나은 언론이다'(Ethical journalism is better journalism)는 의미를 되

2 우리나라의 경우에도 취업을 목적으로 하거나 언론진흥재단 등의 단기간의 기자 교육으로는 부족하고 컬럼비아대 저널리즘스쿨 같은 기관이 필요하다는 지적들이 있다.

새길 필요가 있다.

저자는 이 책의 제2장, 제3장, 그리고 제4장을 통해서 언론윤리가 품격 저널리즘을 구현하고 유지하는 데 대단히 중요한 역할을 한다는 점을 피력했다. 즉 언론윤리를 잘 준수함으로써 품격 저널리즘을 달성하는 것이 매우 중요하다는 사실을 주장하였다. 요약하면 언론윤리의 준수가 곧 품격 저널리즘을 실천하는 것이고 이를 통해서 언론의 신뢰도 제고가 가능하다는 것이다. 이때 언론윤리의 영역이 매우 넓다는 점, 그리고 자발적인 실천이 어렵다는 이유로 실천을 위한 우선순위를 정해서 실천해 나갈 것을 제언하였다. 여기서 저자는 '독자적 취재원 윤리강령의 제정 및 실천을 위한 노력', '사회적 약자를 위한 윤리강령 내용의 구체화 및 실질적 개선', 그리고 '윤리담론의 변화에 따른 언론윤리에 대한 언론인들의 인식 전환의 필요성'을 강조하고자 하였다.

물론 품격 저널리즘의 실천을 위해서는 저널리즘의 기본원칙에 충실해야 한다는 점을 전제로 한다. 무엇보다 언론은 정보를 정확하게 전달하고 사실 확인을 철저히 수행하고, 보도의 정확성을 위해 다양한 출처를 꼼꼼히 검토하는 등 저널리즘의 기본적 원칙을 지키는 것이 중요하다. 아울러 언론은 객관성을 유지하고 편견을 최소화하여 다양한 시각과 의견을 고려하고, 정치적이거나 이념적 편향을 최대한 피하고 공정하고 균형 잡힌 보도를 제공하는 것이 요구된다. 이와 함께, 보도의 결과에 대한 책임을 가지고 독자와 사회에 영향을 미칠 수 있는 보도를 신중하게 다뤄야 하며, 특히 예민한 주제에 대한 보도는 특별한 주의를 기울일 필요가 있다(Kobachi & Rosenstiel, 2021).

품격 저널리즘을 위한 또 다른 전제는 언론이 광고주나 이해관계 당사자의 영향을 받지 않도록 최대한 독립성을 유지하도록 노력하는 것이다. 이와 함께 광고와 편집 내용을 명확하게 구분하고, 광고의 영향을 받지 않는 독립적인 편집을 유지하도록 노력을 기울여야 한다. 전술한대로 언론이 이와 같은 노력을 해야 하는 가장 큰 이유는 언론이 공적인 기능을 하기 때문이다. 따라서 언론은 사회적 책임의식을 가지고 공익을 위한 보도를 강화해야 한다. 사회 문제에 대한 인식을 높이고 해결책을 제시하기 위한 시도를 계속해야 한다(박재영 외, 2013).

이를 위해서는 언론의 보도 과정이 투명해야 하며, 독자들의 목소리를 반영하고 독자와의 소통을 강화하는 것이 필요하다. 오류가 발생한 경우, 신속하게 수정하고 이에 대한 설명을 제공하여 신뢰를 유지해야 한다. 또한 보도 대상에 대한 다양성을 존중하고 이를 포용하는데 노력해야 한다. 이를 위해서는 다양한 배경과 경험을 가진 기자들을 고용하고, 다양한 이슈를 다뤄 다양한 독자층에게 다가가야 한다. 그리고 이를 실천하기 위해서는 기자들과 편집진에게 언론윤리에 대한 교육과 훈련을 제공해야 할 것이다. 이를 통해 윤리적인 판단력을 향상시키고, 보도 윤리에 대한 지속적인 업데이트를 실시해야 한다. 언론인들이 언론윤리를 준수하면서 이러한 원칙을 실천한다면 이는 품격 저널리즘을 지속적으로 이행하는 데 큰 도움이 된다.

이처럼 품격 저널리즘을 위한 전제들이 갖춰져야 하는 점을 김성해와 반현(2011)은 '저널리즘의 복원 프로젝트'라고 보았다. 이들은 우리나라의 저널리즘은 외형적인 성장의 모습을 띠고 내부적으로는 부실한 우리나라 민주주의의 모습을 닮았다고 꼬집었다. 우리나라의 저널리즘은 민주화 이후 1990년대 전성기를 거치면서 권력화되었고 외환위기 사태를 거치면서 경영위기를 겪게 되고 디지털 혁명에 제대로 대응도 못하면서 오늘에 이르게 된 상황에서 생태계에 격변을 겪게 되었다고 진단한다. 이러한 상황에서 제대로 된 저널리즘의 구현이 어려워졌다는 점을 외국과의 비교를 통해 밝혀낸 후 올바른 저널리즘을 복원하기 위한 다양한 정책적, 자율적, 대안적 방안을 제시하였다. 이들의 '저널리즘 복원'은 저자가 말하고자 하는 품격 저널리즘과 일맥상통한다. 현재 저널리즘의 상황적 잘못을 바로잡는 일이다.[3] 다만 저자는 현재 우리나라 저널리즘이 겪고 있는 위기를 총체적으로 극복하는 것은 사실상 힘들기 때문에 가장 시급히 개선해야 할 점을 선택하고 이를 우선적으로 실천함으로써 파상적인 효과를 낼 수 있다는 점을 강조하고자 하였다. 즉 가장 문제가 되는 신뢰성을 제고해야 하는 방향으로 개선을 추진해야 할 것이고, 저널리즘 영역이 단기적으로는 효과가 나타나기 어려운 특성을 감안하여 중·장기적인 개선방향을 마련해서 이를 언론에 제시하는 것이 필요하다는 인식을 가지고 있다.

3 박기묵(2021)은 이러한 상황적 잘못을 '나쁜 저널리즘'이라고 명명했다.

2

한국 저널리즘의 현재와 미래

우리나라에는 왜 미국의 〈뉴욕 타임스〉(New York Times)와 같은 언론이 없을까? 이 질문은 언론관련 업무에 종사하는 사람들이 자주 듣게 되는 질문이다. 이 질문은 저자가 이 책을 쓰고자 한 주요한 이유 중 하나이다. 이 질문에 대해 언론인들은 대개 '한국과 미국이 다르다', '뉴욕 타임스는 세계를 위해 존재하는 언론이고 한국에는 이런 언론이 없다' 등 인상적 수준의 응답을 하는 경향이 있다(이규연, 2021). 그러나 이 책은 질문에 대해서 단순하고 무책임한 응답을 지양하고 체계적이고 복합적인 원인에 대해서 탐구하고 하나의 문제 해결책을 제시하고자 하였다. 이 책에서 저자는 그 해답을 '품격 저널리즘'의 부재라고 보았다.

제1장에서 지적하였듯이 품격 저널리즘을 한마디로 정의하기는 쉽지 않지만 이를 '일정한 수준의 절차와 기준에 따라, 사회적으로 바람직한 결과물을 내는 보도 활동'이라고 간략하게 정의할 수 있다

(이규연, 2021). 이는 저널리즘이란 본질적으로 일정 수준 이상의 '격(格)'을 지녀야 마땅하다는 의미를 포함한다. 이와 함께 왜 굳이 품격 저널리즘을 추구해야 하는가에 대해 의문을 제기할 수 있다. 아마도 한국 언론의 저널리즘 공동체에 바람직하지 않을 정도로 '격'이 떨어지는 보도가 많아 졌기 때문이라고 진단할 수 있다. 앞서 예로 들었던 고 이선균 사건 보도가 적절한 사례가 될 것이다. 실제로 언론에서 구사하는 말과 글이 갈수록 거칠어지고, 근거와 논증이 턱없이 부실한 보도가 넘쳐나고 있다고 해도 과언이 아니다. 어쩌면 이러한 현상은 이미 너무 오래되어 그 치료가 거의 불가능해 보이기까지 하다.

흥미로운 점은 이러한 문제를 언론을 비판적으로 연구하는 전문가들뿐만 아니라 언론에 종사하는 언론인들 스스로도 잘 인식하고 있다는 것이다. 그러나 언론인들은 기사를 작성하고 전달하는 관행적인 업무 자체에 종속되어 지금보다 더 품격이 높은 글을 써보고자 노력을 기울일 여지가 부족한 것으로 보인다. 이에 대한 원인을 다음과 같은 관행적 요인들에서 살펴볼 수 있을 것이다.

첫째, 우리나라 언론이 처한 운명적인 딜레마는 언론계 모두가 속보를 전달하고자 하는 속보 중심 사고 관행에 빠져 있다는 것이다(이재경, 2013; 박재영 외, 2012 등). 즉 대부분의 언론이 뉴스의 신속한 전달에 중점을 두고 있어서 사실 확인보다는 속보에 무게를 두는 경향이 있는데 이로 인해 오보나 편향된 정보가 증가하게 된다는 것이다. 이는 품격 저널리즘이 지향하는 진실보도 원칙에 반하는 것일 뿐만 아니라 현재의 저널리즘을 과감히 탈피하지 못하는 가장 큰 이유라고 판단된다. 이러한 속보에 대한 가치와 인식의 변화를 추구하려는 노력을 좀 더 확대할 필요가 있을 것으로 보인다.

둘째, 우리나라 언론의 특징 중 하나는 광고 이외의 수익이 거의 없다는 점이다. 즉 광고에 재원을 의존하는 바가 매우 커서 독립성 확보가 어렵다는 뜻이다. 광고 수익에 대한 의존의 정도가 커질수록 광고주에 의한 영향을 받기가 쉽다. 특히 광고주에게서 영향을 받을 가능성이 큰 만큼 이로 인해 광고주나 이해관계 당사자에 대해 편향된 보도가 나올 수 있다. 새롭고 건전한 대안적 수익 모델이 개발되어야 할 필요성이 있다(이정환, 2018).

셋째, 우리나라의 일부 언론이 정치적 입장을 과도하게 강조하거나 특정 정당에 편향된 보도를 하는 경우가 있다. 이로 인해 객관성과 균형 감각을 상실할 우려가 있다. 편향적인 보도는 결국 다양성의 부족으로 이어지게 된다(민영, 2006). 즉 언론이 특정 의견이나 시각에 치우치게 된다면 다양한 의견과 시각이 충분히 반영되지 못할 가능성이 크다. 제2장의 주요 분석에서 나타난 바와 같이 우리나라 언론과 관계된 어떠한 윤리강령에서도 취재원의 다양성을 규정화하고 있지 않다는 점도 이를 간접적으로 반영한다고 추론할 수 있다.

넷째, 우리나라 언론은 인물 중심 보도 경향이 심하다. 실제로 한국 언론에서는 인물 중심의 보도가 강조되는 경향이 있다. 즉 중요한 사회 문제나 정책보다는 특정 인물의 사적인 이슈에 더 초점이 맞춰질 때가 많다(홍성철, 2015). 과거 미국의 언론도 인물 중심의 보도 경향을 보인데 대해 그 위험성을 지적하는 연구들이 있었다. 이들에 따르면 인물 중심 보도 관행은 실제로 보도에서 '왜(why)?' 또는 '어떻게(how)?'보다는 '누가(who)?'에 초점이 맞춰진 채 이루어지는 경우가 많았기 때문으로 판단된다. 이러한 관행은 특히 선거보도에서 잘 드러나는데 이러한 이유가 제대로 된 정책 중심의 보도를 어렵게 만든다.

다섯째, 우리나라 언론은 복잡다단한 사회에서 구조적 문제로 발생하는 사안에 대해서 해결책을 제시해 줄 수 있는 기획적 보도가 부족하다(문종대, 2006). 무엇보다 깊이 있는 리서치와 분석에 기반한 보도가 상대적으로 매우 부족한 편이다. 앞으로 저널리즘이 향해야 하는 방향이 품격 있는 저널리즘인 경우에는 특히나 복잡한 사회 문제나 다양한 이슈에 대한 깊은 이해를 다루는 기획 보도가 늘어나야 할 필요가 있을 것이다. 이처럼 기획보도가 부족한 이유로는 인터넷 언론 등 언론의 수가 크게 늘어나게 되고 이와 함께 뉴스 전파가 급증하게 되면서 이에 대한 품질이 검증이 안 되고 소문에 불과한 내용을 그대로 전달하거나 인터넷에 달린 댓글이나 SNS상의 게시물을 근거로 기사화하는 등 정제되지 못한 언론의 기사작성 과정이 많아진 이유 때문이라고 판단된다(이수민 · 장원호, 2018; 이은택, 2006).

여섯째, 많은 언론전문가들이 우려하는 것처럼 우리나라의 언론인과 언론사에는 윤리교육이 매우 부족하다. 즉 언론인들에 대한 윤리 교육과 훈련이 충분하지 않을 때, 윤리적인 판단력이 부족해질 우려가 크다(이재진, 2023a; 조소영, 2022). 이러한 문제점을 극복하고 저널리즘의 질적인 향상을 강화하기 위해서는 언론인들의 윤리 교육은 필수적이다. 단순히 수습기자들이나 젊은 기자들만을 상대로 하는 윤리교육이 아니라, 언론사의 간부 언론인들(심지어는 사장에 이르기까지)은 물론이고 언론수용자들을 대상으로 하는 교육의 필요성이 더욱 커지고 있다(김민정, 2023; 김호성, 2015; 김세은, 2014b; 김영일, 2007).

일곱째, 언론계 전체적으로 볼 때 윤리의식이 과거보다 희석되었다는 점을 들 수 있다. 무엇보다 법만 위반하지 않으면 되었지 기사 작성에서 어떻게 일일이 윤리적인 것을 감안할 수 있는가 하는 언론의 태도가 문제가 된다(이규연, 2021). 이러한 태도는 품격 저널리즘의 실천을 위해서 현재 최우선적으로 극복해야 할 문제이다.

이와 관련 앞서 소개한 바 있는 블랙, 스틸 그리고 바니(1999)는 법은 윤리가 아니라고 하면서 최근 저널리즘 업계에서 커지고 있는 법적 스탠다드와 윤리적 스탠다드를 동일시 하는 현상을 경계해야 한다고 경고한다. 이들은 윤리적 기준은 "이상적인 행위(ideal behaviors)"를 의미하는 반면 법적 기준은 "최저 기준(bottom line)"을 상정하는 것으로서, 비윤리적인 행위에 의해서 피해를 본 피해자가 법적인 피해구제를 찾으려 하는 것은 매우 잘못된 해결방법이 아닐 수 없다고 본다. 즉 언론인들이 스스로 기사작성의 기준을 최저기준으로 잡는 것은 법적인 피해구제로 이어지게 되는 관행을 만들 수 있다는 점에서 빨리 극복해야 할 것이다.

이러한 관행적 요인들뿐만 아니라 언론윤리를 따지다 보면 기사 작성이 어렵고, 언론윤리강령이 언론현장을 잘 반영하지 못한다는 인식 또한 문제가 된다. 이러한 상황에서는 결국 언론윤리는 언론계 전체의 문제라기보다는 언론인 개인의 몫으로 위축될 수밖에 없고 품격 저널리즘의 달성이 더욱 요원해지게 되는 것은 명확해 보인다.

3

품격을 높이는 언론윤리의 실천, 어떻게 해야 하는가?

언론윤리와 관련하여 언론인들의 경우 기본적인 실천은 관행적으로 하는 반면 윤리실천의 절대적인 법칙은 없기 때문에 언론이 처하게 되는 모든 상황에서 무엇이 언론인의 윤리적 행위를 구성하는가에 대해서는 판단하기 어렵다는 문제가 존재한다. 전술한 바와 같이 진실을 추구하는 것이 대부분의 언론인에게는 도덕적 동기인 반면, 윤리적인 언론인도 이른바 공익의 명분으로 거짓말을 할 수 있다. 또한 언론인의 윤리적인 선택이 분석이나 조사의 시간을 거의 갖지 못한 채 즉각적으로 결정되므로 일반적인 윤리원칙과 일상적인 윤리의 적용은 구분되어야 한다는 지적도 있다(Dennis & Merrill, 2002).

실제로 언론윤리를 구성하는 요소는 무엇인가에 대해 많은 학자들이 해답을 제시하려고 노력해왔다. 그 중 가장 많이 논의되는 윤리모델이 바로 시셀라 보크(Sisela Bok)의 모델이다(Bok, 1978; Paterson

& Wilkins, 2001 재인용). 이에 따르면 윤리적인 의사결정은 두 가지 전제에 기인한다. 첫째, 윤리적 결정에 관련된 사람의 입장에서 서서 판단해야 하며, 둘째, 윤리적 판단의 궁극적 목표는 사회적 신뢰를 유지하는 것이라는 점이다(Peterson & Wilkins, 2001). 다시 말하자면 사회적 신뢰를 얻기 위해서는 윤리주체의 올바른 판단이 제대로 이루어져야 한다는 것이다. 이를 언론윤리에 대입한다면 언론과 언론인의 제대로 된 윤리적 판단이 매우 중요하다는 것을 의미한다.

보크(Bok)는 이를 바탕으로 윤리는 3단계에 걸쳐 실시되는 것이 바람직하다고 피력한다. 첫째, 어떤 행위가 정당한가를 자신의 양심에 비추어 고민해야 한다. 즉 언론인 스스로가 전문직 종사자로서 자신의 행동을 다른 사람들, 예를 들어 언론수용자나 법원의 판사들이 어떻게 이해하고 판단하는가를 알아야 한다는 것이다.

둘째, 윤리적 문제의 소지가 있는 행위 외에 다른 대안이 없는가를 확인하기 위해서 전문가의 조언을 구하는 것이 필요하다. 즉 윤리적 문제를 발생시키지 않으면서도 같은 목적을 달성할 수 있는 대안적인 방법은 없는가를 심각하게 고민해야 한다.

셋째, 가능하다면 관련된 사람들과 공개적인 토론(대화)를 많이 하는 것이 바람직하다. 이러한 대화의 목적은 내 행동이 다른 사람들에게 어떤 영향을 미칠 것인가를 아는데 있다. 단순히 기사작성에만 그치기보다는 자신의 기사가 어떠한 영향을 가져올 것이라는 점을 인식하면서 데스크 등 자신의 입장을 대변해줄 사람과 여러 커뮤니케이션을 통해 기사를 작성하는 것을 말한다. 결국 이러한 3단계를 거치면서 내가 제대로 언론윤리를 실천하고 있는가를 체계적으로 점검하는 것이 필요하다는 것이다.

그러나 이러한 과정을 현실적으로 적용시키기 위해서는 언론인의 자발적이고 성찰적인 노력에만 맡겨서는 안 되고 저널리즘 관행에 매몰되지 않도록 적절한 시기마다 언론윤리교육이 이루어져야 한다. 그러나 대부분의 경우 윤리교육은 태부족하다는 것이 현실이다(강내원 외, 2023). 만일 언론윤리가 뉴스 취재과정에서부터 수용자에게 전달되는 과정은 물론이고 윤리 실천 점검이 이루어질 수 있는 언론윤리교육까지를 모두 포함하는 것이라면(김영욱, 2004b) 현재 우리 언론이 언론윤리를 제대로 지키고 있다고 말할 수 없다.

그런데 품격 저널리즘에 있어서의 윤리교육은 단순히 정의로운 보도나 객관적인 사실 전달을 넘어, 책임감, 도덕성, 윤리적 가치를 바탕으로 사회에 긍정적인 영향을 미치는 저널리즘 교육을 의미한다. 여기에서는 사실에 입각한 객관적 보도, 권력에 굴하지 않고 사회적 약자의 목소리를 대변할 수 있는 정의감, 공공의 이익을 위해 행동하는 책임성, 언론수용자들에게 다양한 관점을 균형감 있게 제시하는 능력, 깊이 있는 분석과 전문지식을 바탕으로 보도할 수 있는 능력, 그리고 언론수용자에 대한 존중과 이해를 바탕으로 사회 문제에 대한 공감과 연대를 이끌어내는 능력을 키울 수 있도록 하는 교육이 이루어져야 한다(김세은, 2014b; 박재영 외, 2013).

왜냐하면 이 책 각 장에서 중요한 주제로 다루고 있는 언론윤리에 대한 논의(취재원 윤리, 사회적 약자 윤리, 언론수용자와 법원의 언론윤리 인식)는 결국 언론보도의 대상이 되기도 하지만 언론인들에게 협력자가 되는 언론수용자와 연결되어 있기 때문이다. 언론수용자들은 현재 언론인들의 언론윤리 준수에 대해서는 거의 믿고 있지 않지만 만일 언론인들이 윤리의식의 개선된 모습을 보여주는 것이 언론 신뢰도 향상에 상당한 영향을 미칠 것이라고 판단하고 있는 것으로 나타났다(미디어오늘, 2022.12.2.). 즉 언론이 스스로 '이 정도면 되었지' 하는 생각에 머물러서는 안 되고 이전 언론수용자 조사에서 나온 성적보다 더 나은 성적이 나올 수 있도록 하는 스스로의 노력이 요구된다(이재경, 2020).

아울러 기자가 된 후에 언론윤리를 접하는 경우보다 기자가 되기 전에 언론윤리에 대해서 고민해 본 기자들이 더 윤리적인 면모를 보인다는 연구들(박재영 외, 2013; 이재경, 2013; 이재진, 2007 등)이 있는데 이를 위해서는 현재 대학의 언론(미디어)관련 학과들 중에서 실시하는 윤리교육이 더욱 확대될 필요가 있다고 판단된다. 연구에 따르면 언론법과 관련된 과목이나 교육은 꽤 있으나 언론윤리만을 독립적인 과목으로 학부에서 강의하는 경우는 거의 없는 것으로 나타났다(최지향 · 정은령 · 오해정, 2019; 김영욱, 2018). 이를 확대하기 위해서 가장 좋은 방법은 언론사 입사 시험에서 언론윤리 문제를 출제하는 것이다. 즉 기사작성 시험과 함께 언론윤리 시험도 병행하는 것이다. 만일 언론사에서 언론윤리에 대한 시험을 본다고 하면 대학에서 언론윤리 관련 과목이 크게 늘어날 것이다. 입사시 언론윤리과목 시험은 우선 기존의 주요언론사가 시작하는 것이 바람직하다. 기본적인 취재보도 태도에서부터 고도의 윤리성을 요구하는 상황적 내용에 이르기까지 골고루 시험에 출제하는 것이 필요하다. 언론윤리 시험을 치러야 할 가장 중요한 이유는 입사시험에 언론윤리가 들어가는 것과 그렇지 않은 것은 큰 차이가 있기 때문이다. 즉 예비언론인인 학생들이 언론사에 입사하기 전에 언론윤리에 대해서 배우고 스스로 고민하는 것이 차후에 더욱 윤리적인 언론인으로서 자질을 갖추게 하는데 도움을 준다는 점에서도 이러한 언론윤리 시험은 꼭 필요하다.

마지막으로 각 언론사는 개별적인 윤리강령을 갖추고(없는 경우 신문윤리강령 및 실천요강) 자사 홈페이지에 이를 게시(업로드)하여 관심 있는 언론수용자들이 이를 쉽게 찾아볼 수 있도록 하는 것이 필요하다. 우리 회사는 이러한 윤리적인 스탠스를 지향한다는 것을 상징적으로 보여줄 뿐만 아니라 그 회사 입사에 관심을 갖거나 또는 연구를 하는 연구자들에게도 큰 도움이 될 수 있다.[4] 언론인들만의 윤리성이 중요한 것이 아니라 언론사의 윤리도 매우 중요하다. 그럼에도 불구하고 언론사는 기업적인 성격이 강할 수밖에 없기 때문에 윤리적인 문제는 회사 차원에서 다루는 것이 아니라 개인적인 일로 치부해 왔다. 그러나 언론윤리의 문제는 개인적인 차원에 머물러서는 안 되고 언론사 차원에서도 같이 고민을 해야 한다. 언론사가 비록 사적 기업이기는 하지만 언론사로서의 사회적 기능과 영향력을 고려한다면 언론사의 윤리도 매우 중요함은 더 말할 나위가 없을 것이기 때문이다.

4 이러한 요구에 대해 대부분의 언론들은 윤리강령을 게시하면 그것이 '잘못 이용될 위험이 있다'는 이상한 논리로 강변한다.

4

맺음말

반복해서 강조하건대 품격 저널리즘(Quality Journalism)은 지금의 한국 언론이 지향해야 할 목표이자 유일한 선택지라고 할 수 있다. 즉 현재 한국 언론이 안고 있는 신뢰성 문제 해결을 위한 거의 유일한 해결책일 뿐 아니라 향후 언론의 존재의 가치와 의미를 살리는 길이 될 것이라 생각된다. 여전히 한국에서는 품격 저널리즘 실천이 불가능하다고 판단하는 연구자들도 있다. 그럼에도 20세기 초 미국 컬럼비아대 저널리즘스쿨에서 현재의 저널리즘의 기본원칙을 마련하게 된 것처럼 향후 한국 언론이 지향해야 할 방향은 저널리즘의 격을 지금보다 높이는 일이다. 품격을 높이기 위해서는 현재의 언론관행의 틀을 깨는 작업이 필수적이다. 왜냐하면 인식의 틀이 바뀌지 않는다면 궁극적으로 개혁이나 변화를 지향하는 노력들이 언론관행의 늪에 빠져 무위로 돌아갈 수 있기 때문이다(이재경, 2020).

따라서 현재의 어려운 환경에서 품격 저널리즘을 실천하기 위해서는 무엇보다 이전의 저널리즘 관행에 대한 성찰적인 재검토가 이루어질 필요가 있다. 동시에 독자와의 소통을 강화하고, 사회적 책임과 공익에 대한 의식을 강화하는 것이 요구된다. 언론인은 독자들에게 보도 과정과 원칙에 대한 설명을 제공하며, 피드백을 적극적으로 수용하여 보다 개선된 보도를 위해 노력하는 것이 요구된다.

또한 언론인들은 품격 저널리즘이 사회 책임을 가지고 공익을 위한 보도를 해야 하는 것이 핵심적 요소라는 점을 알아야 한다. 즉 언론은 사회의 중요한 문제에 대한 언론수용자들의 인식을 높이고, 공익을 위한 역할을 수행함으로써 미디어의 사회적 책임을 실현하도록 노력해야 한다는 것이다.

이러한 실행 방식들이 종합적으로 작용하여 품격 저널리즘이 구현되고, 독자들에게 신뢰할 수 있는 정보를 제공하는데 기여하게 된다. 이러한 점에도 불구하고 품격 저널리즘은 그 실천이 쉽지 않다는 딜레마에 봉착하기도 한다. 즉 품격 저널리즘의 필요성에 대해 생각은 있으나 제대로 이를 실행하기가 어렵다는 현실이 문제가 된다. 이처럼 품격 저널리즘의 실천이 어려운 이유는 여러 가지 복잡한 도전과제가 겹쳐지고 있기 때문이다. 이러한 도전들은 언론환경의 변화, 경제적 압박, 기술적 발전, 사회적 변화 등 다양한 측면에서 나타나게 된다. 그럼에도 불구하고 품격 저널리즘은 기존 관행에 얽매이지 않고 과감히 현재의 저널리즘 상황을 개선하고자 하는 노력이 있어야만 가능하다는 점에서 언론인은 물론이고 언론사의 인식 전환이 요구된다.

그러나 품격 저널리즘은 실천의 한계도 존재한다. 다시 말하자면 품격 저널리즘을 실제로 실천하기가 어려운 이유를 포함하는데, 품격 저널리즘을 실현하기 위해서는 꼭 풀어야 할 숙제라고 할 수 있다. 구체적으로 살펴보면, 첫째, 품격 저널리즘을 실천하기 위해서는 다양한 형태의 비용이 소모되는 등 경제적 압박이 생길 수 있다. 구체적으로, 품질 높은 언론을 유지하고 발전시키는 데에는 비용이 많이 든다는 것이다. 그런데 최근 언론이 겪고 있는 것처럼 광고 수익의 감소, 인력 비용 등의 경제적 압력은 품질 높은 언론을 유지하는 데 어려움을 줄 수 있다. 실제로 언론사들은 디지털 미디어의 부상, 광고량의 감소, 구독 모델의 변화 등으로 경제적 어려움을 겪고 있다. 이로 인해 언론이 고품질의 기사를 제공하는 데 필요한 자원을 확보하기가 어려워졌다는 자조적인 평가를 내리기도 한다.

둘째, 소셜 미디어의 부상은 정보의 빠른 전파를 가능하게 했지만, 동시에 허위조작정보(disinformation)의 확산과 헤드라인 중심의 보도 경쟁을 부추겼다. 이는 품격 저널리즘의 원칙을 훼손하고, 클릭을 위한 선정적이고 감정적인 제목을 유도할 가능성이 있다. 또한 언론이 정치적인 압력이나 이념적 편향에 영향을 받을 경우, 품격 저널리즘의 원칙이 되는 객관성과 독립성이 훼손될 수 있다. 실제로 인터넷은 선정적이고 편향된 정보에 노출될 가능성을 높이며, 이로 인해 품질 높은 보도를 악화시킬 수 있다는 점이 품격 저널리즘을 더욱 어렵게 만드는 이유가 된다.

셋째, 빠른 뉴스 사이클과 이로 인해 발생하는 오류가 품격 저널리즘을 어렵게 만들기도 한다. 현대의 뉴스 사이클은 이전보다 더욱 빨라졌다. 최근 디지털 기술의 발전으로 뉴스 사이클이 빨라지면서 속보가 강조되지만, 이로 인해 사실 확인이 미흡한 경우가 발생할 수 있다. 빠른 속보로 인한 오류는 더욱 깊은 신뢰 손실을 초래할 수 있다. 뉴스를 신속하게 제공해야 하는 요구에 따라 사실 확인과 신뢰성 있는 보도에 소요되는 시간이 줄어들었다. 이로 인해 오류가 발생할 확률이 증가하고, 품질을 유지하기 그만큼 어려워졌다.

넷째, 뉴스 소비 패턴의 변화도 품격 있는 저널리즘을 어렵게 만들 수 있다. 언론수용자들의 뉴스 소비 패턴이 변화하면서, 경제적인 이유로 클릭과 조회수 중심의 콘텐츠에 중점을 두는 경향이 있다. 이는 심층적이고 복잡한 이슈에 대한 보도보다 간단하고 감정적인 콘텐츠에 더 많은 관심이 갈 수 있음을 의미한다. 이러한 상황에서 품격 저널리즘을 유지하고 질적으로 향상된 뉴스 보도를 위해서는 그만큼 장기적이고 지속적인 노력이 필요할 것이다.

이처럼 품격 저널리즘의 실천에 있어서 겪을 수 있는 한계가 있다는 점을 아는 것이 중요하지만 더욱 중요한 요인은 품격 저널리즘의 실천에 앞서서 가장 핵심적인 목표는 '공중을 위하는 것'을 자각하는 것이다. 왜냐하면 품격 저널리즘의 실천은 언론의 보도에 있어서 기본적인 원칙일 뿐만 아니라 공중의 알권리를 위해서 매우 중요하기 때문이다(이재진 · 이영희, 2024).

이러한 이해에 근거할 때, 이 책에서 전달하고자 하는 핵심은 '품격 저널리즘을 위한 언론윤리 10가지 점검 포인트'로 요약할 수 있다. 즉 아래의 점검 포인트를 스스로 검토해 나가는 것이 품격 저널리즘 실천의 핵심이 된다는 것이다.

첫째, 기사 작성에 있어 사회적 영향력과 파장에 대한 책임감을 지금보다 강화해야 한다. 무엇보다 공익적 목적의 실현에 꼭 필요한지를 잘 가려서 기사화하는 것이 필요하다. 이를 위해서는 속보 중심의 취재보도보다는 심층 취재형 보도의 수를 늘려가는 것이 필요하다(김시온, 2024). 이때 SNS를 대상으로 취재하는 경우 특히 취사선택에 신중해야 한다.

둘째, 정정보도 또는 오류의 정정을 더욱 적극적으로 수용할 필요가 있다. 역사적으로 언론은 정정보도에 매우 인색하였으나 최근 영미권의 주요 언론은 적극적으로 정정보도 하는 것을 언론사의 신뢰도를 높이려는 노력의 일환으로 인식하고 있다. 우리 언론도 언론의 품격을 높이고 신뢰도를 제고하기 위해서는 정정보도에 대한 인식을 바꿔갈 필요가 있다. 왜냐하면 신뢰를 얻기 위해서는 자신의 잘못을 인정하는 모습이 언론수용자와의 상호작용에 긍정적인 영향을 주기 때문이다. 아쉽게도 우리 언론사들은 실수를 덮으려 하거나 최소화 하려는데 애쓰다보니 정정보도에 대해 언론사의 공신력을 저해한다거나 언론자유를 훼손한다는 식으로 부정적인 시각을 견지해 왔다. 언론사는 명백한 오류를 인정하길 거부하는 경우 또한 많다. 잘못을 인정하면 언론의 신뢰도가 더 떨어지는 것은 아닌가 하는 우려 때문인 것으로 보인다. 그러나 이런 이유를 변명으로 오류에 대한 정정을 적당히 넘어가려고 하다가는 오히려 더욱 깊은 신뢰도 나락으로 떨어질 수 있다.

조사결과를 보면 언론인은 대체로 정정보도의 중요성을 수긍하지만, 거기에 대해 생각해 보거나 오류신고에 일일이 반응할 여유는 없다고 여긴다. 언론인들은 정정보도요청을 처리하는 방법에 관한 지침을 갖고 있지 않거나 자신이 보도한 사건에 대한 질문이 들어왔을 때 그냥 통보조차 받지 못한다. 그러나 정정보도의 작업 흐름이 정해져 있고, 관련 당사자에게 역할과 책임을 명확하게 규정해 주기 때문에 소통도 원활해진다. 이렇게 되면 공중이 당연히 누려야 할 수준의 서비스와 반응을 제공하게 되며, 오류를 신속하게 바로 잡는데 도움이 된다. 만일 정정보도를 하기로 결정했다면 정정보도는 명확하게 하고 진지하게 해야 한다.

셋째, 취재원은 저널리즘의 가장 핵심적인 요소이므로 취재원에 대한 매우 구체적이고 엄격한 규정을 갖추고 이를 지켜가야 한다. 이를 위해서, 그리고 모든 언론사가 개별적인 취재원 윤리강령을 만들기가 어렵기 때문에, 최소한 언론기관들이 모여 독자적인 '취재원 윤리강령'을 별도로 만들 것을 강력하게 추천한다. 즉 재난보도준칙과 같이 최소한 독자적인 '취재원 윤리강령'은 별도로 만들어야 할 것이다. 가능하면 취재원에 관한 구체적인 내용을 담아서 만들도록 한다. 이때 다양한 취재원을 발굴하도록 노력을 기울인다. 현재의 저널리즘은 취재 대상이 되는 사람들이 거의 유사하거나 중복되는 경우가 많다. 특히 정책 관련 보도를 하는 경우에는 취재원을 다양하게 선정해서 다양한 목소리가 전달될 수 있도록 해야 한다. 아울러 사회적 약자의 목소리를 많이 반영할 수 있도록 해야 한다.

넷째, 신뢰성을 언론의 핵심적 자산으로 간주해야 한다. 강준만(2009)은 언론은 신뢰성을 목숨처럼 여겨야 한다고 주장한다. 그러나 우리나라 언론은 아직도 '기레기'라는 불신의 꼬리표를 떼어내지 못하고 있다. 그런데 SBS에서 방송된 어느 드라마에서 한 언론사 기자 역할로 등장하는 배우가 '기레기라는 말은 들어도 완전 쓰레기는 되지 말아야지'라며 다른 언론사 기자를 질책하는 장면이 등장한다. 이는 언론으로서의 신뢰를 잃게 되고 단순히 자극적이고 흥미본위의 내용으로 클릭을 유도하여 저널리즘 황폐화를 가속화시키는 경우가 최근 많이 나타나고 있다는 점을 꼬집는 말이다. 하락한 신뢰도 제고를 위해서 언론은 이러한 점을 되짚어 보아야 한다.

다섯째, 언론윤리 관련 교육에의 참여를 일상화하려는 절차가 요구된다. 강조해서 말하지만 교육만큼 마음을 다잡는데 도움이 되는 것은 없다. 지금까지의 윤리교육은 형식적으로 실시된 경우가 대부분이었다. 앞으로는 언론윤리교육을 신뢰도 제고를 위한 선행조건으로 간주해야 한다. 최근 언론윤리교육의 중요성에 대한 인식이 커지면서 언론인뿐만 아니라 언론사 데스크(임원 포함)와 언론수용자까지도 언론윤리교육이 필요하다는 말도 나온다. 언론수용자들에게는 이는 언론을 좀 더 적극적으로 이해하고 언론에게 언론답게 되도록 격려하거나 질책해 주라는 노력이 필요하다는 의미로 판단된다(김옥조, 2004). 언론윤리 교육의 중요성이 더 커지고 있는 만큼 교육이 체계적으로 이루어져 언론윤리의 실천이 내면화될 수 있도록 할 필요가 있다.

여섯째, 언론은 자율규제 시스템을 강화하고 이에 적극적으로 협조하도록 해야 한다. 언론사가 자체적으로 자율규제시스템을 구축하기 힘든 경우에는 여러 언론관련 자율규제기구에 적극적으로 동참하는 것이 중요하다. 비록 자유규제기구의 실효성이 약하다는 본질적인 문제가 있음에도 언론윤리의 향상은 단기간에 이루어지는 것이 아니며 궁극적으로 언론이 참여해야 한다는 점에서 자율규제기구의 역할은 아직도 중요하다고 판단된다. 또한 법적으로 언론사에 고충처리인 제도나 독자권익위원회가 설치되어 있으나 현재 제대로 기능하고 있는 곳은 극소수에 머물고 있는 상황이다. 청탁금지법 시행 근처로 언론단체들을 중심으로 통합형언론자율규제기구 설립의 논의가 잠시 있었으나 선언적인 것으로 판단된다. 통합형언론자율규제기구의 설립은 사실상 어렵지만 향후에는 언론자율규제기구들 사이의 공조를 위한 네트워크를 만들어 가는 것이 바람직할 것으로 보인다.

일곱째, 정보의 출처를 명확하게 밝힌다. 이는 기사작성의 기본 중의 기본이지만 다양한 이유로 인하여 잘 지켜지지 않는 경우가 많다. 다른 미디어에 게재된 기사나 여타 인터넷 어딘가에 돌아다니는 정보나 토론방 댓글과 대댓글을 출처로 삼는 경우에는 특히 출처를 밝혀야 한다.

여덟째, 보도시 익명 취재원의 사용을 최소화한다. 아주 불가피한 경우를 제외하면 취재원을 최대한 밝히도록 해야 할 것이다. 우리 언론은 미국 언론보다 익명의 취재원 이용 비율이 높다. 더 큰 문제는 익명의 취재원을 이용하면서 실제로는 언론이 자신들의 이야기를 하려고 하는 것이다. 취재원 익명 이용이 남발되지 않도록 익명요건을 예외적으로 엄격하게 정할 필요가 있다.

아홉째, 팩트 체크(fact check)를 시스템화한다. 사회적 논란이 되거나 취재 내용이 언론사들 사이에 차이가 있는 경우에만 팩트 체크를 하는 경우가 많다. 특히 정치적 분야에서 팩트 체크에 대한 수요가 많고 실제로 많이 실시되었다. 향후에는 당일 작성되는 모든 기사가 자동으로 팩트 체크가 이루어질 수 있도록 시스템을 갖출 필요가 있을 것이다. 이를 위해서는 최근 많이 논의되는 AI 기술을 활용하는 것이 바람직할 것으로 보인다. 가짜뉴스가 범람하는 상황에서 팩트 체크를 시스템화 하는 것은 가짜뉴스의 유통을 줄이기 위해 특히 필요할 것으로 보인다.

열째, 저널리즘 행위는 공론장을 제공하는 것이라는 점을 마음에

새겨야 한다. 언론이 자기 하고 싶은 말만 하고자 한다면 이는 진정한 공론장으로서의 의무를 방기한 것이다. 언론이 해야 할 일은 공론장에서 무엇이 진실이고 거짓인지 거르는 것이다. 실제로 공론장은 신의 영역에 대한 도전에서 탄생하였다. 그런데 19세기에 그 중심자리를 저널리즘이 차지한다. 가장 먼저 저널리즘이 나온 영국의 경우에 의회에 대한 취재보도를 하기 시작한 1771년 이후 일간신문이 최초로 공론장으로서 지배적인 형태로 자리잡기 시작했다. 이후 오늘날과 같은 형태로 변모해서 오고 있고 영미식의 저널리즘이 세계적으로 가장 유력한 모델이 되었다. 결국 오늘날 공론장을 제공하는 저널리즘은 자연스럽게 공적인 행위가 되었다고 할 수 있다.

우리 언론은 이상의 10개 점검 포인트를 근거로 품격 저널리즘을 추구하도록 노력해야 할 때가 되었다. 이 책은 왜 우리나라 언론에 품격 저널리즘이 필요한가에 대해 강조하고자 하였다. 저자는 기존 연구들과 주요 분석을 통해 품격 저널리즘의 실천이 현재 언론이 처해 있는 위기를 극복할 수 있는 길을 열어줄 수 있다는 결론에 도달했다. 그동안 우리 언론은 낮은 신뢰도와 가짜뉴스의 범람 등으로 위기에 봉착해 있다고 해도 과언이 아니다. 이러한 문제를 어떻게 해결할 것인가에 대한 다양하고 많은 논의들이 있어 왔으나 구체적이고 명확한 해결방법이 제시되지 못했다. 이러한 논의들 중에서 품격 저널리즘에 대한 논의도 있었으나 아직까지 본격적인 논의가 이루어지지 않았다.

품격 저널리즘은 이처럼 언론의 어려움을 극복하는 방안임과 동시에 제대로 공공의 이익을 증진할 수 있는 방법이기도 하다. 즉 언론은 품격 저널리즘의 실천을 통하여 시민들에게 더욱 정확하고 유용한 정보를 제공함으로써 사회적 발전에 기여할 수 있으며 나아가 품격 저널리즘은 언론에 대한 기대에 부응하는 건강한 공론형성을 통해 권력의 남용을 견제하고 시민들의 참여를 독려하여 민주주의 발전에도 공헌할 수 있다.

그런데 품격 저널리즘을 제대로 실천하기 위해서는 현재 언론인들이 빠져나오지 못하는 관행의 늪을 과감히 탈피해야 할 것이다. 물론 이는 결단코 쉽지 않은 작업임에 틀림없다. 실제로 정신적으로, 그리고 육체적으로 익숙해 있는 관행의 틀을 과감히 벗어던지는 것은 언론 활동을 그만두라는 말처럼 들릴 수도 있다. 이미 기레기라고 욕먹고 있는데 이제와 살아남는 게 중요하지 새삼스럽게 품격 저널리즘을 해야 할 필요가 있을까 하고 생각할 가능성이 크다. 그럼에도 현재 언론이 입버릇처럼 되뇌고 있는 '위기'를 어떻게 벗어날 것인가를 고민한다면 위기를 벗어날 수 있는 유일한 방법은 품격 저널리즘이며 이를 위한 노력은 점진적으로, 또는 단계적으로 지속되어야 할 것이다. 특히 이러한 점에 언론계 전체가 공감하는 것이 매우 중요하다. 물론 이러한 노력을 그 많은 언론이 모두 다 같이 하는 것은 어려워 보인다.

따라서 무엇보다 주요 레거시 신문들이 먼저 저널리즘의 품격을 제고하려는 노력을 기울여야 한다. 왜냐하면 기존 연구에 따르면 이들 신문들이 우리 사회에서 아직도 중요 의제를 형성하는 힘을 가지고 있고, 권력을 감시 비판하고 사회의 부정부패를 고발하는 감시견(watchdog)의 역사를 지니고 있으며, 한국의 민주주의 발전의 동력원이자 동시에 언론윤리 담론을 형성한 주체가 되기 때문이다. 주요 레거시 신문들 중에서는 현재로서는 팩트에 대한 점검을 상대적으로 강조하고 신문 지면의 완성도를 높이기 위해 다양한 노력을 기울이고 있는 것으로 조사된 〈조선일보〉(배진아 · 윤석민, 2024)를 비롯한 소위 10대 일간지들과 최근 신뢰도 조사에서 높은 결과를 보이는 지상파 방송사들이 품격 저널리즘 실천에 솔선수범해 주길 요청한다. 이런 언론사들이 앞장서서 품격을 끌어 올리기 위한 노력을 견인해 나간다면 다른 언론들도 무엇인가 유사한 노력을 기울일 것으로 보이며 궁극적으로 언론계 전체로 점차 확장될 수 있을 것이고 현재 '공유지의 비극'과 같은 황폐해진 저널리즘 환경이 개선될 수 있으리라 조심스레 예상해 본다. 즉 기사 작성을 교육할 때도 품격 있는 기사를 쓸 수 있도록 하는 풍토가 주요 미디어부터 자리 잡게 된다면 품격 저널리즘을 실천하는 언론이 그렇지 않은 언론보다 많아질 때가 도래할 수 있을 것이다. 아울러 '윤리적인 저널리즘이 더 나은 저널리즘'(Ethical journalism is better journalism)이라는 명제에서 더 나아가 윤리적인 언론만이 언론수용자들의 선택을 받을 수 있게 될 것이라 판단된다.

참고문헌

〈2019 한국언론연감〉. 한국언론진흥재단.

강내원 외 (2024). 〈저널리즘의 이해〉. 서울: 한울.

강정수 (2013). 공짜로 망가진 품격과 신뢰를 회복하라. 〈여기자〉, 22호, 23-28.

강준만 (2021). 권력 모델에서 봉사 모델로의 전환. 〈신문과 방송〉, 601호 (1월), 8-13.

강준만 (2019). 〈한국 언론사〉. 서울: 인물과 사상사.

강준만 (2017. 3. 5.). '황색 저널리즘'은 어떻게 탄생했나? 〈Conundrum〉, retrieved https://cozyjune.tistory.com/92

강준만 (2009). 〈대중매체 법과 윤리〉. 서울: 인물과 사상사.

고흥욱(1974). 윤리위가 다룬 '신문의 품격'. 〈저널리즘〉, 1974년 3월호, 96-103.

구교태·조소영·이영희 (2022). 국내 언론사 윤리강령 제정 실태 및 보도에 미치는 영향 연구. 한국언론진흥재단.

구교태 (2021). 윤리강령 명확히 세우고 뉴스 품질 개선해야. 〈신문과 방송〉,

609호(9월), 42-45.

국가인권위원회 (2012). (언론인을 위한)장애인권 길라잡이. 장애우권익문제연구소.

기자협회보 (2022. 12. 16.). 재난보도준칙, 여러 한계에도 노력 수반된다면 희망은 있다-기자협회, 언론재단 주최, '이태원 참사를 계기로 본 재난보도준칙' 토론회.

김경모 (2019). 뉴스 신뢰도의 출발점, 취재원: 익명 취재원 비율 KBS 28%, BBC 6%… 실명보도 훈련하는 조직문화 정착돼야. 〈신문과 방송〉,

김경모 (2012). 새로운 저널리즘 환경과 온라인 뉴스 생산 - 전통과 변화의 경계. 〈언론정보연구〉, 49권 1호, 7-37.

김나래 (2024). 진짜 '알권리'였나 … 이선균 보도 경쟁의 민낯. 〈관훈저널〉, 통권 170호(봄), 35-42.

김동환 (2015). 로봇저널리즘: 알고리즘을 통한 스포츠 기사 자동생성에 관한 연구. 〈한국언론학보〉, 59권 5호, 64-95.

김민정 (2022). 언론윤리와 이해충돌(conflict of interest) - 개념 분석과 국내·외 윤리강령 검토를 중심으로-. 〈미디어와 인격권〉, 9권 1호, 85-129.

김사승 (2019). 객관보도와 신문의 신뢰성. 한국신문윤리위원회 중앙일간신문 편집국장급 세미나 발표문.

김상겸 (2015. 3. 12). [시론] 김영란법 결함, 찬성여론 많다고 그냥 넘어가나. 〈중앙일보〉 retrieved from https://www.joongang.co.kr/article/17333233

김세은 (2014a). 한국 언론의 자기 성찰: 미디어 보도와 비평. 〈관훈저널〉, 55권 2호, 133-135.

김세은 (2014b). 현실적인 기자교육은 어떻게: 언론사, 장사꾼 속성 버리고 '언론윤리' 교육해야. 〈신문과 방송〉, 522, 28-32.

김성해·반현 (2011). 〈저널리즘의 복원: 고품격 저널리즘을 위한 글로벌 전략과 한국의 비전〉. 한국언론진흥재단.

김성해·유용민·심영섭 (2011). 글로벌 디지털 시대의 국제 뉴스: 온라인 국제뉴스에 대한 국가별 비교연구. 〈언론정보연구〉, 48권 2호, 181-222.

김송옥 · 이인호 (2022). 익명보도 원칙의 판례법적 수용에 대한 비판적 고찰. 〈언론과 법〉, 21권 2호, 1-46.
김시온 (2024). 〈그들의 신은 누구인가〉. 서울: 재노북스.
김시철 (2015). 언론 · 출판의 자유와 인격권의 대립과 조화에 대한 비교법적 검토. 〈저스티스〉, 제147호(4월호), 53-116.
김영욱 (2018. 11). 저널리즘 연구와 교육의 필요성. 〈신문과 방송〉, 28-31.
김영욱 (2004a). 윤리 규범의 상충과 조정: 가치윤리적 접근. 한국언론학회 봄철 정기학술대회 발제문.
김영욱 (2004b). 〈한국 언론의 윤리점검 시스템〉. 한국언론재단.
김영일 (2007). 언론윤리 교육 강화해야. 〈관훈저널〉, 봄호, 11-14.
김영주 · 송해엽 · 이성규 (2019). 고품격 저널리즘은 크라우딩펀딩의 필수조건: 크라우드 소싱 저널리즘. 〈신문과 방송〉, 578호(2월), 42-49.
김옥조 (2004). 〈미디어 윤리〉. 서울: 커뮤니케이션북스.
김위근 (2014). 포털 뉴스서비스와 온라인 저널리즘의 지형: 뉴스 유통의 구조변동 혹은 권력 변화. 〈한국언론정보학보〉, 66호, 5-27.
김익현 (2016). 뉴욕 타임스의 익명 취재원 사용 기준 강화 조치: 낙종하더라도 기사 신뢰도가 최우선. 〈신문과 방송〉, 544, 46-49.
김재명 (2011). 재난보도와 취재안전 시스템: 범언론계 차원의 가이드라인 마련되어야. 〈신문과 방송〉, 485호, 24-30.
김재원 (2021). 〈알고리듬과 저널리즘〉. 서울: 커뮤니케이션북스.
김지운 (2004). 〈글로벌 시대의 언론 윤리〉. 서울: 커뮤니케이션북스.
김지혜 (2018). 한국언론의 중국동포(조선족) 담론 분석-조선, 동아, 경향, 한겨레신문의 프레임. 분석을 중심으로. 〈다문화사회연구〉, 11권 2호, 37-73.
김춘식 (2015). 김영란법 언론보도 내용 분석: 단순 사실보도 위주… 입법 취지 제대로 전달 못해. 〈신문과 방송〉, 533호(5월호), 15-24.
김춘식 (2011). 〈글로벌 시각에서 본 한국 언론의 재난 보도〉. 한국언론진흥재단 토론회 자료집.
김하수 (2018). 다듬어진 말글로 시민의 언어품격 높여야: 저널리즘의 언어는 어떠해야 하나. 〈신문과 방송〉, 574호(10월호), 30-34.

김현미 (2022. 8. 21.). 판사 아빠, 의사 엄마도 자폐는 감당이 벅찼어요. 〈신동아〉, URL: https://shindonga.donga.com/List/3/02/13/3578131/1

김호성 (2015). 데스크급에 대한 교육 절실. 〈신문과 방송〉, 533호(5월), 26-28.

김호연 · 정재민 (2005). 사회적 약자 보도를 위한 가이드라인: 장애인과 장애공동체 보도를 중심으로. 〈저널리즘 평론〉, 통권 제21호, 104-146, 서울: 한국언론재단.

김효실 (2022. 8. 19.). 우영우가 떠났다, 우리 사회의 고민거리를 남기고. 〈한겨레〉, URL: https://www.hani.co.kr/arti/culture/culture_general/1055376.html

김희주 (2015). 채널A 신문 이야기 돌직구쇼: 재미도 살리고 신문의 품격도 지키고. 〈신문과 방송〉, 534호, 58-62.

남재일 (2010). 직업이데올로기로서의 한국 언론윤리의 형성과정. 〈한국언론정보학보〉, 50권 2호, 73-93.

대한변협신문 (2015. 4. 27.). 김영란법 시행 전까지 위헌소지 개정돼야 URL: https://news.koreanbar.or.kr/news/articleView.html?idxno=12677

노병우 (2024). 포스트 트루스 시대의 퀄리티 저널리즘에 대한 현직 기자들의 인식조사 연구. 한양대학교 대학원 석사학위논문.

노혜령 (2020). 〈가짜뉴스 경제학〉. 서울: 워크라이프.

더피알 (THEPR, 2018. 8. 1.). 뉴스의 시대, '퀄리티 저널리즘'을 찾아서. retrieved https://www.the-pr.co.kr/news/articleView.html?idxno=40679

마이클 셔드슨 (이강형 역) (2014). 〈뉴스의 사회학〉. 한국언론진흥재단.

맥브라이드 & 로젠스틸 (임영호 옮김) (2015). 〈디지털 시대의 저널리즘 윤리〉. 한국언론진흥재단.

문종대 (2006). 〈시장의 감옥〉. 서울: 커뮤니케이션북스.

미디어오늘 (2023. 5. 17.). 관계자…관계자…관계자…관행적 익명 보도 끊어야 산다.

미디어오늘 (2022. 12. 2.). "한국 언론은 언론윤리 준수한다" 국민 14.6%만

동의.
미디어오늘 (2002. 1. 10.). 사문화된 언론인 윤리강령, "취재 위해 어길 수도" 인식 팽배 '장롱속' 윤리강령 재정비해야.
미디어오늘 (2019. 8. 20.). 세월호 참사 이후 재난 보도 얼마나 바뀌었나.
민영 (2006). 신뢰의 조건, 저널리즘 전문성과 정파적 편향성이 언론 신뢰와 정치 신뢰에 미치는 영향. 〈한국언론학보〉, 60권 6호, 127-156.
박기묵 (2021). 〈나쁜 저널리즘〉. 서울: 커뮤니케이션북스.
박기효·홍성완·신태범 (2017). '김영란법' 시행이 한국 언론윤리에 미친 영향에 대한 탐색적 연구. 〈한국언론학보〉, 61권 5호, 165-203.
박대민 (2023a). 통과하면 사실로 인정되는 인공지능을 만들 수 있는가: 설명가능한 인공지능을 통한 사실성 제도로서 언론의 재구성. 〈언론과 사회〉, 31권 2호, 139-181.
박대민 (2023b). 신뢰할 수 있는 인공지능 기반의 저널리즘 인공지능. 〈언론과 사회〉, 31권 4호. 5-47.
박대민 (2015). 양적완화 정책에 대한 국내 언론 보도의 정보원 및 인용문 분석: 경제 저널리즘의 신자유주의적 경향에 대한 비판적 고찰. 〈한국언론학보〉, 59권 1호, 37-61.
박성철·이덕환 (2013). 구미 유독가스 누출사고에 대한 텔레비전 뉴스보도 연구. 〈한국방송학보〉, 27권 5호, 86-123.
박성희 (2004). 〈신문 사회면 비교 분석〉. 서울: 미디어연구소.
박아란 (2022). 〈인공지능 시대의 미디어 윤리〉. 서울: 커뮤니케이션북스.
박아란 (2021). 〈인공지능, 법·윤리·저널리즘의 이해〉. 서울: 커뮤니케이션북스.
박아란 (2019). '가짜뉴스'와 온라인 허위정보(disinformation) 규제에 대한 비판적 검토. 〈언론정보연구〉, 56권 2호, 113-155.
박아란·오세욱 (2016). 검색 알고리즘과 인격권 침해. 〈미디어와 인격권〉, 2권 1호, 3-62.
박재영 (2014). 언론 위기의 원인은 기자의 글. 〈관훈저널〉, 55권 2호, 127-129.

박재영 (2006). 뉴스 평가지수 개발을 위한 신문 1면 머리기사 분석. 한국언론재단 (편). 〈한국의 뉴스미디어 2006〉 (147-220쪽). 서울: 한국언론재단.
박재영·이완수 (2007). 인용(quotation)과 취재원 적시(attribution)에 대한 한미(韓美) 신문비교. 〈한국언론학보〉, 51권 6호, 439-468.
박재영·이재경·김세은·심석태·남시욱 (2013). 〈한국 언론의 품격〉. 나남.
박선영 (2002). 〈언론 정보법 연구 I·II〉. 서울: 법문사.
박영흠 (2021). 포퓰리즘 시대의 저널리즘 윤리. 〈커뮤니케이션이론〉, 18권 4호, 5-52.
박영흠 (2018). 한국 디지털 저널리즘의 사회적 형성: 디지털 뉴스의 상품화 과정에 대한 역사적 연구. 〈언론과 사회〉, 26권 1호, 135-181.
박창현 (2020). 식상한 소재라고? 각도를 달리하면 품격보도의 화수분: 강원도민일보 〈DMZ 사라진 마을을 찾아서〉. 〈신문과 방송〉, 600호, 100-104.
배정근 (2020). 취재원과 거리두기: 언론을 언론답게 하는 건 취재 대상으로부터의 독립. 〈신문과 방송〉, 2020.9.18.
배정근·유승현·오현경 (2019). 〈언론윤리규정 개선을 위한 연구〉. 한국언론진흥재단.
배진아·윤석민 (2024). 신문의 지면 편집은 무엇을 지향하는가? 〈한국언론학보〉, 68권 1호, 157-191.
백영민·안수찬·김위근 (2019). 언론수용자의 언론인 접촉경험과 언론신뢰. 〈한국언론학보〉, 63권 5호, 119-151.
상윤모·박소영 (2023). 저널리즘 및 미디어·커뮤니케이션 분야 윤리 연구 동향 분석 - 해외 주요 학술지 논문을 중심으로. 〈미디어와 인격권〉, 9권 1호, 1-38.
서수민 (2024. 4. 17). [미디어 전망대] 약자가 뉴스를 회피하는 나라에 미래는 없다. 〈한겨레〉
손낙구 (2002). 언론노조 성명서 보도. retrieved from http://nodong.org/index.php?mid=statement&document_srl=97883&listStyle=viewer
손석춘 (2007). 이명박-부시 면담과 언론의 품격: 디선 개입 의도 비판적 시각은 어디에. 〈신문과 방송〉, 443호, 82-87.
손수호 (2016). 언론의 품격을 해치는 것들. 〈언론중재〉, 138호(봄), 50-53.
손영준 외 (2024). 〈AI시대 저널리즘 미리보기〉. 서울: 한울.
송상근 (2016). 취재원 사용의 원칙과 현실: 세월호 보도를 중심으로. 〈한국언론학보〉, 60권 5호, 34-62.
송의달 (2023. 3. 18.). [송의달 Live][미디어 프리즘] 한국에 저널리즘 스쿨 왜 필요한가?"…조셉 퓰리처에게 듣다. 〈조선일보〉. retrieved from https://www.chosun.com/culture-life/broadcast-media/2022/05/23/6S3Q3UW6ZNFCFF7V4P2MOJH7LM/
송종현 (2019). 세월호 참사 5년… 재난보도준칙 마련 이후에도 계속되는 문제. 〈언론중재〉, 153권(가을), 56-61.
송효빈 (1993). 〈체험적 신문론〉. 파주: 나남출판.
시사저널 (2002. 1. 16). 언론 플레이에 춤춘 '묻지마 보도'. retrieved from https://www.sisajournal.com/news/articleView.html?idxno=79159
신문윤리 (2024. 5.). 외국인 근로자 · 탈북민 · 장애인 차별, 편견 조장 표현 여전. 제291호, 1면 하단.
신창호 (2013). 익명(관계자) 보도 필요성과 문제점. 〈관훈저널〉, 127, 93-99.
심미선 (2022). 언론보도로 인한 초상권 침해에 대한 영상취재기자들의 인식 연구. 〈미디어와 인격권〉, 8권 3호, 43-80.
심석태 (2020). 제작 완성도와 언론윤리를 저울로 단다면. 〈언론중재〉, 154, 110-115.
심훈 (2015). KBS 공정성 가이드라인 의미와 과제: 사회적 배려 원칙 돋보여. 〈신문과 방송〉, 533호(5월), 39-42.
엄기형 (1982). 신문의 품격, 윤리위원회를 통해본. 〈신문과 방송〉, 136호(4월), 19-23.
연합뉴스 (2013. 10. 29.). 관훈클럽 '한국 저널리즘의 품격' 주제 세미나. retrieved https://www.yna.co.kr/view/AKR20131029104900017
오세욱 (2016). 저널리즘과 알고리즘의 융합에 대한 탐색적 연구. 〈사이버커뮤니케이션 학보〉, 33권 3호, 51-101.

오세욱 · 송해엽 (2023). 대규모 언어 모델과 저널리즘. 한국언론진흥재단 연구보고서.
오해정 · 김경모 (2020). 공영방송 TV뉴스의 익명취재원 이용: KBS 〈뉴스 9〉와 BBC 〈10시뉴스〉의 비교 분석. 〈한국언론학보〉, 64권 1호, 49-89.
오현경 (2021). 언론인의 윤리적 가치관 유형에 따른 취재보도 원칙의 중요도 인식 및 수행도 비교. 〈한국언론학보〉, 65권 4호, 85-238.
오태규 (2014). 품격 없는 언론 시대가 낳은 책. 〈관훈저널〉, 131호(여름), 119-122.
유승관 · 강경수 (2011). 세계 뉴스통신사의 재난 · 재해 뉴스보도의 실태와 개선방안 연구. 〈방송통신연구〉, 76호, 140-169.
유용민 (2024). 모를 권리는 국민 주권주의의 새로운 권리가 될 수 있는가?: 간학제적 탐색적 시론. 2024년 한국언론학회 봄철 학술대회, 경주, 2024.5.9.-11.
유일상 (2001). 〈언론 정보 윤리론〉. 서울: 아침.
유진 굿윈 (1997) (우병동 역). 〈언론윤리의 모색〉. 서울: 한나래.
유홍식 (2003). 디지털 미디어시대의 방송저널리즘 윤리 재정립에 관한 연구. 〈방송연구〉, 여름호, 61-87.
윤석민 (2020). 〈미디어 거버넌스〉. 파주: 나남.
윤성옥 (2019). 혐오표현 규제와 법적 쟁점에 관한 연구. 〈미디어와 인격권〉, 5권 1호, 57-94.
윤성한 (2015. 02. 09.). 김영란법 반대하는 '한겨레'기자의 오도된 논리. 〈미디어오늘〉, https://www.mediatoday.co.kr/news/articleView.html?idxno=121710
윤성한 (2015. 02. 22.). 부패기자 처벌하자는 손석희 · 최승호가 순진하다고? 〈미디어오늘〉, https://www.mediatoday.co.kr/news/articleView.html?idxno=121891
윤영철 (2001). 〈한국민주주의와 언론〉. 서울: 유민문화재단.
윤태석 (2021. 08. 02.). 김영란법 형사처벌 3명 중 2명은 언론 · 교육계 인사. 〈한국일보〉. retrieved from https://www.hankookilbo.com/News/

Read/A2021071919160002908
음선필 (2021). 성적 소수자를 위한 인권보도준칙의 헌법적 문제점. 〈법학논총〉, 제50호, 147-182.
이건호 (2008). 한·미 신문 기사의 심층성과 신뢰도 및 독창성 분석: 6개 한국 신문과 2개 미국 신문 1면 기사를 중심으로. 〈한국언론학보〉, 52권 5호, 107-129.
이규연 (2021). 주류 언론이 레거시를 만들지 못했다: 왜 우리에게 명품 저널리즘이 없을까. 〈신문과 방송〉, 601호(1월), 20-25.
이기형 (2013). 종편 시사토론프로그램 분석: 정서적 쾌감은 있지만 말의 품격은 없다. 〈신문과 방송〉, 511호, 41-45.
이봉현 (2020). 신뢰회복의 첫 걸음, 저널리즘 규범 확립과 실천(pp. 160-186). 임종수 외. 〈저널리즘 모포시스〉. 서울: 팬덤북스.
이샘물 (2022). 취재관행과 보도행태 점검을 통한 신뢰성 강화 방안. 〈언론중재〉, 42(가을), 18-31.
이샘물 (2012). 한국 언론은 다문화 이주민을 어떻게 보나? 〈관훈저널〉, 통권 125호, 67-73.
이성규 (2023). 챗GPT 등 생성AI와 저널리즘: 과정과 실제를 구분하여 기자에 미칠 영향 파악하기. 〈관훈저널〉, 167호(여름), 201-208.
이수민·장원호 (2018). 한국 청년들은 왜 인터넷 댓글에 공감하는가?. 〈문화콘텐츠연구〉, 13호, 43-74.
이승선 (2022). 헌법 제21조 제4항은 살았는가, 죽었는가. 〈세계헌법연구〉, 28권 1호, 117-153.
이승선 (2006). 언론 자유관점에서 본 취재윤리. 〈언론중재〉, 26권 1호, 4-15.
이승선 (2001). 언론인 저작물에 나타난 취재행위의 형사법적 위법 가능성에 관한 연구. 〈한국언론학보〉, 46권 1호, 344-387.
이여주·송준아 (2021). 노인혐오에 대한 진화론적 개념분석. 〈노인간호학회지〉, 23권 1호, 1-12.
이은택 (2006). 온라인저널리즘의 윤리적 이슈에 대한 연구. 〈커뮤니케이션

이론〉, 2권 2호, 74-103.
이은택 (2004). 국내 언론인의 도덕 발달 단계에 관한 연구. 〈한국언론학보〉, 46권 3호, 289-318.
이재경 (2020). 저널리즘 좀먹는 만악의 뿌리: 익명 취재원 문제. 〈신문과 방송〉, 589, 104-106.
이재경 (2014). 품격있는 기자제도. 〈관훈저널〉, 55권 2호, 123-126.
이재경 (2013). 〈한국저널리즘 관행 연구〉. 나남출판.
이재진 · 이영희 (2024). 언론윤리를 바라보는 세 시각의 부조화. 〈언론과 법〉, 23권 1호, 47-102.
이재진 (2023a). 독립된 취재원 윤리강령 제정 필요성에 대한 시론적 연구. 〈언론과 법〉, 22권 2호, 209-270.
이재진 (2023b). 언론 윤리교육이 관건이다. 〈헌정〉, 통권 491호(5월), 62-65.
이재진 (2015). 김영란법을 통해 돌아본 취재윤리 문제 점검. 〈신문과 방송〉, 533호(5월), 11-14.
이재진 (2013). 〈미디어 윤리〉. 서울: 커뮤니케이션북스.
이재진 (2007). 한국언론법제교육의 현실과 쟁점. 〈언론중재〉, 통권 105호, 4-20.
이재진 (2006). 〈언론 자유와 인격권〉. 서울: 한나래.
이재진 (2005). 언론윤리에 대한 언론과 사법부 간의 인식 차이에 대한 연구. 〈방송과 커뮤니케이션〉, 6권 1호, 6-32.
이재진 (2003). 〈한국 언론윤리법제의 현실과 쟁점〉. 서울: 한양대학교 출판부.
이정환 (2023) AI는 거들 뿐, 기자의 경쟁력은 신뢰와 책임. 〈신문과 방송〉, 628호(4월), 17-22.
이정환 (2018). 구독 모델은 대안인가: 뉴스 유료화는 선택 아닌 당면한 현실이다. 〈신문과 방송〉, 통권 576호(12월), retrieved from https://m.blog.naver.com/kpfjra_/221414247481
이정환 (2015. 2. 21.). 돈 받아먹는 기자들 잡아넣자는데 왜 반대하냐고?

〈미디어오늘〉, https://www.mediatoday.co.kr/news/articleView.html?idxno=121879

이준웅 · 양승목 · 김규찬 · 송현주 (2007). 기사 제목에 포함된 직접 인용부호 사용의 문제점과 원인. 〈한국언론학보〉, 51권 3호, 64-90.

이준환 (2023). 월등히 빠른 검증 가능하나 신뢰성 있는 레퍼런스 확보가 관건: 인공지능 기반 팩트체크, 어디까지 왔나 〈신문과 방송〉, 634호(10월), 38-41.

이화행 (2014). 세계 뉴스통신사의 재난 보도 경향 연구. 〈언론학연구〉, 18권 2호, 157-183.

이효성 (1996). 〈한국언론의 좌표〉. 서울: 커뮤니케이션북스.

이희옥 (2021). 저널리즘에서 인공지능 활용과 기본권 보호. 〈미디어와 인격권〉, 7권 1호, 153-191.

임양준 (2012). 한국거주 이주노동자에 대한 신문의 보도 경향과 인식연구: 조선일보, 한겨레, 경인일보, 부산일보를 중심으로. 〈한국지역언론학회〉, 12, 419-456.

임영호 (2021). 조회수 경쟁, 정파성 버려야 개혁의 씨앗 움튼다. 〈신문과 방송〉, 601호(1월), 14-19.

임영호 · 이현주 (2001). 신문기사에 나타난 정보원의 권력 분포: 1949-1999년 〈동아일보〉 기사의 내용분석. 〈언론과학연구〉, 1권 1호, 300-330.

임종섭 (2011). 온라인 뉴스도 품격 필요 낚시성 제목은 법적 규제해야: 불신 낳는 인터넷 기사 제목의 문제점. 〈신문과 방송〉, 490호 (10월), 826-829.

임희섭 (1982). 신문의 품격과 신의를 생각한다, 지나친 상업적 동기, 흥미위주 자성해야. 〈신문과 방송〉, 136호(4월), 15-18.

장호순 (2004). 〈언론의 자유와 책임〉. 서울: 한울 아카데미.

정의철 · 이창호 (2007). 혼혈인에 대한 미디어 보도 분석- 하인스 워드의 성공 전후를 중심으로. 〈한국언론학보〉, 제51권 제5호, 84-110.

정창권 (2011). 조선시대 장애인 예술가의 존재양상. 〈한국학연구〉, 제38호, 423-458.

정학구 (2020). 탈진실시대의 가짜뉴스 확산과 언론 신뢰도의 관계. 동아대학교 대학원 박사학위논문.

조소영 (2022). 개별 언론사 언론윤리강령 현황 분석과 개선방안 검토. 〈언론과 법〉, 21권 3호, 49-92.

조준원 (2024). 〈가짜뉴스를 다루는 법〉. 서울: 지금.

조준원 (2001). 판결에 나타난 반론문에 관한 연구. 〈언론중재〉, 21권 1호, 79-99.

조한나 · 이재진 (2023). 언론중재법 개정안에 대한 보도 경향과 프레임 분석: 알권리의 관점을 중심으로. 〈미디어와 인격권〉, 9권 3호, 89-136.

진태원 (2011). 〈알튀세르 효과〉. 서울: 그린비 출판사.

차진아 (2012). 사회적 약자의 인권에 관한 연구- 사회적 약자의 유형에 따른 인권보장의 구체화방향을 중심으로. 〈공법학연구〉, 13권 2호, 193-226.

천현진 (2023). 페루자에서 보는 저널리즘의 미래: AI에서 벗어날 수 없다. 〈신문과 방송〉, 631호(7월), 64-68.

최영재 (2008). 대선 후 신문 보도 분석: 받아쓰기 그만하고 보도의 품격을 지켜라. 〈신문과 방송〉, 446호(2월), 68-75.

최윤정 · 김숙 · 채정화 · 정선호 (2021). 〈사회적 약자의 뉴스 접근성 개선방안 연구〉. 한국언론진흥재단.

최영재 (2024). AI기술과 미래 저널리즘 생태학. 손영준 외, 〈AI시대 저널리즘 미리보기〉, 45-63.

최종고 (2000). 〈법과 윤리〉. 서울: 경세원.

최지향 · 정은령 · 오해정 (2019). 가치, 교과목, 교수인력의 빈곤 속 한국 저널리즘 교육의 발전방안 모색: 모델 교육과정 수립과 협업시스템 강화를 중심으로. 〈한국언론학보〉, 63권 5호 38-86.

최진순 (2022). 삼프로TV 현상은 품격 언론을 호소했다. 〈관훈저널〉, 162호(봄), 11-20.

최진호· 이현우 (2023). 〈디지털 뉴스 리포트 2022 한국〉. 한국언론진흥재단.

최충웅 (2023. 3. 14). [미디어 세상] 미디어 신뢰도는 뉴스 품격과 비례. 〈뉴스프리존〉 retrieved from https://www.newsfreezone.co.kr/news/articleView.html?idxno=451648
코바치 & 로젠스틸 (이재경 역) (2021) 〈저널리즘의 기본원칙〉. 한국언론진흥재단.
콘라드 핑크 (1995). 〈언론윤리〉 . 서울: 한국언론연구원.
팽원순 (1994). 〈한국 언론 법제론〉. 서울: 법문사.
통계청 (2022). 주요 연령계층별 추계인구 고령인구.
한겨레 (2017. 9. 27.). [한겨레 사설] '김영란법' 1년, 후퇴는 안 된다. retrieved from https://www.hani.co.kr/arti/opinion/editorial/812773.html
한국언론진흥재단 (2000-2014). 〈언론인의 직업윤리〉. 서울: 한국언론진흥재단.
한국언론진흥재단 (2000-2023). 〈언론수용자 의식조사〉. 서울: 한국언론진흥재단.
한국언론진흥재단 (2014-2022). 〈한국의 언론인〉. 서울: 한국언론진흥재단.
한국언론학회 저널리즘연구회 (2022). 〈저널리즘 다시 보기〉. 파주: 나남.
한국신문방송편집인협회 (2007). 언론윤리위원회법 파동. 〈편협 50년사〉, 133-150.
허영 (2005). 〈한국헌법론〉. 서울: 박영사.
한국언론재단 (2000-2022). 〈언론인의 직업윤리〉. 서울: 한국언론재단.
한국언론재단(역) (2003). 〈왜 우리의 저널리즘은 실패했나〉 (뉴욕 타임스 시걸위원회 보고서). 서울: 한국언론진흥재단.
한국일보 (2024. 1. 28.). 이동재 전 채널A 기자, 해고무효 소송 최종 패소. 10면.
행정안전부 (2022. 6). 다문화가족 관련 연도별 통계.
한성일 (2021). 허위조작정보의 규제에 관한 연구. 한남대학교 대학원 박사학위논문.
홍성일 (2012). 종편 저널리즘: 뉴스 대중화 선도했지만 품격은 떨어뜨려. 〈신문과 방송〉, 516호, 31-34.

홍성철 (2015). 한국 정치 보도의 문제점: 갈등 저널리즘에서 벗어나야. 〈관훈저널〉, 137호(겨울), 31-37.
홍숙영 · 정의철 (2017). 가짜뉴스와 언론 신뢰의 위기- 현황 분석과 대응 방안 탐색. 〈Crisisonomy〉, 13권 8호, 43-60.
홍은희 (2012). 언론사 조직문화와 재난보도 취재 관행. 〈사회과학연구〉, 19권 2호, 151-178.
홍종인 (1965). 신문의 품격과 전통. 〈신문평론〉, 11호(3월), 4-7.

Ader, C. R. (1995). A longitudinal study of agenda setting for the issue of environmental pollution. *Journalism & Mass Communication Quarterly, 72*(2), 300-311.
Allcott, H., & Gentzkow, M. (2017). Social media and fake news in the 2016 election. *Journal of Economic Perspectives, 31*(2), 211-236.
Altschull, J. H. (1990). *From Milton to McLuhan: The ideas behind American journalism*. Urbana, IL: University of Illinois University Press.
Bennett, W. L. (2012). The personalization of politics: Political identity, social media, and changing patterns of participation. *Annals of the American Academy of Political and Social Science, 644*(1), 20-39.
Bennett, W. L. (1990). Toward a theory of press-state relations in the united states. *Journal of Communication, 40*(2), 103-127.
Black, J., Steele, B., & Barney, R. D. (1999). *Doing ethics in journalism: A handbook with case studies*. New York: Allyn and Bacon.
Blasi, V. (1977). The checking value in First Amendment theory. *American Bar Foundation Research Journal, 2*(3), 521-549.
Bok, S. (1978). *Lying: Moral choice in public and private life*. New York: Random House.
Braun, P. (1992). Deception in journalism. *Journal of Mass Media Ethics, 3*(1), 77-83.
Brislin, T. & Williams, N. (1996). Beyond diversity: Expanding the

canon in journalism ethics. *Journal of Mass Media Ethics, 11*(1), 16-27.

Brown, J. D., Bybee C. R., Wearden, S. T., & Straughan, D. M. (1987). Invisible power: Newspaper news sources and the limits of diversity. *Journalism Quarterly, 64*(1), 45-54.

Bucy, E. (2003). Media credibility reconsidered: Synergy between on-air and online news. *Journalism & Mass Communication Quarterly, 80*(2), 247-264.

Bugeja, M. J. (1996). *Living ethics: Developing values in mass communication*. Heights, MA: Allyn & Bacon.

Carlson, M. (2009). Dueling, dancing, or dominating? Journalists and their sources. *Sociology Compass, 3*(4), 526-542.

Christians, C. G., Rotzoll, K. B., & Fackler, M. (1987). *Media ethics: Cases and moral reasoning* (2nd ed). New York, NY: Longman.

Commission on freedom of the press (1947). *A free and responsible press*. Chicago Press, Il: University of Chicago.

Culbertson, H. M. (1980). Leaks: A dilemma for editors as well as officials. *Journalism Quarterly, 57*(3), 402-535.

Detjen J., Fico F., Li X., & Kim Y. (2000). Changing work environment of environmental reporters. *Newspaper Research Journal, 21*, 2-11.

Entman, R. (1994). Representation and reality in the portrayal of black on network television news. *Journalism Quarterly*, 509-520.

Estes, R.J. (2014) Disadvantaged populations. In: Michalos A.C. (Ed.) *Encyclopedia of quality of life and well-being research*. Dordrecht: Springer.

Everette, D. E. & Merrill, J. C. (2002). *Media Debates: Issues in Mass Communication*. Stamford, CT. : Thomson Learning.

Fallows, J. (1996). *Breaking the News*. New York: Pantheon Books.

Fedler, F. (1989). *Media hoaxes*. Ames: Iowa State University Press.

Fishman, M. (1980). *Manufacturing the news*. Austin, TX: University of

Texas Press.

Freedman, S. G. (2006). *Letters to a young journalist*. 조우석 (역) (2008). 〈미래의 저널리스트 에게〉. 서울: 미래 M&B.

Gans, H. J. (2004). *Deciding what's news: A study of CBS evening news, NBC nightly news, Newsweek, and Time (25th anniversary ed.)*. Evanston, IL: Northwestern University Press.

Gieber, W. (1960). Two communicators of the news: A study of the roles of sources and reporters. *Social Forces, 39*(1), 76-83.

Greenberg, B. S. (1966). Media use and believability: Some multiple correlates. *Journalism & Mass Communication Quarterly, 43*(4),

Hall, S., Critcher, C., Jefferson, T., Clarke, J. & Roberts, B. (1978). *The social production of news*. London: Routledge.

Harcup, T. (2015). *Journalism: Principles and practice*. London: SAGE Publications.

Hansen, K. A. (1991). Source diversity and newspaper enterprise journalism. *Journalism Quarterly, 68*(3), 474-482.

Herman, E. S., & Chomsky, N. (2008). *Manufacturing consent: The political economy of the mass media*. London: Bodley Head.

Hill, I. (ed.). (1976). The Ethical Basis of Economic Freedom. 김원수 역 (1991). 기업자유의 윤리적 기초. 서울: 경문사.

Hill, M. & Thrasher, B. (1994). A model of respect: Beyond political correctness in the campus newsroom. *Journal of Mass Media Ethics, 9*(1), 43-55.

Hodges, L. W. (1994). The journalist and privacy. *Journal of Mass Media Ethics, 94*(4), 197-212.

Hodges, L. W. (1988). Undercover, masquerading, surreptitious taping. *Journal of Mass Media Ethics, 3*(2), 26-36.

Keeble, R. (1994). *The newspapers handbook*. London: Routledge.

Knowlton, S. R. (1997). *Moral reasoning for journalists: Cases and*

commentaries. Westport, CT: Praeger Publishers.
Kovach, B. & Rosenstiel, T. (2021). The elements of journalism (Revised and Updated 4th Edition): What newspeople should know and the public should expect. 이재경(역)(2021). 〈저널리즘의 기본 원칙〉. 서울: 한국언론진흥재단.
Jensen, R. (1994). Banning "Redskins" from the sports page: The ethics and politics of Native American nicknames. *Journal of Mass Media Ethics, 9*(1), 16-25.
Jensen, J. V. (1997). *Ethical issues in the communication process*. Mahwah, NJ: Lawrence Erlbaum Associates.
Lacy, S., & Coulson, D. C. (2000). Comparative case study: Newspaper source use on the environmental beat. *Newspaper Research Journal, 21*(1), 13-25.
Lakhani, K. R. (2023.8.4.). AI won'replace humans – But humans with AI will replace humans without AI. *Harvard Business Review*. https://hbr.org/2023/08/ai-wont-replace-humans-but-humans-with-ai-will-replace-humans-without-ai
Lippmann, W. (1922). *The public opinion*. New York: The Free Press.
Pease, T. (1990). Ducking the diversity issue: Newspaper's real failure is performance. *Newspaper Research Journal*, Summer, 24-37.
Martin-Kratzer, R., & Thorson, E. (2007). Use of anonymous sources declines in U.S. newspaper. *Newspaper Research Journal, 28*(2), 56-70.
McChesney, R. W. (2004). *The problem of the media*. New York: Monthly Review Press.
McComas, C. & Tumbo, C. (2001). Source Credibility in Environmental Health - Risk Controversies: Application of Meyer's Credibility Index. *Risk Analysis, 21*(3), 467-480.
McKinzie, B. W. (1994). How papers with and without ombudsman resove disputes. *Research Journal*, Spring, 14-24.

McMasters, P. (1996). Ethics and free expression. *Media Ethics, 7*(1), 17-23.

Merrill, J. C. (1997). *Journalism ethics: Philosophical foundations for news media*. New York: St. Martin's Press.

Mencher, M. (2011). News reporting and writing (12th ed.). New York, NY: McGraw-Hill Education.

New York Times (2004). Ethical journalism. Retrieved from http://www.nytco.com/who-we-are/culture/standards-and-ethics

Patterson, P. & Wilkins, L. (1998). *Media ethics: Issues and cases*. New York: The Rowman & Littlefield Publishing Group, Inc.

Prior, M. (2007). *Post-broadcast democracy: How media choice increases inequality in political involvement and polarizes elections*. Cambridge, NY: Cambridge University Press.

Pritchard, P. (1993). The impact of newspaper ombudsmen on journalists' attitudes. *Journalism Quarterly, 70*(1), 77-86.

Salisbury, B. (1991). Burning the source. *Washington Journalism Review, September*, 18-22.

Schroth, R. A. (1995). "But it's really burning": Tragedy and the journalistic conscience. *Columbia Journalism Review, Sep./Oct.*, 43-45.

Shepard, A. (1994). Anonymous sources. *American Journalism Review, December*, 19-25

Sigal, L. V. (1986). "Who? Sources make the news," Manoff & Shudson (Eds.), *Reading the news*. New York: Harper Collins.

Singer, B. E., & Endreny, P. (1987). Reporting hazards: Their benefits and costs. *Journal of Communication, 37*(3), 10-26.

Swain, B. & J. Robertson (1995). The washington post and the woodward problem. *Newspaper Research Journal, 16*(1), 2-20.

Tandoc, E. C., Jr, Lim, Z. W., & Ling, R. (2018). Defining 'fake news': A typology of scholarly definitions. *Digital Journalism, 6*(2), 137-153.

Tifft, S. E. & Jones, A. S. (1999). *The trust: The private and powerful family*

behind the New York Times. New York: Little, Brown and Company.
Treichler, P. A. (1999). *How to have theory in an epidemic: Cultural chronicles of AIDS*. Duke University Press.
Tuchman, G. (1978). *Making news: A study in the construction of reality*. New York: Free Press.
Ward, S. J. A. (2010). *Global journalism ethics*. Montreal, Que.: cGill-Queen's University Press.
Williams, B. A. & Delli Carpini, M. X. (2011). *After broadcast news: Media regimes, democracy, and the new information environment*. Cambridge: Cambridge University Press.
濱田純一 (1993). 〈情報法〉. 東京: 有斐閣.

언론단체명 또는 언론사명	취재원 관련 윤리규정 조항	특징
신문협회/ 신문윤리위원회/ 신문방송 편집협회 등 (신문윤리강령 및 실천요강)	(신문윤리강령) 제2조 취재준칙/ ④ (전화 및 디지털 기기 활용 취재) 취재원과 대면하지 않고 전화나 디지털 기기 등으로 취재할 때 신분을 밝혀야 하며, 상대방에게 예의를 갖춰야 한다. ⑥ (부당한 금전 제공 금지) 금전을 제공하는 등 비윤리적 방법으로 취재하거나 자료를 취득해서는 안 된다.//제3조 보도준칙/⑤ (보도자료 검증) 취재원이 제공하는 구두발표와 보도자료는 사실 검증을 거쳐 보도하는 것을 원칙으로 한다.// 제5조 취재원의 명시와 보호 언론인은 보도기사를 작성할 때 취재원이나 출처를 밝혀야 하며, 추상적이거나 일반적인 취재원을 빙자하여 보도해서는 안 된다. ① (취재원 보호) 취재원의 안전이 위태롭거나 부당하게 불이익을 받을 위험이 있다면 그의 신원을 밝혀서는 안 된다. ② (취재원 명시와 익명 조건) 보도기사를 작성할 때는 취재원을 원칙적으로 익명이나 가명으로 표현해서는 안 된다. **다만 공익을 위해 부득이하거나 보도 가치가 우선하는 경우** 취재원의 익명 요청을 받아들일 수 있지만, 소속 기관과 일반적 지위를 밝히도록 노력해야 한다. ③ (제3자 비방과 익명보도 금지) 취재원이 제공한 불특정 출처나 일방적 주장에 근거하여 제3자를 비판, 비방, 공격하는 경우 익명 요청을 원칙적으로 받아들여서는 안 된다. ④ (취재원과의 비보도 약속) 취재원의 신원이나 내용의 비보도 요청에 동의했을 때는 공익을 위해 불가피하지 않은 한 보도해서는 안 된다.	– 언론의 자유와 독립이 맨 앞 조항 – 예외의 근거로 규정한 '공익'의 개념이 명확하지 않고 개방되어 있어 임의로 해석이 가능함

언론단체명 또는 언론사명	취재원 관련 윤리규정 조항	특징
기자협회 윤리강령 및 실천 요강	(윤리강령) 7. 취재원 보호 우리는 어떠한 경우에도 취재원을 보호한다. (실천요강) 2. 취재 및 보도 2) 회원은 이해관계가 얽힌 사안의 취재 및 보도활동에 있어서 취재원에 대해 형평과 공정성을 유지해야 한다. 3) 회원은 본인 또는 취재원의 개인적인 목적에 영합하는 취재 보도활동을 해서는 안된다. 5) 회원은 정보를 취득함에 있어서 위계(僞計) 나 강압적인 방법을 쓰지 않는다. 9) 회원은 비밀리에 정보를 취득했을 경우, 취재원을 철처히 보호한다. (언론윤리헌장) 1. 진실을 추구한다/ …취재원 발언을 정확히 인용하며 발언 취지가 왜곡되지 않도록 한다… // 2. 투명하게 보도하고 책임 있게 설명한다/취재원 보호 등 필요한 경우를 제외하고는 정보의 출처를 명확히 밝힌다. // 3. 인권을 존중하고 피해를 최소화한다/ 윤리적 언론은 취재 대상을 존중한다. // 8. 품위 있게 행동하며 이해상충을 경계한다. / 윤리적 언론은 취재보도 과정에서 정당한 방법을 사용하고, 취재원에게 예의를 갖춘다… 취재원과는 공과 사를 분명히 구분하고, 적절한 긴장 관계를 유지한다. 취재원으로부터 정당한 이유가 없는 혜택과 편의를 제공받지 않으며 부당한 청탁이나 압력을 행사하지 않는다.	– 언론의 자유가 제일 먼저 나옴 – 취재원 보호에 대해서 너무 많음(법적으로 보호 안 됨)/익명으로라도 보도를 하기 위한 방어막 – 취재원 관련 규정의 추상성/구체적으로 사항을 서술하고 있지 않음 – 주요 규정은 8조.
인터넷신문 윤리강령 및 시행세칙	(인터넷신문윤리강령) 제5조 취재기준 ① (취재원의 신뢰성 확인) 인터넷 신문은 취재원의 신뢰도를 확인하고, 공공기관이나 각종 단체의 홈페이지 등과 같은 공개 자료에 대해서도 취재 시 그 정확성을 검증한다. 특히 취재원의 증언이 감추어졌던 사실의 폭로일 경우에는 그 의도와 정확성을 복수의 취재원을 통해 검증한다. ② (금품 또는 향응 수수 및 광고나 협찬 강요행위 금지) 인터넷신문과 그 종사자는 취재 및 보도와 관련해 금품 또는 향응을 요구하거나 받아서는 아니 되며 언론사 또는 언론인의 지위를 이용하여 광고나 협찬을 강요하는 행위를 하여서는 아니 된다. ⑦ (비윤리적 취재의 금지) 인터넷신문은 도청, 비밀촬영, 신분사칭, 자료의 허가 없는 검색 및 반출, 기타 비윤리적인 방식으로 취재하지 않는다. // 제6조 보도기준 ① (취재원의 명시)인터넷 신문은 기사의 **취재원 또는 출처를 명시적으로 밝히는 것을 원칙**으로 한다. **다만, 그 취재원의 신원이 드러나 불이익을 받거나 신변이 위태롭게 될 우려가 있는 경우에는 예외적으로 익명**으로 할 수 있다. ② (정확한 인용) 인터넷신문은 **취재원의 발언, 자료 등을 기사 중에 인용할 때 그 내용을 정확하게 인용**하고, 그 내용의 취지, 강조점 등을 보도의 목적에 맞추어 변형하지 않는다. ③ (사실의 확인) 인터넷신문은 취재원이 제공하는 구두발표, 보도자료 등 기사자료에 대해 **사실여부를 확인**하도록 노력한다. // (시행세칙) 제6조 이해 상충 인터넷신문의 모든 구성원은 취재·보도 과정에서 알게 된 정보를 이용해 부당한 이익을 취하지 않으며 금품이나 향응을 받아서는 안 된다.	

언론단체명 또는 언론사명	취재원 관련 윤리규정 조항	특징
한국인터넷 기자협회 기자윤리강령	3. 정당한 취재 활동/ 8. 언론인의 품위 유지	– 구체적인 설명이 따로 없음 – 인터넷신문윤리강령 및 시행세칙에 따라서
한국PD연합회 윤리강령 실천요강	07 품위유지, 회원의 프로그램 제작과 관련 또는 사후를 막론하고 일체의 향응을 받지 않는다	
한국사진 기자협회 윤리강령	6. 우리는 공동취재(POOL)를 불가피한 경우에 한해 수용하며 취재원의 편의나 담합을 목적으로 하지 않는다. 9. 우리는 취재와 관련해 특별한 대우 등 부당한 값어치가 있는 어떠한 것도 얻지 않는다.	
한국사진 기자협회 윤리규정 실천지침	4. 금품 및 접대. 우리는 윤리규정에 어긋나는 금품은 정중히 사절한다. 다만, 선의의 소액 선물은 예외로 한다. 우리는 취재와 직접 연관해 제공되는 식사 접대 이외에는 어떤 접대도 요구하지 않는다.	
한국기자협회 재난보도준칙	제12조(취재원에 대한 검증) 재난과 관련해 인터뷰나 코멘트를 하는 인물에 대해서는 사전에 신뢰성과 전문성을 충분히 검증해야 한다. 재난 발생시 급박한 취재 여건상충실한 검증이 어려운 점을 감안해 평소 검증된 재난 전문가들의 명단을 확보해 놓고 수시로 검증하여 활용하도록 한다. 취재원을 검증할 때는 다음과 같은 사항들을확인하기 위한 노력을 기울여야 한다. ① 취재원의 전문성은 충분하며, 믿을 만한가 ② 취재원이 고의, 또는 실수로 사실과 다른 발언을 할 가능성은 없는가 ③ 취재원은 어떤 경위로 그런 정보를 입수했는가 ④ 취재원의 정보는 다른 취재원을 통해서도 확인할 수 있는가 ⑤ 취재원의 정보는 문서나 자료 등을 통해서도 검증할 수 있는가//	빠져나갈 구석을 만들어 둔다. / 윤리교육에 대한 규정은 전혀 찾아볼 수 없다.
경향신문 윤리강령	3. 실천요강/ 접대 및 향응/1. 취재원이나 업무 유관업체로부터 통념에 벗어나는 접대성의 향응, 접대는 거부한다. 또 통념에 벗어나는 접대성의 여행 및 숙박 비용을 무료 또는 할인 제공받지 않는다. 2. 취재 또는 업무와 관계없이 지위를 이용하여 골프장, 음식점 등에 무료제공 또는 할인혜택을 요구하지 않는다. // 이권개입, 외부활동/ 1. 취재원 또는 업무 유관업체와 재정적 관계를 맺지 않으며 경제적 이권에 개입하지 않는다. 특히 지위를 이용해 취재원으로부터 금전 또는 주식, 채권 등 일체의 유가증권을 받지 않는다. 취재원의 회사나 관계사에 투자하거나 사업관계를 맺지 않는다. 3. 취재나 업무활동을 통해 알게 된 정보나 보도되기 전의 미공개 정보를 이용해 주식 등 유가증권 및 부동산을 사거나 파는 등의 사적 수익 활동을 해서는 안 된다.	

언론단체명 또는 언론사명	취재원 관련 윤리규정 조항	특징
한겨레 〈윤리강령〉 및 〈윤리강령 실천요강〉	〈윤리강령〉 – 취재원의 보호; 우리는 기사의 출처를 밝히지 않기로 한 약속을 반드시 지키며 기사내용을 제공한 사람을 보호한다. – 언론인의 품위:1) 우리는 신문제작과 관련하여 금품·기타 부당한 이익을 얻지 않는다. / 〈실천요강〉 – 금품: 1) 우리는 윤리강령에 어긋나는 금품을 정중히 사절한다. 자신의 직무와 관련해 배우자에게 전달되는 금품도 마찬가지이다. 금품이란 다음의 어느 하나에 해당하는 것을 말한다. ① 금전, 유가증권, 부동산, 물품, 숙박권, 회원권, 입장권, 할인권, 초대권, 관람권, 부동산 등의 사용권 등 일체의 재산적 이익 ② 음식물, 주류, 골프 등의 접대, 양흥 또는 교통, 숙박 등의 편의 제공, ③ 채무면제, 취업 제공, 이권 부여 등 그 밖의 유형, 무형의 경제적 이익 등 / 3) 사교, 의례 등의 목적으로 제공되는 음식물, 경조사비, 서물로서 법정 가액 범위 안의 금품은 위 1),2)항의 예외로 할 수 있다. 여기서 ① 음식물은 제공자와 함께 하는 식사, 다과, 주류, 음료 등을, ② 선물은 금전 및 음식물을 제외한 일체의 물품을, ③ 경조사비는 축의금, 조의금 등 각종 부조금과 화환, 조화 등 부조금을 대신하는 선물, 음식물을 말한다. – 취재비용과 여행 / 1) 우리는 취재에 필요한 경비를 스스로 부담한다. 다만 일반적으로 승인된 취재편의가 제공된 경우에는 그렇지 아니하다.	
조선일보 기자준칙	〈직업윤리〉 품위유지는 공정하고 객관적인 보도를 지향하는 우리의 책무다. 1. 취재원으로부터 금전 또는 주식/채권 등 유가증권을 받지 않는다. 3. 취재원으로부터 부당한 할인혜택이나 편의를 제공받지 않는다. 5. 취재원에게 부당한 인산, 광고 등의 청탁과 압력을 행사하지 않는다. 6. 취재 과정에서 알게 된 미공개 정보를 이용해 금전적 이익을 추구하지 않는다.	

언론단체명 또는 언론사명	취재원 관련 윤리규정 조항	특징
중앙일보	◆ 세부 지침 (품위 유지) 1. 기자의 공정하고 품위있는 취재활동을 해치는 취재원의 경비 부담, 선물, 향응, 편의 제공을 받지 않는다. 2. 이른바 촌지(현금 · 유가증권)는 어떠한 경우에도 받지 않는다. 개인적인 촌지는 물론이고 기자단을 통한 의례적인 촌지도 받지 않는다. 3. 취재원으로부터 본의 아니게 받았고 돌려줄 수 없는 선물(시가 5만 원 상당 이상)의 경우 중앙일보 내에 설치한 선물센터에 기탁, 불우이웃돕기에 사용한다. 4. 취재원에게 취재용이 아닌 일반적인 무료 입장권이나 상품권, 회원권, 무료 숙식권, 과다한 할인혜택을 요구하지 않는다. 5. 회사 내 누구도 담당 기자에게 금품, 선물, 무료 티켓, 향응, 골프 접대 등 취재원을 통한 특혜를 강요해서는 안 된다. 6. 취재원에게 인사 청탁, 광고 압력 등 사회적으로 지탄받을 수 있는 청탁과 압력을 행사하지 않는다. 7. 위반 여부를 개인이 판단하기 힘든 경우에는 데스크나 국장단과 의논한다. // (올바른 정보 사용) 1. 취재 과정에서 취득한 정보를 사적인 이익을 위해 활용해서는 안 된다. 취재원으로부터 얻은 유형 · 무형의 모든 정보는 중앙일보의 재산이며 이를 다른 용도에 사용할 수 없다. 5. 취재원의 회사에 투자하거나 그 회사의 주식을 소유하는 등 취재원과 사업관계를 맺어서는 안 된다. (공정보도) 2. 취재원에게 자신의 소속과 이름 등 신분을 명확하게 밝혀야 한다. 단, 공익을 위해 필요하지만 다른 취재수단이 없을 경우 예외로 할 수 있다. 3. 원칙적으로 취재원에게 익명 처리나 비보도(off the record) · 엠바고를 약속해서는 안 된다. 불가피하게 약속할 때는 취재원과 약속의 내용과 조건을 분명히 한 뒤 데스크나 편집책임자에게 그 사실을 알려야 한다. 약속한 것은 지키되 취재원이 비윤리적 행위, 또는 불법 행위의 당사자인 경우에는 지킬 필요가 없다. 4. 모든 기사는 출처를 밝혀야 한다. 취재원의 안전을 위해 익명으로 처리할 경우에도 데스크나 편집책임자에게는 취재원을 밝혀야 한다. 그러나 어떠한 경우에도 취재원을 보호할 책임이 있다. 6. 취재원에게 취재된 내용이 언제, 어느 면에, 어느 정도의 크기로 보도될 것인가 하는 여부를 약속하거나 미리 알려줘서는 안 된다. 7. 취재원의 말을 직접 인용할 때는 어법에 맞지 않은 경우를 제외하면 원래의 말을 그대로 인용부호 안에 넣어서 쓴다. 직접 인용이 어려우면 간접화법을 쓴다. 기자 자신의 생각을 마치 취재원이 말한 것처럼 인용부호를 사용해 기사화하면 안 된다.	

언론단체명 또는 언론사명	취재원 관련 윤리규정 조항	특징
동아일보 기자윤리강령	3. 취재원의 보호 / (1) 취재원의 공개로 그의 안전이 위협받지 않는 한 취재원을 밝히는 것을 원칙으로 한다. (2) 다만 해당정보를 입수할 수 있는 다른 현실적인 방법이 없고 그 정보 또는 배경설명이 신뢰할 수 있으며 뉴스가치가 있다고 판단될 때에 한해 취재원을 익명으로 할 수 있다. (3) 취재원을 공개하지 않기로 결정했을 때에는 동아일보사 밖의 어느 누구에게도 그의 신분을 밝히지 않으며 신분을 밝힐 수 없는 이유를 가능한 한 기사에 덧붙인다. (4) 취재원과의 엠바고, 오프 더 레코드 등 약속에 신중을 기한다. // 6. 기자의 품위 / (1) 취재원으로부터 금품 및 기타 특권을 요청하지도 받아들이지도 않는다.	신중을 기한다 등의 애매한 표현으로 빠져나갈 곳을 계속 열어둔다
KBS 제작가이드라인	08 취재와 인권 / 2. 취재원 보호 / 2-1. 취재원의 명시. 신뢰성 있는 보도를 위해 제작자는 취재원을 명시해야 한다. 공공정책과 관련된 사안이나 공인이 제시한 학술적, 정책적 분석과 전망을 보도할 경우에는 보도의 신뢰성을 높이기 위해 취재원을 실명으로 공개하는 것을 원칙으로 한다. 취재원을 명시해야 하는 이유는 다음과 같아. ① 책임 있는 보도를 하기 위해서 / ② 단순한 소문과 구별하기 위해서, ③ 오보나 정보조작의 위험성을 막기 위해서. 2-2. 취재원 보호를 위한 익명보도 원칙/부조리와 비리의 폭로, 고발 등 공익제보와 관련된 취재원(특히 내부 고발자)의 신상은 철저히 보호되어야 하며 익명보도를 원칙으로 한다. ①취재원을 밝히지 않기로 한 약속은 반드시 이행해야 한다. 그러나 신뢰성 있는 보도를 위해서 취재원 보호를 조건으로 하는 취재 방법은 제한적으로 사용해야 한다. ② 취재원의 신변이 위태롭거나 부당하게 불이익을 받을 위험이 있는 경우에는 그에 대한 보호를 우선적으로 고려해야 한다. 그러나 취재원이 비윤리적인 행위, 또는 불법 행위의 당사자인 경우에는 함부로 취재원 보호를 약속해서는 안 된다. ③ 시청자에게 아주 중요하다고 판단되는 정보이거나 공공의 이익과 관련된 주요 사안인 경우에는 취재원을 익명으로 처리하여 보도할 수 있다. ④ 국가 안보 등 중대한 공익과 관련된 사안인 경우 실정법의 요구가 있으면 취재원의 신상을 공개할 수 있다. // 2-3. 취재원 비닉권의 부정 / 취재원 비닉권이란 취재원에 대해 함구할 수 있는 권리이다. 미국에서는 이를 인정하는 주도 있으나 연방차원에서 법으로 인정하고 있지 않으며, 우리나라 형사재판 절차에서도 인정되지 않고 있다. // 23 재난방송 / 3. 일반준칙 // 3-8. 취재원에 대한 검증 / 재난과 관련해 인터뷰를 하거나 의견을 묻고자 하는 인물에 대해서는 사전에 신뢰성과 전문성을 충분히 검증한다. 재난 발생 시 급박한 취재 여건상 충실한 검증이 어려운 점을 감안해 평소 검증된 재단 전문가들의 명단을 확보해 놓고 수시로 검증하여 활용한다. 취재워을 검증할 때는 다음과 같은 사항들을 확인하기 위해 노력한다. ① 취재원은 해당 분야의 전문가인가? ② 취재원이 고의 또는 실수로 사실과 다른 발언을 할 가능성은 없는가? ③ 취재원은 어떤 경위로 해당 정보를 입수했는가? ④ 취재원의 정보는 다른 취재원을 통해서도 확인할 수 있는가? ⑤ 특정 취재원의 정보는 문서 자료나 다른 취재원 등을 통해서도 검증할 수 있는가?	익명보도를 취재원 보호와 직접적으로 연결시킴. KBS 제작가이드라인이 구체적으로 규정하고 있음 – (재난준칙상의 취재원 규정과 유사)

언론단체명 또는 언론사명	취재원 관련 윤리규정 조항	특징
KBS 윤리강령	제1조 윤리강령 / ② KBS인은 본인 또는 취재원·출연자의 개인적인 목적에 영합하는 취재·제작 활동을 하지 않으며, 취재·제작 중에 취득한 정보는 프로그램을 위해서만 사용한다. ④ KBS 인은 직무관련자로부터 제공되는 일체의 금전, 골프, 특혜 등을 받지 않으며 부당한 청탁을 하지 않는다.	
MBC 시사보도 프로그램 제작 준칙	1. 시사·보도 프로그램의 기본 원칙 // 라. 투명성/MBC의 시사·보도 프로그램은 취재·제작의 전 과정을 최대한 투명하고 정직하게 공개한다. 불가피한 경우가 아니면 취재원의 실명 및 직위, 정보의 출처 및 입수 과정은 명확하게 밝힌다. // 2. 시사·보도 프로그램 제작진의 권한과 책임 / 나. 나. 시사·보도 프로그램 관리자(부서장/CP/데스크)의 권한과 책임/ 3) 관리자는 독립적이고 자율적인 보도·제작 환경 조성을 위해 각종 외압으로부터 실무자를 보호하며, 민감한 취재 내용 및 비밀 취재원의 신원과 관련한 보안을 유지할 책임을 진다. // 3. 취재·제작 실무 준칙 / 1) 취재의 기본 자세 / 나) 취재한 정보는 독립된 복수의 취재원을 통해 교차 확인하고, 이를 뒷받침할 신빙성 있는 근거자료 등을 통해 확인하도록 노력한다. / 2) 취재원 응대 및 보호 / 가) 기자, PD, 작가, AD 등 취재·제작진(이하 '제작진'이라 한다)은 취재원에게 자신의 이름, 소속 및 직위를 밝히고, 방송 프로그램과 취재 목적, 취재 결과의 취급 방법 등을 정확하게 설명한다. / 나) 제작진은 취재원을 객관적이고 공정한 태도로 대해야 하며, 취재원이 취재 행위를 협박이나 강요의 의미로 받아들이지 않도록 주의한다. / 다) 취재원이 제공하는 정보는 복수의 다른 취재원을 통해 교차 검증하여 사실 여부를 확인한다. 라) 취재원의 이름과 직위는 정보의 신뢰도와 직결되므로 투명하게 밝히는 것을 원칙으로 한다. 다만 아래와 같은 경우에는 취재원을 익명으로 표기하고 실명과 신원을 비밀에 부친다. ① 신뢰할 수 있는 취재원이 신분상의 불이익 우려 등을 이유로 익명 표기를 요청할 경우 / 마) 취재원의 실명 및 신원을 비밀에 부치기로 결정했다면, 모든 제작진 및 취재원에 대한 내용을 보고받은 관리자 및 책임자는 언론인의 직업윤리에 따라 비밀을 준수할 의무를 진다. / 바) 제작진은 필요할 경우 규정된 범위 안에서 취재원에게 사례할 수 있다. 취재원이 특별한 조건을 요구할 경우 제작진은 부서장과 협의하고 책임자의 조정과 결정을 따른다. 도피 자금이나 도피처 제공 등 불법적인 요구는 원칙적으로 거부한다. / 바) 제작진은 취재 내용을 정확히 기록하기 위해 취재원과의 음성 통화 및 인터폰 대화 내용을 녹취할 수 있으나, 녹음 내용을 방송에 사용할 때는 대화 상대방의 허락을 구하는 것을 원칙으로 한다. / 자) 간접적으로 전해들은 내용은 직접 인용문으로 처리하지 않으며, 취재 제작진의 생각 및 의견을 취재원이 말한 것처럼 직접 인용하지 않는다./	

언론단체명 또는 언론사명	취재원 관련 윤리규정 조항	특징
SBS 윤리강령	[방송가치] 1. 진실추구와 정확성. 확인이 어려울 경우, 최대한 다양한 관련 취재원과 자료를 제시해 시청자가 취재 과정을 투명하게 이해할 수 있도록 노력한다. // [인권보호와 프라이버시] 1/ 인권보호지침 / ⑤ 취재원이 원치 않는 질병 명 등을 공개하거나 인권 침해적인 용어를 사용하지 않는다. // 2. 프라이버시 보호 / ③ 취재원의 반대 의사에도 불구하고 지속적으로 괴롭히면서 취재하지 않도록 노력한다. ⑥ 전화로 취재할 때에는 먼저 신분을 밝혀야 하며, 취재원이 동의하지 않을 경우 지속적으로 전화를 걸거나 통화를 시도해 취재원을 괴롭혀서는 안 된다. ⑦ 동행취재의 경우, 동행하는 기관(개인)으로부터 독립적인 시각을 갖도록 노력해야 하며, 반드시 단속 대상자나 취재원의 동의를 구한 뒤에 인터뷰를 해야 한다. ⑧ 취재원의 신분적 불이익이 생기는 경우를 제외하고 기사 출처를 밝히는 것을 원칙으로 한다. 또한 취재한 내용이 취재대상에 불이익을 줄 가능성이 있는 경우 외부에 제공하지 않는 것을 원칙으로 한다. // 3. 직무수행 윤리. ② 방송보도·제작자는 특정한 타인의 금전적 이익이나 손해, 위해를 목적으로 방송을 하지 않으며, 본인 또는 취재원, 출연자의 사사로운 이익을 위한 보도·제작 활동을 하지 않는다. ③ 취재원이나 취재활동 대상, 직무와 관련된 이해 당사자인 개인과 각종 기관, 단체, 기업, 외주업체 등으로부터 제공되는 각종 금품, 청탁, 향응,명절 선물 등을 받지 않는다. 단, 업무수행을 위해 불가피한 경우 사회통념을 벗어나지 않는 범위의 음식 대접은 예외로 한다. // 5. 대외관계 윤리. ① 지위를 이용해 취재원으로부터 금전 또는 주식·채권 등 유가증권을 받지 않는다.	
JTBC 윤리강령 (제작, 취재)	제30항: 우리는 취재원에 비밀을 보장했을 경우 공개하지 않는다는 직업윤리를 존중한다. 그러나 절실한 필요가 없는 한 경솔하게 비밀보장을 약속하지 않는다. / 제46항: 품위 유지 – 우리는 신분을 이용해 부당한 이득을 취하지 않으며, 취재원에게서 금품이나 향응, 특혜를 받지 않는다. / 제 51항: 공정하고 품위 있는 취재·보도활동을 방해하는 취재원의 경비부담, 선물, 향응, 편의 제공을 거부한다. / 제 53항: 취재원으로부터 본의 아니게 받았고 돌려줄 수 없는 선물(시가 5만원 상당 이상)의 경우 JTBC에 설치된 선물센터에 기탁, 불우이웃돕기에 사용한다. / 제54항: 취재 목적이 아닌 무료 입장권이나 상품권, 회원권, 무료 숙식권, 과다한 할인혜택을 취재원에게 요구하지 않는다. / 제55항: JTBC 임직원은 누구도 담당 기자에게 금품, 선물, 무료 티켓, 향응, 골프 접대 등 취재원을 통한 특혜를 강요해서는 안 된다. 제56항: 취재원에게 인사 청탁, 광고 압력 등 사회적으로 지탄받을 수 있는 청탁과 압력을 행사하지 않는다. / 제57항: 위반 여부를 개인이 판단하기 힘든 경우에는 부서장, 국장단과 의논한다. // 올바른 정보 사용 / 제 58항: 취재 과정에서 얻은 정보를 사적인 이익을 위해 활용해서는 안 된다. 취재원으로부터 얻은 유형·무형의 정보는 JTBC의 재산이며 보도 이외의 다른 용도에 사용할 수 없다. / 제61항: 취재원의 회사에 투자하거	

언론단체명 또는 언론사명	취재원 관련 윤리규정 조항	특징
JTBC 윤리강령 (제작, 취재)	나 그 회사의 주식을 소유하는 등 취재원과 사업관계를 맺어서는 안 된다. // 공정보도 / 제66항: 취재원에게 자신의 소속과 이름 등 신분을 명확하게 밝혀야 한다. 단, 공익을 위해 필요하지만 다른 취재수단이 없을 경우 예외로 할 수 있다. / 제 67항: 원칙적으로 취재원에게 익명 처리나 비보도(off the record)·엠바고를 약속해서는 안 된다. 불가피하게 약속할 때는 취재원과 약속의 내용과 조건을 분명히 한 뒤 데스크, 국장단에 그 사실을 알려야 한다. 약속한 것은 지키되 취재원이 비윤리적 행위, 또는 불법 행위의 당사자인 경우에는 지킬 필요가 없다. / 제68항: 모든 기사는 출처를 분명히 밝혀야 한다. 취재원의 안전을 위해 익명으로 처리할 경우에도 데스크, 국장단에 취재원을 밝혀야 한다. 그러나 어떠한 경우에도 취재원을 보호할 책임이 있다. / 제69항: 취재한 내용이 보도되기 이전에는 JTBC 외부의 어느 누구에게도 공개해서는 안 된다. 다만, 취재원에게 반론의 기회를 주기 위해 최소한의 설명을 할 수는 있다. / 제70항: 취재원의 말은 어법에 맞지 않은 경우를 제외하면 원래의 말을 그대로 인용하는 것을 원칙으로 한다. 직접인용이 어려우면 간접화법을 쓰지만 기자 자신의 생각을 마치 취재원이 말한 것처럼 보도해서는 안 된다.	
연합뉴스 윤리헌장/ 공정한 보도와 업무수행어 관한 준칙	* 공정한 보도 / – 취재원을 최대한 보호한다. // * 신뢰받는 보도 – 취재원은 공개함을 원칙으로 한다. 다만 취재원이 원하거나 그 보호를 위해 불가피하다고 판단될 경우 예외를 둘 수 있다. // * 언론의 자유·책임과 편집권. 4. 취재원과의 관계가 유착으로 발전되서는 안되며 취재원에게 필요 이상의 정보를 제공해서는 안된다. 특히 단독으로 취재한 정보나 동료 취재자의 취재 메모 등을 그대로 넘겨줘서는 안된다. // * 공정성 / 11. 취재원의 발표를 보도할 경우 반드시 광고와 선전을 고려한 요소들을 배제하고 그 발표 내용을 확인, 고객이 올바르게 판단할 수 있도록 취재해 보도한다. // * 정확성. 취재원을 공개함으로써 정보 제공자의 신변에 위험이 초래되지 않는 한 보도의 공신력을 높이기 위해 취재원을 밝히는 것을 원칙으로 한다. * 신속성. 엠바고와 오프 더 레코드가 성립되지 않는 경우 / ① 편집자·취재기자의 동의 없이 취재원이 일방적으로 정한 경우 ② 내용이 명백하거나 취재원의 엠바고나 오프 더 레코드 요청 전 기자가 직접 입수한 공문서 및 자료 등인 경우. / ⑥ 엠바고를 요청한 취재원 이외의 다른 취재원으로부터 정보를 확인한 경우 (단, 출입처 별로 엠바고 요청이 엇갈릴 경우 편집자의 판단에 따라 엠바고 수용 여부를 결정한다.)	

이재진 한양대학교 미디어커뮤니케이션학과 교수로 저널리즘과 언론법제, 윤리, 정책 강의와 연구를 하고 있다. 서울대학교에서 언론정보학 학사 및 석사, 미국 아이오아대에서 석사, 그리고 미국 서던일리노이대에서 박사학위를 받았다. 현재 인터넷신문윤리위원회 위원장을 맡고 있으며, 한국언론법학회 고문, 등재지 〈미디어와 인격권〉 편집위원장, 인터넷선거보도심의위원회 위원, 그리고 SBS 시청자위원회 위원과 기획위원을 맡고 있다. 아울러 한국언론학회장(제45대), 한국언론법학회장(제9대), 언론중재위원, 방송통신심의위원회 위원, EBS 경영평가위원, 조선일보 독자위원회 위원 그리고 한양대 입학처장을 지냈다. 2023년 한국언론법학회 논문우수게재상, 2009년 한국언론법학회 철우언론법상, 2006년 한국방송학회 학술상(저술), 2000년 한국언론학회 우당신진학자상을 수상하였으며 우수학술도서에 네 차례 선정되었다. 한양대학교 연구우수교수 및 강의우수교수로 선정된 바 있다. 세계인명사전 *Marquis Who's Who in the World*에 2013~2020년 연속 등재되었다. 대표 저술로 〈International Libel and Privacy Handbook〉(2024), 〈언론법학자의 생애와 사상〉(2021), 〈혐오와 모욕 사이〉(2020), 〈Beyond Fear and Hate〉(2019), 〈언론과 공인〉(2018) 등 30여 편의 단독 및 공동 저서 그리고 북챕터가 있으며, 〈Truths and Tales〉(2024) 등 120여 편의 등재학술지 이상의 논문이 있다.

품격 저널리즘과 언론윤리

펴낸날 2024년 8월 30일 초판 1쇄

지은이 이재진 ● **펴낸이** 이기정

펴낸곳 한양대학교 출판부 ● **출판등록** 제4-7호(1972.2.29)

주소 서울 성동구 왕십리로 222 ● **전화** 02.2220.1432-4 ● **팩스** 02.2220.1435

홈페이지 press.hanyang.ac.kr ● **이메일** presshy@hanyang.ac.kr

본문디자인·편집 김민지 ● **표지** 안광일 ● **인쇄** 네오프린텍

이 책은 방일영문화재단의 지원을 받아 저술·출간되었습니다.

ISBN 978.89.7218.810.0 (93070)